AF536005

DESIGN MADE IN GDR

GÜNTER HÖHNE
im Gespräch
mit dem Formgestalter
MARTIN KELM

Das Neue Berlin

Inhalt

Vorbemerkung

Der Name Martin Kelm war nicht vielen Menschen in der DDR bekannt. Dabei hat kein Zweiter so lange und so vielfältig das Bild der dinglichen Alltagskultur des Landes mitgeprägt wie er. Die Einen sagen, es sei auch sein Verdienst, dass DDR-Produkte dank ihrer Gestaltung und funktionalen Nachhaltigkeit Akzeptanz unter der Bevölkerung und auf den Märkten der Welt erzielten. Andere setzen dem entgegen, dieser Industrieformgestalter und sein Amt hätten das Design und die Designerschaft jahrzehntelang kühl-administrativ verwaltet, gar reglementiert.

Kurzfristig publik wurde Martin Kelm unmittelbar nach der Rückkehr Ostdeutschlands in kapitalistische Demokratie- und Wirtschaftsverhältnisse, als ihn Medien-Schlagzeilen in eine Reihe vorgeblicher Honecker-Günstlinge rückten, weil Kelms Frau bis zum Herbst 1989 das Sekretariat des SED-Generalsekretärs und Staatsratsvorsitzenden geleitet hatte. Diesem Umstand wäre es wohl vor allem zu verdanken, behaupteten neben anderen *Bild* und *Focus*, dass dieser Kelm in der DDR zu Amt und Ansehen gekommen sei. Nicht etwa aufgrund von überdurchschnittlichen Fähigkeiten als Designer.

Sein »Amt« war das staatliche Amt für industrielle Formgestaltung beim Ministerrat der DDR (AIF), dem Professor Dr. Martin Kelm als Staatssekretär von 1972 bis 1990 vorstand. Es war hervorgegangen aus früheren ähnlich profilierten Berliner Zentralinstituten, die er seit 1962 ebenfalls geleitet hatte. Er war der hohe Staatsfunktionär, so diese öffentliche Herabwürdigung, der angeblich bestimmte und durchsetzte, was als »Gute Form des Sozialismus« zu gelten hatte und womit sich die DDR dem kapitalistischen Warenfetischismus entgegenstellen sollte.

Was aber stand tatsächlich in Kelms Macht? Ließ sich – folgte man dieser westlichen Lesart – Design dekretieren und Geschmack politisch verordnen, wie es die Werbung im Westen vermochte? Und: Was hatte Kelm angetrieben, ihn motiviert, wovon träumte er? Was gefiel oder was missfiel ihm im Arbeiter-und-Bauern-Staat? 1957 war er der beste Absolvent des ersten Berliner Industriedesigner-Diplomandenjahrgangs und weckte kühnste Erwartungen. Was veranlasste ihn einzuschwenken auf die Laufbahn eines – anscheinend kühl kalkulierenden – Designpolitikers? (Er sollte am Ende der dienstälteste und erfolgreichste im gesamten Ostblock sein.) Machte es ihm gar nichts aus, mit dem Diplom in der Tasche und vielen Ideen im Kopf jahrzehntelang mehr verwalten zu müssen als gestalten zu können?

Fragen, von denen Martin Kelm die eine und die andere sich selbst zuweilen gestellt haben mag, die jedoch nie an ihn herangetragen wurden, schon gar nicht, um sie öffentlich zu beantworten. Interesse daran hatte zwar gerade auch ich als einer seiner Fach-Journalisten. So etwas aber war schlicht undenkbar gegenüber einem Staats- und Parteifunktionär wie seinesgleichen, damals bei uns in der DDR. Fragen, die mich dann in den Jahren nach dem Übertritt der ostdeutschen Ländereien ins Staatgebiet der BRD allerdings auch kaum noch beschäftigten. Ich hatte genügend mich selbst und meine Familie existenziell betreffende Fragen zu beantworten, mehr als mir lieb waren, und bis heute auf so manche davon noch immer keine wenigstens besänftigende Antwort gefunden.

Dann kam vor gut zehn Jahren Martin Kelm auf mich zu, kurz vor seinem 80. Geburtstag. Das geschah unerwartet, weil wir jahrelang nichts miteinander zu tun gehabt hatten. Es sei ihm ein Bedürfnis, aus seinem Leben zu sprechen, begründete er die Kontaktaufnahme, jetzt sei die Zeit dafür gekommen. Ob ich ihm wohl zuhören wolle?

Erste sich daraufhin frei entwickelnde Gespräche fanden statt bei Spaziergängen, gemeinsam mit meiner ebenso interessierten Frau Claudia – als Diplomkulturwissenschaftlerin war sie bis 1990 im Amt für industrielle Formgestaltung beim Ministerrat der DDR angestellt. Es folgten offene und umfassende Dialoge in Martin Kelms Haus in Mecklenburg-Vorpommern, weitgehend ohne einen abzuarbeitenden Fragespiegel geführt. Für mich die unverhoffte Gelegenheit, diesen Mann näher kennenzulernen, der mein journalistisches Berufsleben immerhin eine beträchtliche Zeit begleitete, über Jahre zwar mehr indirekt denn unmittelbar, aber zuletzt als mein Chef. Der mich einerseits beeindruckte, andererseits aber auch zu enttäuschten wusste. Meine Liste nie gestellter und im Laufe der Jahre wohl auch gegenstandslos gewordener Fragen geriet mir nach und nach wieder in den Sinn. Und wie sich zeigte, waren sie doch nicht erledigt, und die Antworten besaßen nicht nur individuellen Wert.

Dieses Buch enthält die komprimierte Zusammenfassung der über Jahre geführten Gespräche mit dem im Oktober 1930 auf der Insel Poel geborenen Martin Kelm. Jener Erinnerungs- und Gedankenaustausch zwischen

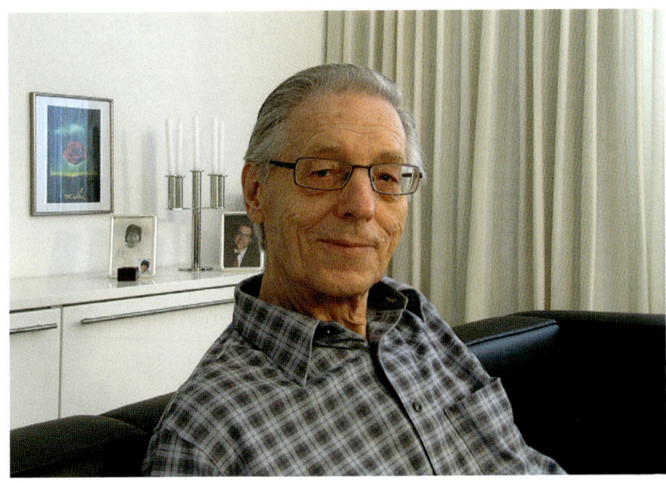

2009 bis 2011 wurde für dieses Buch syntaktisch und stilistisch bearbeitet und von Martin Kelm autorisiert. Die Kopien der elektronisch aufgezeichneten Gespräche befinden sich in seinem Besitz. Einige darin enthaltene Passagen – etwa zum Bildungs- und Kulturniveau tonangebender DDR-Funktionäre oder dem teilweise irrationalen Umgang der Partei- und Staatsführung mit dem Erbe traditionellen nationalen Brauchtums – haben wir nach diskursiver Sichtung am Ende in die Textfassung für dieses Buch nicht aufgenommen.

Eine erste, allerdings für mich überraschende, weil nicht abgesprochene öffentliche Verwendung fanden inhaltliche Extrakte der von mir aufgezeichneten Gespräche in dem 2014 von der TU Dresden herausgegebenen Buch »Gutes Design. Martin Kelm und die Designförderung in der DDR«. Die Quelle und meine biografische Mitwirkung blieben unerwähnt. Das belastete ein wenig unsere vertraulichen Beziehungen.

Bis in die zweite Jahreshälfte 2020 hinein kam es zu weiteren Gesprächen, die als autorisierte Aufzeichnungen ebenfalls in dieses Buchmanuskript einflossen und die Aussagen zu Themenbereichen ergänzten oder auch konkretisierten, wenn es sich bei der Sichtung des bereits vorhandenen Manuskripts als der Sache dienlich erwies. Hieraus ergab sich ein erneuter, gelegentlich auch schwieriger Prozess des Abwägens und Autorisierens bis zur abschließenden Text-Übereinkunft.

Das etliche Jahre währende dienstliche und persönliche Verhältnis zwischen Martin Kelm und mir – ich war bis zum Sommer 1989 über vier Jahre lang Chefredakteur der vom Amt für industrielle Formgestaltung herausgegebenen Design-Fachzeitschrift *form+zweck* – kann durchaus als ambivalent bezeichnet werden. Beide begegneten wir uns erstmals in der zweiten Hälfte der siebziger Jahre bei Interviews, die ich als DDR-Rundfunkjournalist sowie als Autor der kulturpolitischen Wochenschriften *Die Weltbühne* und *Sonntag* etwa zum Thema staatliche Designförderung oder auch zur Pflege des Bauhaus-Erbes führte. Dabei gewann ich den Eindruck, es mit einem für DDR-Verhältnisse bemerkenswert aufgeschlossenen und in seinen Darlegungen sehr ungewöhnlichen Politiker zu tun zu haben. Darum willigte ich ein, als er mich im Frühjahr 1984 zu sich bat, um mir ein Angebot zu machen. Kelm suchte für das von seinem Amt herausgegebene Fachblatt *form+zweck* dringend einen neuen Chefredakteur. Zu jener Zeit war ich als Literaturredakteur beim *Sonntag* angestellt, publizierte jedoch auch zu Themen der Angewandten Kunst und des Designs.

In der Folgezeit lernte ich verschiedene Seiten meines neuen Vorgesetzten kennen. Eines von Kelms unabdingbaren Arbeits- wie Lebensprinzipien war sozialistische Parteilichkeit. Seine allerdings war frei von einem häufig bei Funktionären anzutreffenden Dogmatismus und schlichtem Denken. Martin Kelms Leitungsstil im Amt wurde von vielen Mitarbeiterinnen und Mitarbeitern als sachbestimmt-nüchtern wahrgenommen. Gelegentliche Ansprachen dieses Mannes klarer Worte an »das Kollektiv« des Amtes, etwa zu Staatsfeiertagen, waren meist kurz und knapp. Sie kamen mit einem Minimum an Emotionalität aus. In seinem Naturell war Kelm Mecklenburger geblieben.

Dem gegenüber war ich, laut Aussage eines seiner engeren Mitarbeiter, der »harmoniesüchtige Sachse«, was vielleicht auch zutraf. Im Verhältnis zwischen Martin Kelm und mir, insbesondere bei der Arbeit an diesem Buch, führten diese Unterschiede bei den Charakteren bisweilen zu nicht geringen Missverständnissen, ja auch Misshelligkeiten. Emotion kontra Sachlichkeit, Persönliches statt Formeln, unterhaltsames Erzählen statt kommuniquéhaftes Berichten …

Alles in allem überwiegt bei mir, auf fast vierzig Jahre Wahrnehmung Kelms bezogen, Positives und Angenehmes: etwa sein Selbstbewusstsein und seine Entschiedenheit, in DDR-Publikationen eher unübliche, gesellschaftspolitisch problematische Themen, die in *form+zweck* erscheinen sollten, zum Druck freizugeben. Auch brachte er beispielsweise als Chef den Mut auf, ins Scheinwerferlicht geratene oder in anderen brenzligen Situationen stehende engagierte Mitarbeiter mit einem personalrechtlichen Schachzug aus der Partei-Schuss-

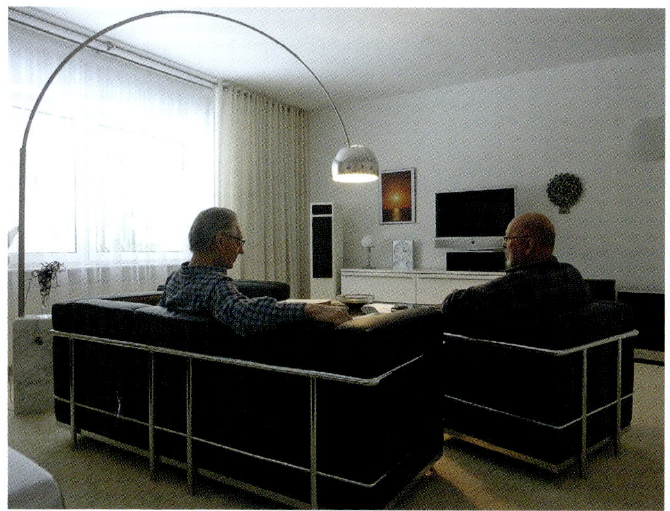

linie zu nehmen oder drohende Konsequenzen wenigstens zu mindern, wenn nicht sogar abzuwenden, indem er jemanden einfach umsetzte.

Nach meinem monatelang zunächst vergeblich erbetenen Rückzug aus *form+zweck* im Sommer 1989 beauftragte mich Martin Kelm – meinem Wunsch entsprechend – im AIF mit publizistischen Projekten zur Thematik Design und Ökologie. Vom Frühjahr 1990 an arbeiteten wir dann gemeinsam in einer kleinen Konzeptionsgruppe, die zunächst Entwürfe für einen »Rat für Design der DDR« erarbeitete. Der Rat sollte an die Stelle des auf Beschluss der Modrow-Regierung aufzulösenden Amtes für industrielle Formgestaltung treten und Vorbereitungen treffen, dass für den Fall einer Vereinigung der beiden deutschen Staaten auch ein Zusammengehen mit dem seit 1953 bestehenden Rat für Formgebung der Bundesrepublik Deutschland möglich sein würde. Unser Bestreben war es, ostdeutsche Erfahrungen und Potenziale in eine gesamtdeutsche institutionelle öffentliche Designförderung einzubringen.

In den Findungsprozessen für praktikable, realistische Lösungen sorgten konträre Vorstellungen, Argumente und Handlungsweisen zwischen dem kommissarisch beauftragten Leiter der Arbeitsgruppe und Noch-Staatssekretär Martin Kelm einerseits sowie mir und weiteren konzeptionellen Mitarbeitern andererseits für teilweise erhebliche Differenzen. Das Verharren in administrativen Denkmustern und das Dringen auf demokratisch abgestimmte Lösungen prallten kompromisslos aufeinander.

Per Anweisung der seit April 1990 amtierenden DDR-Regierung unter Lothar de Maizière wurde Martin Kelm im Juli 1990 von seiner Aufgabe entbunden, der frühere Regierungsbeschluss zur Bildung eines Rates für Design aufgehoben und das Amt für industrielle Formgestaltung mit Wirkung vom 31. Dezember 1990 durch einen für den Vollzug ernannten Regierungsbeauftragten ersatzlos abgewickelt.

Mit dem Ende für das AIF trennten sich für längere Zeit Kelms und meine Wege. Nach verschiedenen, auch polemischen Veröffentlichungen von mir über Wesen und Arbeit des Amtes trat bis etwa 2006 eine mehr als zehnjährige gegenseitige »Wahrnehmungspause« ein. In jenem Jahr erschien in Köln mein »Lexikon DDR-Design« mit einer sachlichen Darstellung der Geschichte des AIF und auch seines Leiters. Unser persönlicher Abstand, auch die inzwischen verflossene Zeit, erwiesen sich als nützlich. Er erlaubte eine größere Gelassenheit in der Betrachtung und Beurteilung des jeweils Anderen und die Einbeziehung der Perspektive des Gegenübers in die dialogische Erinnerungsarbeit.

Entstanden ist so bis zum unmittelbaren Vorabend des 90. Geburtstages von Martin Kelm im Oktober 2020 ein am Ende weitgehend einverständiges Resümee zweier aktiver Zeitgenossen: über Prozesse des Gelingens wie des Versagens bei der Herausbildung einer neuen Industrie- und Alltagskultur.

Günter Höhne,
Berlin-Pankow, Sommer 2021

Kapitel 1

Jugend und Wismar

Sie sind Jahrgang 1930. Bevor wir uns Ihrer Biografie zuwenden, über die wir uns in den letzten zehn Jahre unterhalten haben: Welche Bilanz ziehen Sie heute nach neun Lebensjahrzehnten?

Ich möchte die mir bewusst gewordene Relativität hervorheben, in der ein Mensch auf diesem Planeten Erde lebt. Betrachte es als Glück und zugleich doch nur kurzen Wimpernschlag eines Daseins, das ihm durch dieses Leben im Gefüge des unendlichen Universums geschenkt wurde. Nimmt man die Erdgeschichte als ein Buch, so taucht der Mensch erst auf den letzten Seiten auf. Wissenschaftler meinen, der Mensch existiert erst seit etwa 200000 Jahren – was ist das gegenüber der Existenz der Erde von über vier Milliarden Jahren? Und in noch einmal über vier Milliarden Jahren wird es unsere Erde nicht mehr geben, sie wird von der explodierenden Sonne verbrannt. Deshalb sage ich, überhaupt zu leben ist ein Glück. Mein Leben habe ich immer so empfunden. Weil aber unser Leben zeitgebunden ist, sollte man sich fragen: hast du Sinnvolles vollbracht, war dein Hiersein für Kreatur und Erde positiv oder negativ? Dieser Maßstab bestimmt letztlich unser Sein. Um darüber nachzudenken muss man kein Leonardo, Beethoven oder Einstein sein. Doch ein Grundsatz ist gültig für jeden: Wofür hast du gelebt?!

Sie waren in den Jünglingsreifejahren, als die großen Umbrüche in Deutschland passiert sind, vom Untergang des Dritten Reiches hin zur Spaltung in zwei sich als Demokratien verstehende Staaten. Lassen Sie uns zunächst über diesen frühen Lebensabschnitt sprechen. Aus welcher Art von Elternhaus stammen Sie?

Meine Eltern waren aus dem Thüringischen in den Norden gekommen, weil Vater dort unten, unmittelbar vor dem Machtantritt der Nazis, der Boden unter den Füßen zu heiß zu werden drohte. Es gab die Vermutung, dass er als junger Mann mit einer kommunistischen Zelle sympathisiert haben soll. Man gab ihm den Rat, seine Spur durch mehrfachen Umzug zu verwischen, so landeten wir schließlich im Norden. Von dieser Vorgeschichte und was genau da war, ist uns Kindern gegenüber nie ein Wort gefallen. Mir kam das erst nach dem Krieg nebenbei zu Ohren.

Geboren bin ich auf der Insel Poel, und als ich ein Jahr alt war, sind wir in die Nähe von Hohen Viecheln an den Wallensteingraben gezogen, wo Vater uns am Waldrand ein bescheidenes, aber sehr gemütliches Holzhäuschen errichtet hatte. Hier »am Bach«, wie wir sagten, mitten in der Natur in der Nähe des Schweriner Sees, verbrachte ich sehr glückliche Kinderjahre. Und erhielt dort wohl auch das große Stück Prägung, das mich dann mein ganzes Leben lang begleitete: eine Art selbstverständliche Übereinkunft, ja Bruderschaft mit der Natur. Schon frühmorgens bin ich oft, seit ich gerade mal laufen konnte, gleich erst einmal hinunter zum Graben, unter die großen Eichen, und habe mir das Leben und Treiben dort angeguckt: der Vögel und Insekten, der Wassertiere von den Krebsen bis zu Hechten und Fischottern und was es sonst noch an Tieren gab. Das war mir so eine tief innerliche Freude.

Haben Sie die Natur selbst für sich entdeckt? Oder an der Hand Erwachsener?

Völlig für mich allein. Vater war damals Waldarbeiter, dem ich schon als Sechsjähriger beim Zersägen von meterdicken Stämmen helfen musste. Schuften musste ich in der Landwirtschaft als Achtjähriger dann, als ich mit der Sense in der Kolonne kräftiger Männer mitzuhalten hatte. Und auch Mutter mit sieben Kindern hatte viel zu schwer zu arbeiten, als dass die Eltern die Zeit gehabt hätten, mit mir in der Natur umherzustreifen. Vaters hartes Leben hat ihn selbst hart gemacht, auch manchmal gegenüber uns Kindern. Nein – die Liebe zur Natur ist mir ganz allein, sozusagen durch sie selbst zugewachsen. Doch eines blieb mir von Vater auch immer im Gedächtnis: Gib acht, wo du deinen Fuß hinsetzt. Zertritt nicht den blauen Käfer oder trampele nicht auf einer Ameisenstraße herum. Diese Ermahnung zur Sorgfalt blieb bedeutungsvoll für mein ganzes Leben.

Es heißt, Sie hätten als Kind eine ganz besondere Entdeckung gemacht.

Zur Bereicherung unserer schmalen Nahrung durch Fischfang hielt ich mich oft an der ersten Schleuse zum Schweriner See, dem sogenannten Aalfang im Wallensteingraben, auf. Eines Tages fand ich dort ein seltsames, größeres Knochenstück. Zusammen mit einem Steinsplitter, den ich an derselben Stelle schon zuvor gefunden hatte, übergab ich die Fundstücke meinem Vater. Er vermutete gleich die Bedeutsamkeit der Funde und legte sie im Schweriner Museum für Ur- und Frühgeschichte zur Begutachtung vor. Was sich daraus entwickelte, kann getrost als Sensation bezeichnet werden: Wissenschaftler untersuchten das Gebiet um den Aalfang, und es wurde schließlich die größte Fundstelle steinzeitlicher Gegenstände aus dem älteren Mesolithikum im Norden. Darunter befanden sich auch viele Speer- und Pfeilspitzen sowie andere Gerätschaften, die ich als späterer Designer sehr bewunderte.

Wie ging es unterm Hakenkreuz weiter?

Damals mussten alle Jungen zwischen zehn und vierzehn ins Jungvolk. Wegen der Geländespiele mochte ich das Jungvolk, aber oft genug erinnere ich mich an den überharten Drill. Das nannte man Schliff. Bis zur totalen körperlichen Erschöpfung geschah das. Wer dagegen aufmuckte, bekam »Sonderschliff«. Hitler hatte ja die Losung ausgegeben: Die deutsche Jugend soll flink sein wie Windhunde, zäh wie Leder und hart wie Kruppstahl. Das wurde trainiert.

Eine Episode will ich noch erwähnen: Ich wate barfuß im Regenwasser des Straßengrabens. Mir entgegen kommt auf dem Fahrrad der NSDAP-Ortsgruppenleiter des Dorfes. Artig sage ich »Guten Tag«. Der Gruppenleiter steigt vom Fahrrad und verpasst mir saftige Ohrfeigen. Es heiße »Heil Hitler!«, sagt er. »Merke dir das!«

Auch beeindruckte mich ein Riesenplakat am Eingang des Dorfes vor Beginn des Krieges. Es zeigte einen

Russen mit einem krummen Dolch quer im Mund. Von der Dolchspitze tropfte Blut. Und in großer Schrift stand: »Nieder mit dem Bolschewismus!« Jedes Mal beim Vorbeigehen erfasste mich ein Schaudern. Ich musste diese Stelle täglich passieren.

Haben Ihre Eltern in dieser Zeit Sie politisch beeinflusst?

Nie, in keiner Weise. Ich habe von Vater und Mutter niemals irgendwelche Äußerungen zum Nazi-System gehört, selbst nicht, als ich heulend nach den mir verpassten Ohrfeigen des NSDAP-Ortsgruppenleiters nach Hause kam. Aber an etwas erinnere ich mich doch: Ich war in der Schule ins Jungvolk aufgenommen worden, wir waren alle aktiv dabei, und eines Tages bekam ich die schwarzweißrote Kordel eines Jungenschaftsführers an die Uniformbluse gelegt. Auf dem Nachhauseweg kam mir mein Vater entgegengeradelt, stieg ab und fragte: »Was hast du denn da?« Ich antwortete strahlend stolz: »Ich bin befördert worden!« Statt erwarteter Freude und Anerkennung verfinsterte sich sein Gesicht und die Linke erhob sich vom Lenker wie im Ansatz zu einer Ohrfeige. Aber Vater schwang sich nur schweigend auf sein Fahrrad und fuhr davon, ohne mich eines Blickes zu würdigen. Die Enttäuschung war nun auch auf meiner Seite. Ich konnte nicht begreifen, dass sich Vater nicht mit mir freute. Mein kindliches Denken war der Zeit verhaftet.

Aber seine noch so große Vorsicht und Selbstbeherrschung half am Ende doch nichts. Man hatte wohl seine politische Haltung erkannt, kurz vor Kriegsausbruch muss das gewesen sein. Ich entsinne mich, dass er zweimal mit der berüchtigten »schwarzen Limousine« von zuhause abgeholt wurde. Zwei Tage später kam er blass und verstört zurück. Einmal mussten meine Mutter und ich auch nach Wismar zu Untersuchungen, um unsere arische Abstammung nachzuweisen. Aus all dem erwuchs eine Riesenangst meiner Mutter um ihren Mann und unseren Vater. Ich entsinne mich noch, dass sie dann zum Übergeordneten des hiesigen Ortsgruppenleiters der NSDAP gegangen ist, der als relativ umgänglich galt und vermutlich auch veranlasste, dass mein Vater nicht in ein Konzentrationslager gebracht wurde, sondern »nur« in ein Strafbataillon kam an vorderster Front im Osten.

Ihr Vater hat den Krieg als Soldat zunächst im Osten und schließlich bis zum Ende im Westen wie durch ein Wunder überlebt. Er geriet in Gefangenschaft, war also über Jahre hinweg »abwesend«. Ihr älterer Bruder ist gefallen – dadurch wurden Sie sehr früh und ganz unfreiwillig der »Herr im Hause« neben Ihren Schwestern und der Mutter. Wie kamen Sie mit dieser Männer-Rolle klar?

Ich war noch ein halbes Kind, noch lange nicht erwachsen und konnte mich gar nicht als »Herr im Hause« empfinden. Mutter hatte alles auf sich zu nehmen, und ich half eben mit, so gut ich konnte. Schule und Lernen fand für mich ebenfalls unter, sagen wir mal, »sehr anspruchsvollen Umständen« statt. Am Ende des Tages, der auch daheim meine Mitwirkung verlangte, war ich ständig ausgepowert bis dort hinaus.

Ab 1941, ich wurde elf, ging ich zur Oberschule. Dafür hatten meine Eltern große Opfer gebracht, denn sie wollten, dass ihre Kinder so viel Bildung erwarben, dass sie später nicht in Armut und unter harten Umständen aufwachsen müssten wie sie selber. Die Schule war in Wismar, und ich musste erst einmal von zu Hause viereinhalb Kilometer bis zur nächsten Eisenbahnstation fast ausschließlich durch den Wald im Winter bei Eis und Schnee oder bei Regen und Dunkelheit und fast eine Stunde lang mit der Bahn fahren, um schließlich um acht Uhr pünktlich zum Unterricht zu erscheinen. Wenn ich den Zug verpasste und erst mit dem nächsten fahren konnte, traf ich schließlich erst um neun oder halb zehn in der Schule ein. Der Lehrer erwartete mich mit dem Rohrstock in der Hand, um mir eine Tracht Schläge zu verabreichen.

Bis man uns Schüler wegen der zunehmenden Bombengefahr – Hafen und Werft Wismar wurden Ziel von heftigen anglo-amerikanischen Angriffen – zur sogenannten Kinderlandverschickung abkommandierte. Die endete im zwanzig Kilometer entfernten Neukloster, wo wir weiter beschult wurden. Dort erschien im Unterricht eines Tages, wir waren inzwischen 14, 15 Jahre alt, ein verwundeter Offizier mit rechtem Holzarm. Den hatte er in sein Koppel gesteckt, begrüßte uns mit der erhobenen Linken unter zackigem »Heil Hitler!« und herrschte uns an: »Ihr Pimpse, die ihr hier an dieser Schule seid« (das Wort »Pimpfe« konnte er nicht sprechen), »ihr Pimpse seid die junge Garde des Führers! Es ist selbstverständlich, dass ihr euch alle freiwillig zur Front meldet! Also, vorn liegt eine Liste, da tragt ihr euch dafür ein.« Und so geschah es. Basta.

Wir Halbwüchsigen erhielten eine sechswöchige Sonderausbildung in viel zu großen Erwachsenen-Uniformen und wurden anschließend an die Front bei Stettin gebracht, um dort die russischen Panzer aufzuhalten. Man fuhr uns mit einem Lkw als Vorkommando in die vorderste Linie, setzte uns ab, und der Lkw mit dem Offizier fuhr weg. Wir hoben Löcher aus. Daraus sollten wir mit der Panzerfaust auf die sowjetischen T 34 warten, bis sie nahe genug heran waren, um sie abzuschießen.

Eine Kinder-Truppe des »Letzten Aufgebots«. Wie hieß sie?

Junger Volkssturm. Und mein Riesenglück in dieser Situation war, dass kurz zuvor in unser Kinderverschickungslager in Neukloster ein drei Jahre älterer »Sitzenbleiber« hinzugekommen war, ein lettischer Junge, der mein Bettnachbar wurde. Er hat mich abends im Flüsterton auf dem Laufenden gehalten, wie die Lage an den Fronten wirklich sei, wie es um Hitler stehe und so weiter, dass der Krieg bald zu Ende sei und wir ihn verlieren würden. Und als wir an die Front mussten, riet er mir: »Mach alles, was auch ich mache. Genau das! Dann bleibst du am Leben.«

Dann tauchten die ersten Panzer über den Hügeln auf. Er sprang aus dem Loch und flitzte in eine Gebüschhecke am Ackerrand. Ich bin ihm nach. Die russischen Panzer kamen heran, sahen die Schützenlöcher, ein paar von den Jungs haben noch abgedrückt, ohne zu treffen, die Panzer hielten stracks auf die Löcher zu, stoppten, einmal gedreht ... Von den zweiunddreißig »Vaterlandsverteidigern« sollen nur wir beide und weitere vier, wie wir später hörten, mit dem Leben davongekommen sein.

Das war ein ungeheuer prägender Moment in meinem Leben: ohnmächtig zu erfahren, wie grausam und sinnlos junges Leben, hier meine Mitschülerkameraden, ausgelöscht werden kann. Dabei habe ich so richtig begriffen, was Krieg bedeutet. Wir beide sind dann nach Hause geflohen. Es gleicht einem Wunder, dass uns diese Flucht durch zwei Fronten gelang, stets auch mit der Gefahr, als Deserteure besonders von den »Kettenhunden«, so hießen die deutsche Feldjäger, erkannt zu werden. Deserteure wurden standrechtlich erschossen.

Zuhause habe ich das Ende des Krieges unbeschadet erlebt. Aber auch das war erst einmal alles andere als eine befreiende Situation. Zunächst rückten bei uns die Engländer ein, und ich sah, wie sie mit ihren Panzern auf einer Brücke in einen Flüchtlingstreck aus dem Osten hineinfuhren und alles zermalmten. Wagen, Pferde, Menschen, einfach alles, was ihnen im Weg stand.

Als der Krieg dann wirklich zu Ende war, folgte das nächste Trauma. Hier bei uns in Mecklenburg waren Massen von Menschen gestrandet, die irgendwie untergebracht werden mussten. Inzwischen waren aufgrund der Verabredung der Großen Drei in Jalta die Engländer von der Sowjetarmee als Besatzungsmacht abgelöst worden. Die Russen hatten, zunächst für sich selbst, ganz in der Nähe im Wald von Hohen Viecheln ein Barackenlager aus Baumstämmen errichtet, bis unmittelbar zum Ort Fichtenhusen heran. Das wurde nun Durchgangslager für bis zu zweitausend Flüchtlinge, die dort zeitweilig unter Quarantäne gestellt, entlaust und desinfiziert wurden. Viele litten an Typhus und anderen Krankheiten. Viele überlebten das nicht und mussten schnell unter die Erde gebracht werden. Nur: Es gab keine kräftigen Männer mehr, die das erledigen konnten. Die befanden sich in Gefangenschaft oder waren gefallen. Also wurden wir

Jungen verpflichtet, die Leichen auf einen Pferdewagen zu befördern und provisorisch zu bestatten. Jeden Morgen trug ich gemeinsam mit einem Jungen aus dem Dorf bis zu sechs Leichen zusammen. Wir luden sie auf den Wagen und fuhren in den Wald, legten sie in eine ausgehobene Grube, streuten Brandkalk und Erde darüber. Darauf kam dann die nächste Reihe. Heute ist das Areal ein sogenanntes Kriegsgräberfeld, und ob da nun wirklich, wie es dort geschrieben steht, etwa dreihundert Menschen liegen, darf sehr bezweifelt werden. Es müssen weitaus mehr sein. Denn meiner Erinnerung nach haben schon alleine wir Jungs eine solche Anzahl transportiert, und da lagen bereits viele Tote dort.

Diese Leichentransporte waren für uns junge Menschen ein ungeheures psychisches Problem, man hat uns deshalb wohl nach etwa sechs Wochen ausgewechselt. Zum Glück haben wir uns nicht mit den hochansteckenden Krankheiten infiziert.

Aber zu Ihrer Ausgangsfrage zurück: Was meine Rolle in der Familie damals war. Durch all das war ich soweit herangewachsen – wenn auch noch nicht wirklich erwachsen geworden –, dass ich mich zunehmend dafür verantwortlich fühlte, unsere Familie einigermaßen über Wasser zu halten. An vorderster Stelle stand, Essbares zu beschaffen.

Die Engländer, die in den ersten Wochen unser Haus okkupiert hatten, währenddessen wir Zuflucht bei Bekannten fanden, hatten keines von unseren Tieren am Leben gelassen. Nichts blieb uns, nichts Essbares, kein Hausrat – außer einem Eimer. Dass wir nach etwa vier Wochen wieder in unser Haus einziehen konnten, verdankte ich meinen dürftigen englischen Sprachkenntnissen, mit denen ich dem englischen Kommandanten als »Dolmetscher« diente.

Der bescheidene Holzbau der Familie Kelm genügte den Briten als Bleibe?

Entschuldigung, ich habe versäumt zu erwähnen, dass der Bau 1939 aus Bauordnungsgründen abgerissen werden musste und wir in ein etwas entfernt stehendes Ziegelsteinhaus umgesetzt worden waren. Von dort schwärmte ich jetzt vor allem nach Essbarem aus.

Es herrschte bei uns das pure Chaos im Alltag. Am fürchterlichsten waren die sich häufenden Beutezüge marodierender Banden. Zwei- bis dreimal in der Woche überfielen sie uns. Vereinzelt stehende Anwesen wie das unsere waren natürlich bevorzugte Objekte, wo man sich leichte Beute zu machen erhoffte – auch Frauen und Mädchen. Und davon gab es sechs im Hause, meine Mutter und die fünf Schwestern. Sie als Vierzehneinhalbjähriger zu beschützen, war mein Bestreben.

War das nicht vielleicht ein wenig übertrieben? Was wollten Sie, ein Halbwüchsiger, schon ausrichten?

Mit Umsicht und Glück doch einiges. Es war ja bekannt, dass die Marodeure nachts nicht geräuschlos aus dem Unterholz hervorbrachen, man hatte also mit Einbruch der Dämmerung immer die Ohren besonders »offen«, und beim geringsten Geräusch versteckte ich »meine Frauen« in geschickt getarnten Winkeln des Hauses. Ich selbst kam oft nicht ungeschoren davon. Mal stellte man mich an die Wand und drohte, mich zu erschießen.

Wiederholt wurde ich mit dem Gewehrkolben wütend niedergeschlagen, weil man keine Beute fand.

Was waren das für »Banden«?

Verschleppte »Ostarbeiter«, ehemalige Häftlinge und Kriegsgefangene, die nach Hause wollten und auf ihrem Heimweg Rache an den Deutschen nahmen, die sie jahrelang geschuriegelt hatten. Nicht selten trugen sie russische Uniformen. Aber auch die Rotarmisten selbst waren keineswegs zimperlich. In den umliegenden Orten kam es in dieser Übergangszeit zu Vergewaltigungen. Es waren wirklich schlimme Wochen. Die Frauen meiner Familie blieben glücklicherweise verschont.

Noch als halbes Kind, ich wurde ja erst im Oktober fünfzehn, habe ich zwar getan, was ich konnte, zum Beispiel habe ich mit einigen alten Männern und Frauen die ganze Sommerernte des Dorfes 1945 eingebracht und so weiter. Ich selbst fühlte mich aber manchmal ziemlich macht- und schutzlos. So erlebte ich, dass ein Plünderer-Trupp schneller als gedacht in unser Haus stürmte und ich meine Mutter nicht mehr rechtzeitig verstecken konnte. Sie hatte gerade Haferflocken für uns gekocht und stand mit dem Topf auf der oberen Treppenstufe im Hause. Einer der Banditen stürmte die Treppe hoch, meine Mutter stülpte ihm den Topf mit dem heißen Inhalt über den Kopf, dadurch entstand eine gefährliche Situation. Dieses Vorkommnis hätte unsere Familie auslöschen können.

Die Banditen verzogen sich jedoch unerwartet. Mir saß der Schreck so in den Gliedern, dass ich runter an meinen »Bach« gerannt bin, um mich auszuheulen. Am

Busen der Mutter Natur sozusagen. Sie war mir Trost und Kraftspender.

Warum sind Sie dann nicht eigentlich Naturanwalt geworden, Waldarbeiter, Revierförster oder Tierarzt, sondern haben einen völlig anderen Weg eingeschlagen – den zum Industrieprodukt-Gestalter?

Zur Natur gehörte für mich damals schon das ganze Universum. Stundenlang konnte ich in sternenklaren Nächten den Himmel und das Funkeln der Sterne beobachten. Auch was medial über das Universum erschien, verschlang ich. Deshalb wollte ich ursprünglich Astronom werden. Eine solche Studienrichtung war jedoch im Norden damals aussichtslos. Deshalb überlegte ich, Zoologe zu werden. Ich habe einfach so für mich schon als Dreizehnjähriger in der Natur aquarelliert, festzuhalten versucht, was mich berührte, faszinierte, interessierte. Ich hatte in der Schule zudem richtig guten Zeichenunterricht bekommen und war mit Begeisterung und Ehrgeiz dabei. Mit einigen dieser Aquarelle bewarb ich mich später an der Fachschule für Güte und Form in Wismar. Ich hatte Mappen voller Zeichnungen und Malerei. Die sind aber leider alle verloren gegangen, als meine Eltern in den fünfziger Jahren, als ich schon in Wismar studierte, ihr Haus aufgaben und nach Schwerin zogen.

Wie sind Sie zu dieser Ausbildung gekommen?

Nicht in erster Linie meiner Neigung zum Zeichnen und Malen wegen, der ich übrigens auch später noch anhing. Die Gründe für den Wechsel ins Technisch-

Gestalterische waren ganz profan: Ich hatte die Oberschule nicht abschließen können, auch nach Kriegsende in Wismar nicht. Wegen der Zerstörungen und fehlenden Verkehrsverbindungen dorthin. Damit ich einigermaßen Anschluss hielt, gab unser ehemaliger Dorflehrer mir Privatunterricht in Deutsch, Mathematik und Geografie. Der war als NSDAP-Mitglied aus dem Schuldienst entfernt worden, aber ein Menschen- und vor allem Kinderfreund geblieben.

Neben meiner Naturliebe war ich auch begeisterter Technik-Fan. Ich bekam glücklicherweise 1947 eine Lehrlingsstelle als Elektriker in Bad Kleinen und kam mit meinen Arbeitsergebnissen so gut an, dass man mir das dritte Lehrjahr erließ. Einen Berufswettbewerb im Kreis Wismar gewann ich. Insbesondere die Funktechnik eignete ich mir durch Selbststudium an, baute elektronische Geräte und wurde im Ort zum gefragten Radio-Reparateur.

Außerdem ergab es sich, dass ich irgendwie dazu kam, neben meinem einjährigen Gesellen-Dasein einigen frisch immatrikulierten Studenten der in Bad Kleinen eingerichteten Außenstelle der Ingenieurschule Wismar eine Art Mathematik-Nachhilfeunterricht geben zu können. Nachdem ich auf meine Bewerbung für ein Zoologie-Studium in Rostock eine Absage erhalten hatte, wurde ich nach bestandener Aufnahmeprüfung problemlos in diese Ingenieurschul-Außenstelle als Student aufgenommen. Später warb mich die Arbeitsschule für Güte und Form ab. Soviel zum Perspektivwechsel …

… der aber wohl nicht nur eine Notlösung war, sondern doch auch Neigungen und Fähigkeiten entsprach, die Ihnen offen-

kundig eigen waren. Sie sollen, heißt es, aus Schrott und Abfall Brauchbares fabriziert haben ...

Ich muss meinen Vater loben, der 1947 aus Kriegsgefangenschaft zurückkam. Schon als Kind durfte ich immer, wenn es sich ergab, seine rechte Hand beim Handwerkeln sein. Er war überaus geschickt und erfindungsreich. Das färbte ab. Schon als Zehnjähriger baute ich für meine Schwestern Puppenstuben zu Weihnachten. Als wir 1945 unser von den Engländern restlos geplündertes Haus wieder beziehen durften, noch ohne Vater, konnte ich vieles von dem Gelernten anwenden. Die Fenster und Türen waren raus, nackte Wände, Schutt und Dreck. Kein Strom. Acht Wochen lang – ganz auf mich allein gestellt, noch mitten in der Ausbildung, ohne jede Anleitung – legte ich im Hause die Elektroinstallation. Der Elektromeister kam nur ab und zu, um nachzusehen.

Sie sollen sogar mal ein Fahrrad gebastelt haben, für einen Russen ...

Alexej war der Adjutant des sowjetischen Kommandanten im Ort, und mit ihm hatte ich mich ein bisschen angefreundet. Bei dem beklagte ich mich einmal wegen der Banden, die bei uns einfielen, und wollte deshalb einen Termin beim Kommandanten. Tja, meinte der, das sei nicht einfach, der Kommandant habe viel Anderes und Wichtigeres um die Ohren. Aber er, Alexej, hätte so gern ein Fahrrad. Wenn ich ihm eines besorgen würde, wolle er sich ein Herz fassen und den Kommandanten ansprechen ... Kein Problem, ich nahm die Sache sofort in die Hand. Geeignete Teile lagen überall herum. Mit dem zusammengebastelten Rad bin ich zu Alexej: »Hier hast du dein Fahrrad – und nun sprich mit deinem Kommandanten, ob der uns nicht die Banden vom Hals schaffen kann.«

Der Kommandant schickte tatsächlich eine Sondereinheit, die sich um unser Haus lagerte und innerhalb weniger Tage für Ruhe sorgte. Es knallte einige Male im Wald, dann waren die Marodeure für immer verschwunden. Außerdem behandelte ein russischer Militärarzt noch meine Mutter, die schwer erkrankt war.

Und wie war das mit Alexej und dem Akkordeon?

Mein großer Bruder besaß ein Schifferklavier. Natürlich habe ich schon als Kind angefangen, darauf zu spielen. Ganz intuitiv, als Autodidakt. Nachdem mein Bruder nicht wiederkam, gehörte das Schifferklavier mir, später konnte ich schon ganz passabel spielen. Immerhin so gut, dass Alexej darauf aufmerksam wurde. Er hatte oft am Schlagbaum beim Dorfeingang in unserer Nähe Dienst. Ich hörte ihn manchmal dort Knopfakkordeon spielen. Er war am gemeinsamen Musizieren interessiert, wir wurden ein fröhliches Duo. Alexej war ein ausgesprochen lustiger russischer Junge.

Ihr Schifferklavierspiel soll ein wenig später auch noch andere, sehr viel weiter reichende Folgen gehabt und damit den Wahrheitsgehalt der These, Musik verbinde, bestätigt haben.

Im Dorf wohnte die Familie Suhr mit einer Tochter namens Elli. Diese spielte lieber mit den Hühnern als mit Puppen. Meist hatte sie ein gezähmtes Huhn im Puppenwagen und saß in dieser Gesellschaft abends oft unterm Giebel des Hauses, das ein paar hundert Meter von unserem entfernt stand, und lauschte meinem Akkordeonspiel. Das veranlasste sie, mich eines Tages anzusprechen. Zwei Jahre später gingen wir zusammen, wie man damals sagte, 1953 heirateten wir. Kurz danach kam unser Sohn Jochen. Elli starb 2008 an einer schweren Krankheit.

Aber mit der Musik hatte es noch etwas Anderes auf sich. Nach dem Kriege brach ein ungeheures Bedürfnis, fast Sucht der Menschen aus nach Frohsinn, nach Ausgelassenheit, nach Feiern. So etwas habe ich später nie wieder erlebt. Alt und Jung gingen tanzen, tanzen, tanzen – was das Zeug hielt. Bei uns auf dem Lande war das die große Stunde für alle, die irgendwie auf einem Instrument spielen konnten. Da gesellte sich einer mit einer Geige zu mir, später noch einer mit Klarinette, so waren wir schon ein Trio, und los ging es, manchmal bis früh um vier. Im Durchgangslager hatte man eine Verpflegungsbaracke errichtet, die abends zum Tanzschuppen wurde, in dem sich bei dem quirligen Treiben so viel Staub und Qualm entwickelte, dass man kaum noch von einem Ende des Saals zum anderen blicken konnte.

Musik war für mich auch aus einem anderen Grunde lukrativ. Von Vater hatte ich eine Geige geerbt. Unter Anleitung des Geigers unseres Trios lernte ich auf der Violine zu spielen, wir traten gemeinsam in unserer Dorfkirche zu Weihnachtsfeiern und bei Familienfesten im Dorf auf. Musik hat mich mein Leben lang begleitet.

Musik in den späteren Jahren über lange Zeit, soweit mir bekannt ist, überwiegend als passive Leidenschaft, angesichts beziehungsweise »angehörs« Ihrer supermodernen digitalen Audioanlage, heute aber wohl auch ein aktiv gepflegtes technisches Betätigungsfeld. Einmal Elektro-Freak – immer Elektro-Freak?

Einerseits ist Elektrotechnik/Elektronik ein anhaltendes Interessengebiet von mir, andererseits steht primär meine Begeisterung für Musik dahinter. In der Kindheit spielte ich, wie erwähnt, Geige und Akkordeon, später war ich ständiger Besucher von Konzerten, besonders der Klassik. Um das auch zu Hause genießen zu können, war eine gute elektronische Anlage nötig. Ich baute sie mir selbst. So hatte ich Freude an der Elektronik und an der Musik zugleich. Mein Interesse für Elektronik sprach sich herum, ich baute oder reparierte eine Vielzahl unterschiedlicher elektronischer Geräte – und das bis ins fortgeschrittene Alter. Diese diffizile Präzisionsarbeit verbietet sich jetzt leider wegen der Verschlechterung meiner Sehleistung. Mein Musikinteresse ist jedoch ungebrochen und auch gar nicht nur passiv: Mit achtzig Jahren erlernte ich Keyboardspielen.

Ich kenne ein Foto aus Ihrer Jugendzeit auf einer Gartenterrasse: Sie am Akkordeon, einer mit Ventilfanfare, ein anderer am Schlagzeug, zwei Zuhörer lauschen entspannt – ich vermute: Studenten in Wismar. Wer waren die anderen?

Wir hatten eine Studentenband in der Wismarer Schule. Der Schnappschuss zeigt einen Teil davon auf der Terrasse in Wismar-Wendorf. Gegenüber von mir bläst Harald Neumann die Ventilfanfare, beruflich wurde er später wissenschaftlicher Grafiker, am Schlagzeug spielt ein Assistent der Fachschule, dessen Namen ich nicht parat habe, Zuhörer sind die Studenten Hubert Schiefelbein, später Professor für Architektur an der Hochschule für Bauwesen Weimar, und Horst Giese, später Diplomformgestalter. Horst Giese und ich – beide Elektriker von Beruf – waren die ersten Studenten in der »Abteilung Gerät« an der Fachschule in Wismar. Horst Gieses Vater bat mich beim ersten Treffen auf dem Wismarer Bahnhof, sein Sohn sei »etwas kompliziert«, ich möge bitte ein Auge auf ihn haben. Leider hatte er nicht unrecht. Horst Giese entwickelte sich fachlich zu einem richtig guten Formgestalter. Allerdings trank er, was ich nicht verhindern konnte. Er starb an seiner Alkoholsucht, ohne besonders alt geworden zu sein.

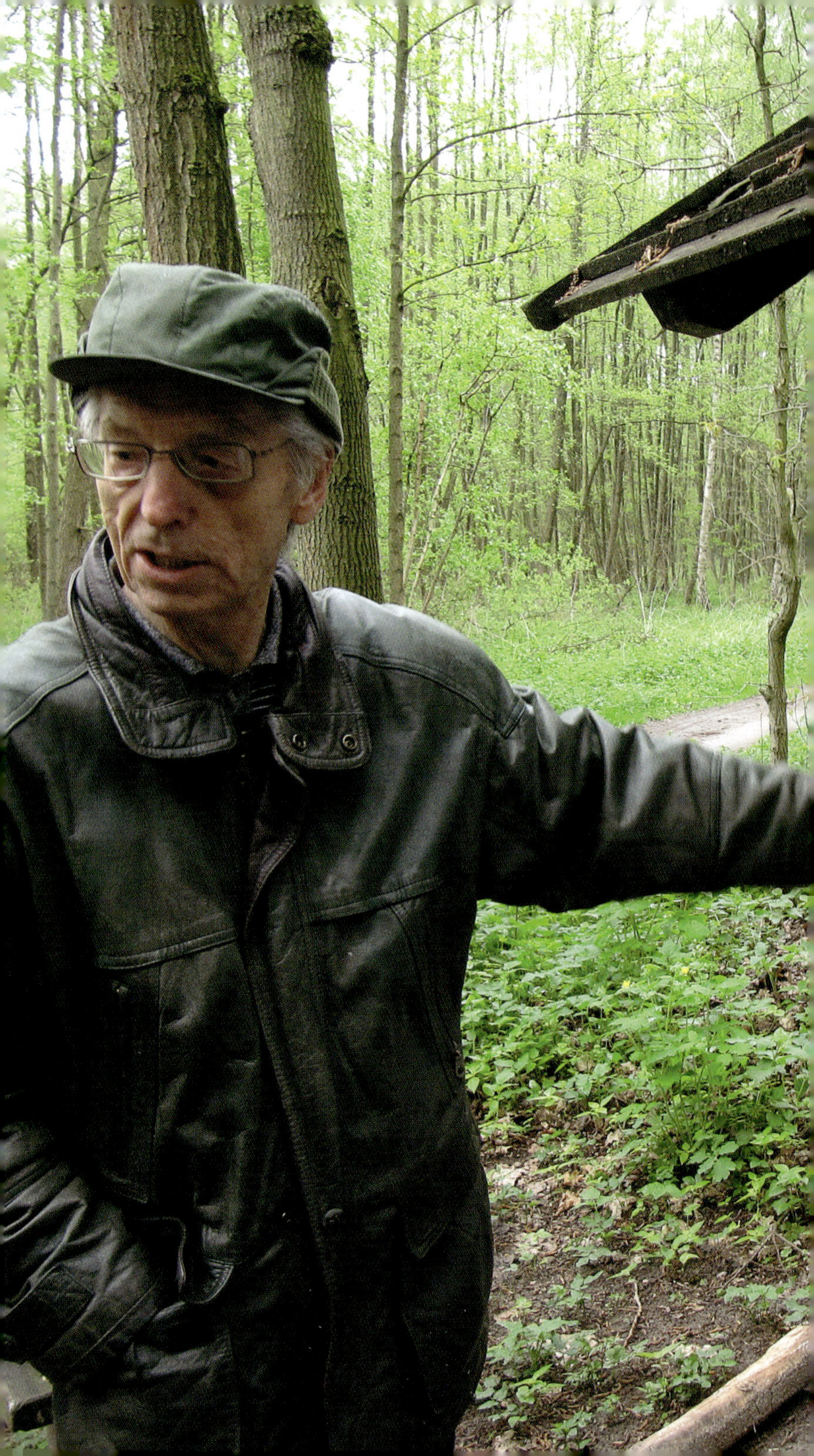

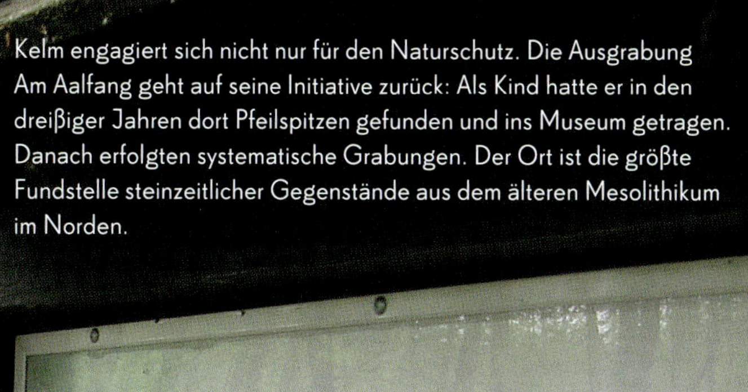

Kelm engagiert sich nicht nur für den Naturschutz. Die Ausgrabung Am Aalfang geht auf seine Initiative zurück: Als Kind hatte er in den dreißiger Jahren dort Pfeilspitzen gefunden und ins Museum getragen. Danach erfolgten systematische Grabungen. Der Ort ist die größte Fundstelle steinzeitlicher Gegenstände aus dem älteren Mesolithikum im Norden.

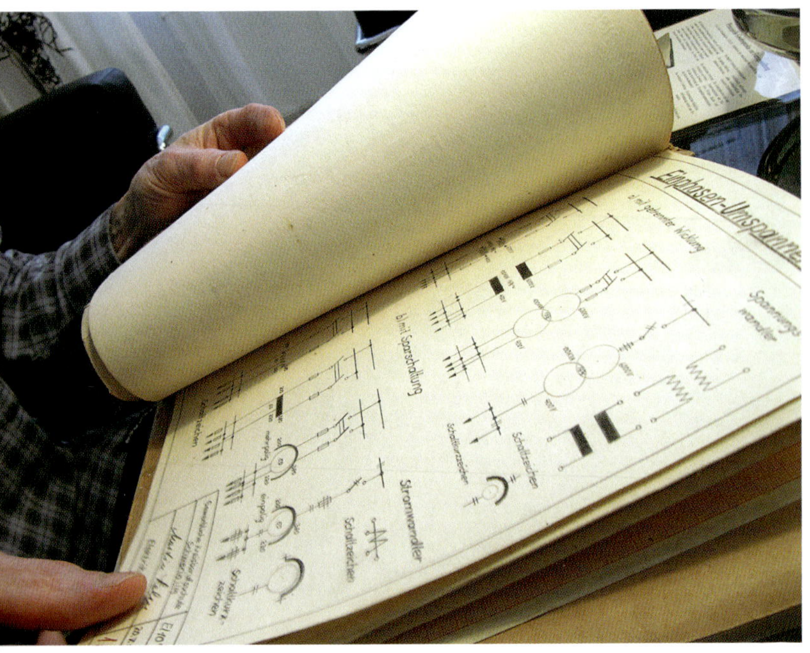

Im Unterschied zu den Zeichnungen und Aquarellen, mit denen sich Kelm an der Fachschule für Güte und Form in Wismar bewarb und die später verloren gingen, blieben die technischen Zeichnungen aus dem Ingenieurstudium erhalten.

Auf dem Kriegsgräberfeld im Wald von Hohen Viecheln. In einem zum Kriegsende errichteten Flüchtlingslager starben hunderte Menschen, deren Leichname der halbwüchsige Kelm in Massengräbern bestatten musste.

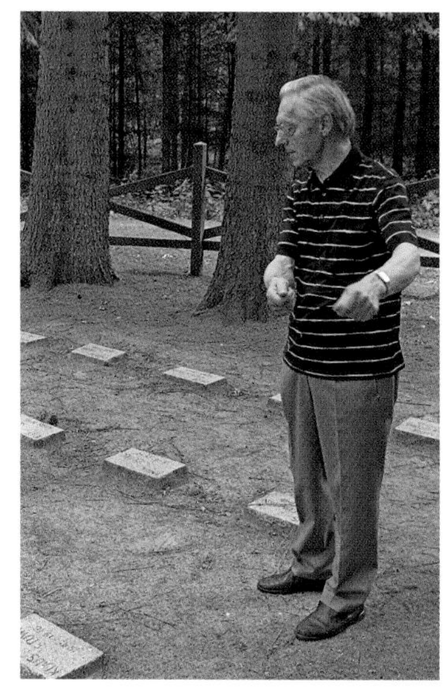

Unten: Die Studentenband auf der Terrasse in Wismar-Wendorf, Kelm am Akkordeon, an der Ventilfanfare Harald Neumann. Dritter von links Horst Giese, neben ihm Hubert Schiefelbein.

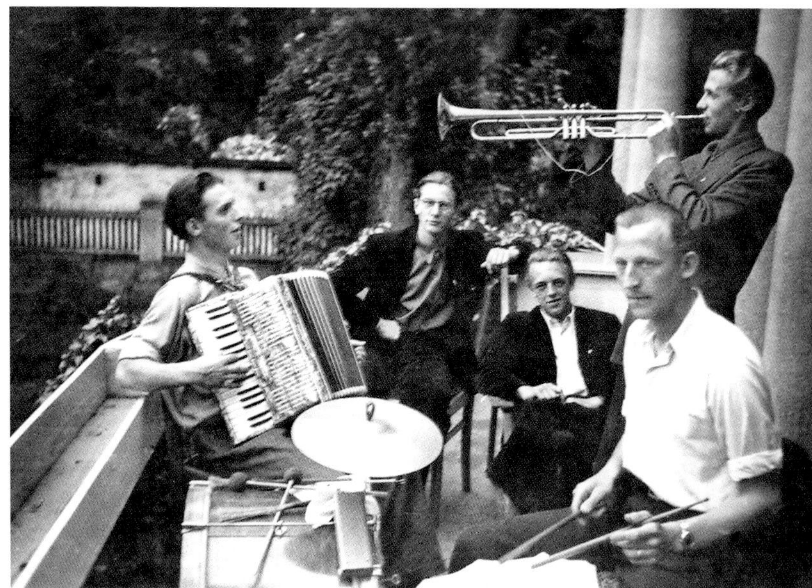

Kapitel 2

Von der Arbeitsschule für Güte und Form nach Berlin-Weißensee

Was hat es mit der Arbeitsschule für Güte und Form auf sich? War das eine Fachschul-Neugründung oder gab es sie schon früher, setzte sie neu an oder eine Tradition fort? Vielleicht ungewöhnlich im ländlichen Mecklenburg.

Der Maler Werner Laux (1902–1975), der nach dem Krieg die Käthe-Kollwitz-Kunstschule in Berlin-Reinickendorf geleitet hatte, bildete Ende der vierziger Jahre in Wismar diese Fachschule neu und gab ihr als deren Gründungsdirektor diesen programmatischen Name: *Arbeitsschule für Güte und Form.* Arbeitsschulen waren zu Beginn des Jahrhunderts als pädagogische Reformprojekte vielerorts in Deutschland entstanden, als Produktionsschulen verbanden sie Unterricht und Arbeit miteinander. Laux als künstlerischer Universalist meinte, dass es für die Gestalter von Produkten eine qualifizierte Ausbildungsstätte geben müsse, die für die »gute Form« der Nachkriegs-Erzeugnisse sorgte. Dabei ging er ganz pragmatisch vor. Er wandte sich im Land an jene Stellen, die die Sieger in Berufswettbewerben erfasste. Aus den Listen filterte er junge Frauen und Männer heraus, die ihm geeignet erschienen, um an seiner Schule zu studieren. Einige Ansatzvermutungen ließen sich da schon hinsichtlich Kreativität, praktischer Phantasie, handwerklichem und künstlerischem Talent anstellen. Und so kam es, dass auch ich einen Einladungs-Brief erhielt, weil ich einen Berufswettbewerb der Elektriker im Kreis Wismar gewonnen hatte. Meine Aquarelle, Skizzen und Zeichnungen, die ich vorlegte, gefielen ihm auch. Ich wurde aufgenommen.

Das war aber, wie ich weiß, zu einem Zeitpunkt, als Sie sich bereits an der Ingenieursschule eingetragen hatten.

Ja, seit drei Monaten war ich dort. Der Wechsel zur Arbeitsschule für Güte und Form fiel mir aber nicht schwer, da ich im Ausbildungsprofil dieser Schule eine Synthese von künstlerischer und technischer Gestaltung sah. 1950 begann ich das erste Studienjahr in der »Abteilung Gerät« an der Arbeitsschule, die sich seit Oktober 1950 bereits Fachschule für Angewandte Kunst nannte und 1953 nach Heiligendamm umziehen sollte. Ohne mich und meine Kommilitonen, aber darauf kommen wir noch.

Trotz der Begeisterung für diese Ausbildungsrichtung blieb mein Herzenswunsch bestehen, Astronomie zu studieren und dort zu forschen. Gerade dieses Gebiet faszinierte mich und lässt mich bis heute nicht los. Ich hatte mich damals auch um einen Studienplatz in der Astronomie bemüht, allerdings ohne Erfolg.

»Abteilung Gerät« war so etwas wie das »Behelfsetikett« dafür, was wenig später in der Design-Ausbildung mit Produktgestaltung und industrielle Formgestaltung bezeichnet wurde?

Richtig. Und diese Ausbildung erfuhren wir anschließend in Berlin, wohin Werner Laux 1952 als Direktor (seit 1956 Rektor) der Kunsthochschule Berlin-Weißensee berufen wurde. Einige Studenten nahm er mit nach Weißensee, darunter die beiden Studenten der Abteilung »Gerät« – Horst Giese und Martin Kelm. Laux holte auch den seit Anfang der fünfziger Jahre in Dresden lehrenden großartigen Allround-Gestalter Professor Rudi Högner und den Keramiker Professor Rudolf Kaiser in die neu gegründete Hochschulabteilung »Formgestaltung« nach Berlin.

War Werner Laux in seiner Tätigkeit in Weißensee ein Aufgreifer, ein Fortführer dessen, was der Niederländer Mart Stam vor ihm an der Hochschule geleistet hatte, oder suchte er jetzt einen anderen Zugang zur Ausbildung? Der dem Dessauer Bauhaus eng verbunden gewesene Kommunist Stam (1899–1986) war kurz zuvor den Attacken im Rahmen der sogenannten »Formalismusdebatte« zum Opfer gefallen und aus der Hochschule sowie aus der DDR regelrecht verdrängt worden.

Laux hatte vermutlich keine Berührung mit Mart Stam, ich habe jedenfalls davon nichts erfahren. Als ich 1953 an die Hochschule kam, war Mart Stam schon weg, der Name von Laux' Vorgänger wurde nicht mehr genannt. Ich hörte erst viel später davon, was Stam an der Schule geleistet hatte. Laux selbst erwähnte ihn nie.

Wir Studenten kannten Laux aus der gemeinsamen Wismarer Zeit gut. Wegen der Wohnungsnot lebten wir gemeinsam mit ihm und seinen Angehörigen während der Fachschulzeit in einem Wohnhaus in Wismar-Wendorf.

Werner Laux war dann aber nicht sehr lange an der Hochschule in Weißensee tätig, er wurde 1956 zum Leiter der Hauptabteilung Bildende Kunst im Ministerium für Kultur berufen. Dieser Abteilung unterstanden damals alle künstlerischen Hochschulen der DDR, und Laux war es, der mich dann unmittelbar nach meiner Diplomverteidigung in Weißensee beauftragte, nach Halle zu gehen, um die dortige »Werkkunstschule Burg Giebichenstein« zur »Hochschule für industrielle Formgestaltung« zu entwickeln. Diese sollte ich von 1960 bis 1965 leiten.

Was sich als eine zweifelhafte, weil aufreibende und von enormen Widerständen begleitete Ehre erweisen sollte. Darüber werden wir später unbedingt noch ausführlich sprechen. Zunächst aber interessiert mich der Wechsel von Wismar nach Weißensee 1953, wenige Wochen nach den Unruhen um den 17. Juni.

Über das, was sich damals in Berlin-Weißensee abspielte, können nur noch wenige Augenzeugen verlässlich berichten. Deren Zahl lässt sich inzwischen an einer Hand abzählen … Wir stiegen im September 1953 mit unserem Wismarer Fachschulabschluss ins Hochschulstudium ein, das Studienziel hieß Diplom-Formgestalter. In Weißensee bekamen wir in der temperamentvollen Lehre unter Professor Ernst Rudolf Vogenauer inspirativ viel Künstlerisches mit. Einmal stellte er er uns die Aufgabe: Nehmt mal einen breiten Pinsel, schwarze Farbe und malt auf dieses große Blatt einen Motorroller! Wie soll man einen Motorroller darstellen, fragten wir uns. Da muss man doch planvoll, akribisch herangehen bei so einem derartig technischen Gerät, wegen der Details und allem Drum und Dran! Und auch noch aus der Entfernung von einem Meter malen?! Unmöglich.

Ich wusste nicht, was Professor Vogenauer von uns erwartete. Ich brachte schwungvoll mit dem breiten Pinsel dynamische Formen und Strukturen auf das weiße Blatt. Darauf Vogenauer: Na bitte, geht doch! Ist doch hervorragend!

Ich versuchte zu verstehen, was er als »hervorragend« interpretierte, und begriff allmählich: Vogenauer wollte, dass wir nach dem *Wesen* eines Gegenstandes, in diesem Falle also eines Motorrollers, suchten und dazu unterschiedliche Sichten und Darstellungen erproben sollten. Wir sollten unsere Fantasie spielen lassen. Das war die Schule Vogenauer.

Was dann aber Produkt-Design zu entwerfen wirklich ausmachte, in seinem gesamtheitlich zu bewerkstelligenden Schaffensprozess – das brachte uns Professor Rudi Högner bei. Dafür war er genau richtig, ein Experte wie kein anderer. Bei ihm erlernten wir auf eine sehr akribische, aber ebenso schöpferische Art den ganzen disziplinären Kanon: wie man Flächen und Formen gestaltet in Millimetergenauigkeit, wie man Plastizität herausarbeitet. Er brachte uns beispielsweise aus dem Museum einen Abguss der Büste von Pharao Amenophis IV. mit und sagte: »Sehen Sie sich das genau an. Sie haben zwei, drei Stunden Zeit, die Büste zu verinnerlichen, um sie danach aus dem Gedächtnis nachzubilden. Hier ist die Tonmasse dafür. – Denken Sie sich von der Gesichtsoberfläche in das Innere der Skulptur und in das Wesen des Mannes hinein, dann wieder in die Proportionen außen, wie die Übergänge der Augen geformt sind.«

Schauen, denken, fühlen bis in die Fingerspitzen sollten wir.

Högner war ein Ästhet durch und durch und verstand es, uns das Gesamtheitliche eines Designprozesses nahezubringen. Das war oft Galeerenarbeit, wenn wir stundenlang an Grafiken saßen, ein Blatt nach dem anderen bemalten. Högner ließ nicht locker, bis das Ganze perfekt war, ästhetisch-anschaulich und harmonisch-schlüssig überzeugte. Dazu kam bei ihm noch etwas sehr Wichtiges für unser Design-Weltbild: Er sorgte auch dafür, dass wir an der Hochschule Zugang erhielten zur internationalen Fachliteratur. Wir hatten auch die Zeitschrift *form*, die seit 1957 in Frankfurt am Main erscheinende Fachzeitschrift für Design, an der Schule, Schriften der Hochschule für Gestaltung Ulm und alles Erreichbare an sonstigen, auch bereits in der Vergangenheit erschienenen wesentlichen Publikationen zu Architektur und Design: von und über Gropius, Mies van der Rohe oder auch Frank Lloyd Wright, der mich besonders faszinierte und Schüler von Sullivan war, dem Mann mit dem berühmten Satz »form follows function«, über den wir heftig diskutierten an der Schule: Ob das sich wirklich immer und apodiktisch so umsetzen ließe, dass die Form der Funktion zu folgen habe. Viel später hat das ja die Postmoderne noch einmal in Frage gestellt, vehement bis ironisch. In der DDR beschäftigte uns damals eher »eckig, grau und stapelbar«, eine funktionelle Gestaltung, die uns in unseren Bemühungen um ein nachhaltiges und preiswert herstellbares Design anregte und als Maßstab diente bei Produktentwürfen.

Die Art Design »eckig, grau und stapelbar« stieß weder bei den Produzenten, also den Auftraggebern für Gestalter, noch bei den Kunden auf allgemeine Begeisterung.

»Eckig, grau und stapelbar« war keine offizielle Gestaltungsleitlinie, sondern eine unter uns Designern gebräuchliche Redewendung. Aber wir verdankten es Rudi Högner, dass er uns als Studenten mit der Industrie zusammenbrachte, und zwar ganz praktisch, unmittelbar projektbezogen. Schon im zweiten Studienjahr haben wir Aufgaben für Betriebe abgearbeitet, die er für uns »organisiert« hatte. Diese Projekte haben uns nicht nur stolz gemacht, sondern uns vor allem erleben, begreifen lassen, was Industrieformgestaltung als umfassende Problemlösungs-Herausforderung bedeutet.

Sie haben damals – heute unvorstellbare – Erfolgserlebnisse erzielt: heute Modell – morgen schon im Laden. Ich denke da an Horst Gieses und Jürgen Peters' Fernseher »Weißensee« und »Alex«, 1956 für den VEB Stern-Radio Berlin entworfen, beide Schöpfer waren Kommilitonen von Ihnen. Diese Geräte standen schon ein Jahr später auf der Leipziger Messe und waren 1958 auf dem Markt ein Verkaufsschlager! Ein vergleichbar körperlich-minimalistisch reduziertes serielles Tischgerät wie den »Alex«, mit zugleich hohem Bedienkomfort (sogar einer Fernbedienung) gab es damals so in ganz Europa noch nicht.

Sie selbst haben zur gleichen Zeit für den VEB RAFENA Werke Radeberg das Fernseh-Standgerät »Atelier« gestaltet, das ebenfalls 1958 in den Handel kam und als eines der ersten DDR-Industrieprodukte überhaupt in Prospekt-Anzeigen mit »gute Formgebung« und »bestechend in Format und Leistung« beworben wurde. Betreut wurden diese Studenten-Arbeiten von Högner.

Für den Fernseher bekam ich auf der Leipziger Messe 1958 die vom Ministerium für Kultur selten vergebene

Goldmedaille »Für gute Formgebung«. Jenes Jahr hatte für mich und die Formgestalter-Ausbildung in Berlin-Weißensee trotzdem noch eine enorm weiterreichende Bedeutung: das Formgestalter-Studium stand plötzlich auf der Kippe!

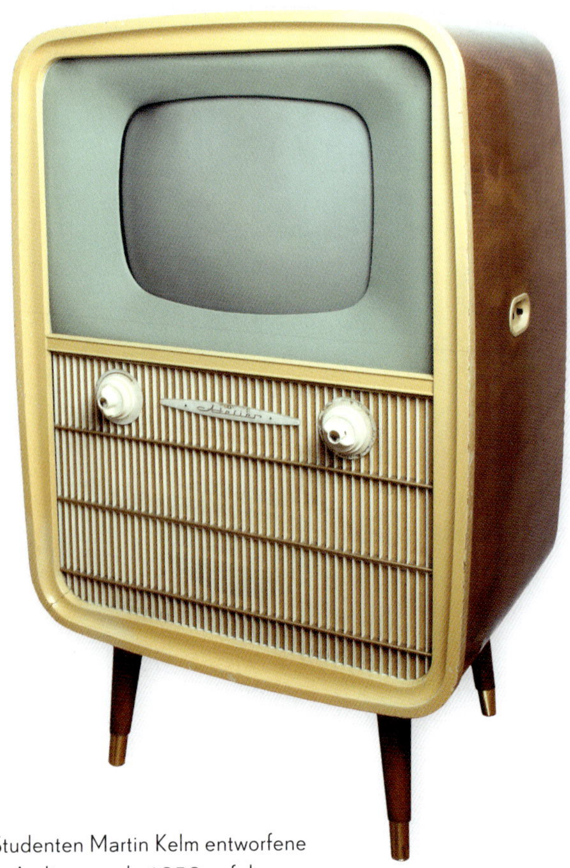

Der vom Studenten Martin Kelm entworfene Fernseher »Atelier« wurde 1958 auf der Leipziger Messe ausgezeichnet.

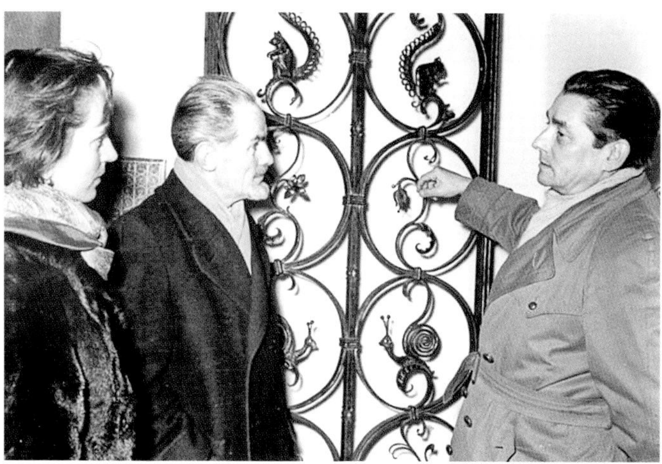

Der Maler Werner Laux (Mitte), Gründungsdirektor der Arbeitsschule für Güte und Form in Wismar, folgte dem Ruf an die Kunsthochschule Berlin-Weißensee und nahm seine Studenten mit (Aufnahme 1956).

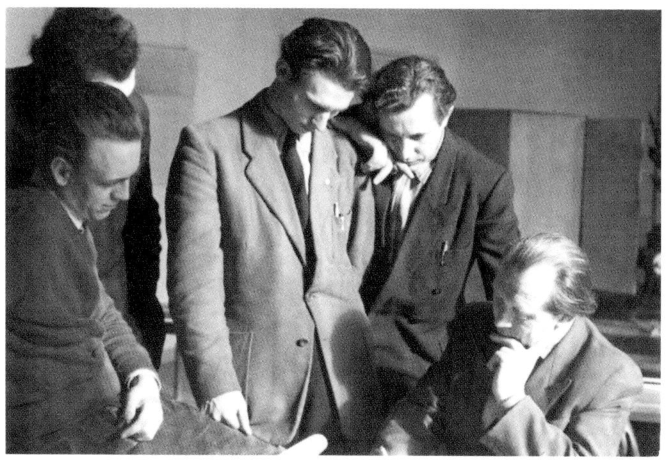

Im Seminar bei Rudi Högner (rechts sitzend). Von links nach rechts: Horst Giese, Jürgen Peters (verdeckt), Martin Kelm und Erich John.

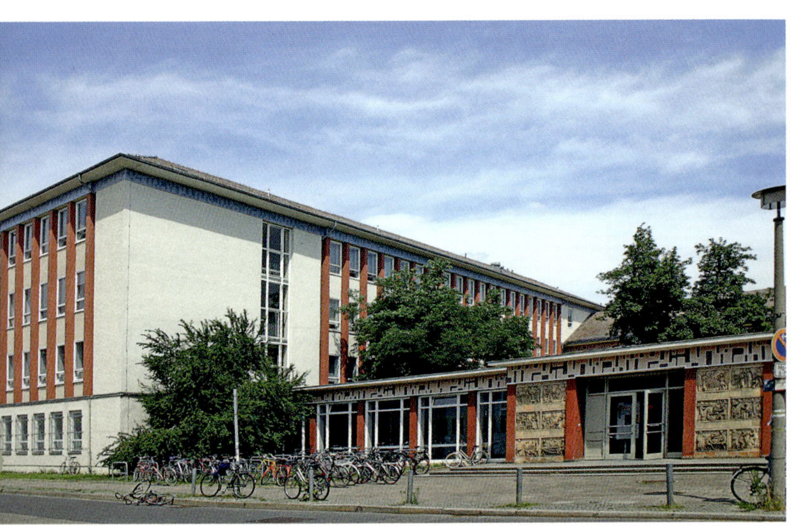

Das Portal der Hochschule für bildende und angewandte Kunst in Berlin-Weißensee mit Reliefs von Jürgen von Woyski. Das Haus, 1955/56 errichtet, hatte der Architekt und ehemalige Bauhäusler Selman Selmanagić entworfen. Von 1950 bis zu seiner Emeritierung 1970 leitete er das Fachgebiet Architektur an der Hochschule, seit 1951 hatte er dort eine Professur für Bau- und Raumgestaltung inne. Das Bauensemble gilt als bedeutendes Beispiel der Nachkriegsmoderne in Berlin und ist das einzige noch existierende Bauwerk von Selmanagić in Deutschland.

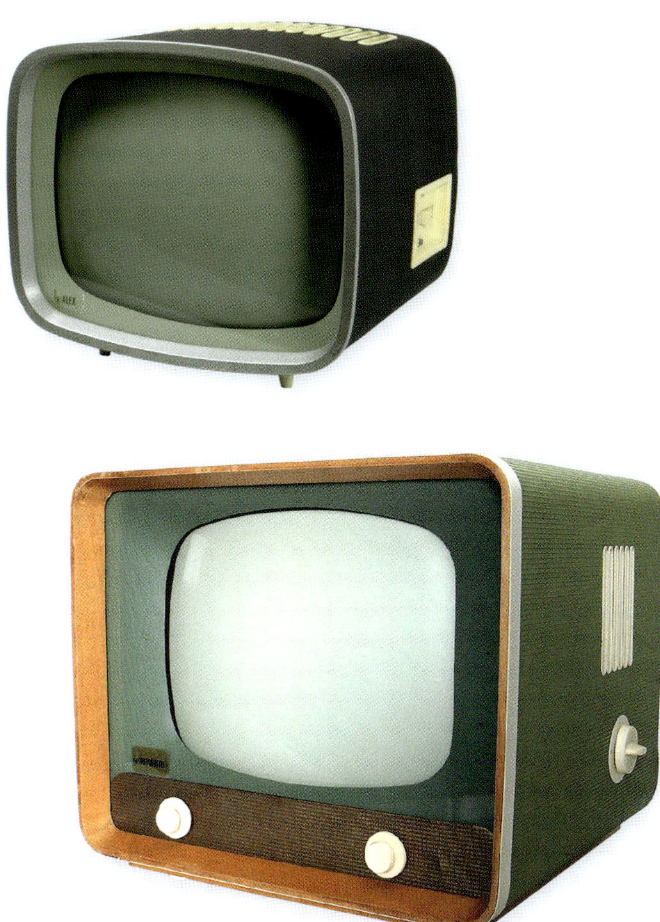

Gemeinsame Studienarbeiten von Horst Giese und Jürgen Peters:
oben das Fernsehgerät »Alex«, unten »Weißensee«, beide wurden 1958 vom VEB Stern-Radio Berlin produziert.

Kapitel 3

Formgestalter: Feuerproben in einer neuen Disziplin

Wir hatten im Sommer 1957 das vierte Studienjahr beendet und standen im September vor unserem letzten, dem Diplom-Jahr, jeder mit seiner schon bestätigten Diplom-Aufgabe. Bei mir war das die Gestaltung einer Kran-Serie für den VEB Kranbau Eberswalde. In jenem Herbst erschien Rudi Högner mit versteinertem, blassem Gesicht in unserem Studienraum und bat mich in sein Arbeitszimmer. Dort teilte er mir mit: »In der Senatssitzung wurde entschieden, dass es auf dem Gebiet der Formgestaltung keine Diplomprüfungen geben werde. Formgestaltung sei kein Hochschulfach, sondern Industriekosmetik.«

Und er solle nach Dresden versetzt werden.

Den verächtlichen Begriff »Industriekosmetik« hatte Professorin Ingrid Schneider, damals Leiterin der Modeabteilung, geprägt. (Sie war Mitglied der Parteileitung und flüchtete später in den Westen.) Das Motiv für diesen Dolchstoß der Genossin Schneider gegen die Formgestaltung im Hause: simpler und niederträchtiger Neid. Vieles drehte sich in den verflossenen zwei Jahren in der öffentlichen Wahrnehmung der Hochschule um die Erfolge der Abteilung Formgestaltung, um die von uns gestalteten modernen Rundfunkgeräte, Kameras, Schreibmaschinen und anderes mehr, was jetzt auf dem Markt war. Das wurde in der Presse gelobt und auf der Leipziger Messe mit Auszeichnungen bedacht. Malerei, Mode und die freien Künste spielten nicht mehr die Hauptrolle. Kurzum: Professor Högner sollte die Schule verlassen und das Studium der Formgestaltung auslaufen, kein Diplom-Jahr mehr stattfinden, basta.

Und Högner hat das so hingenommen?

Rudi Högner muss sehr hart angegangen worden sein, er wirkte völlig niedergeschlagen. Vor allem aber fühlte er sich machtlos, ohne Rückhalt in dem Senats-Gremium. Er war nicht in der Partei. So bat er mich um Hilfe. Ich sei Parteimitglied und gewählter Studentensprecher. »Ob Sie etwas auf dem Parteiweg unternehmen können?«, fragte er mich vorsichtig. Ich sicherte meine Unterstützung zu, zumal ich selbst zu den Betroffenen gehörte, die kein Diplom erhalten würden, wenn die Formgestaltung von der Schule verschwinden würde.

Ich wandte mich umgehend an die Leiterin der Kulturabteilung in der Berliner Bezirksleitung der SED, eine studierte Kulturwissenschaftlerin. Ich war ihr zuvor schon einmal kurz begegnet. Sie hörte sich das von mir geschilderte Problem an und beraumte ein gemeinsames Gespräch bei ihr mit Frau Professor Schneider und mir an. Dieses Gespräch fand statt – ohne Ergebnis. Stattdessen wurde ich von Genossin Schneider in unwürdiger Weise in der Parteileitung attackiert. Der Ton war einer Professorin mehr als unwürdig.

Ich ließ die Sache nicht damit bewenden und setzte nach. Es kam zu einer erneuten Aussprache, diesmal beim Abteilungsleiter Kultur im ZK der SED. Anwesend war auch die Leiterin der Kulturabteilung der Bezirksleitung. Dieser Disput war nun im denkbar höchsten politischen Gremium angesiedelt, und er wurde dort auch entschieden. Die Hochschulleitung habe ihren Beschluss zu revidieren und die Diplomprüfungen würden durchgeführt, lautete der. Vom Ergebnis der Prüfungen solle abhängig gemacht werden, ob die Formgestaltung in Berlin-Weißensee als Hochschulfach verbleibe oder nicht.

Ich informierte Högner sofort: »Herr Professor, jetzt sind Sie gefragt. Rufen Sie zum Verteidigungstermin der Diplomarbeiten alle herbei, die Sie von unseren Auftraggebern aus der Industrie gewinnen können!«

Högner hat Generaldirektoren, Direktoren, Technische Leiter und andere Verantwortliche kommen lassen, für deren Betriebe wir unsere Diplom-Produktentwürfe gestaltet hatten und mit denen wir in kooperativer Verbindung standen: VEB Rathenower Optische Werke, VEB Kamera- und Kinowerke Dresden und so weiter, in meinem Fall kam der Chefkonstrukteur vom Kranbau Eberswalde, Herrmann Werth.

Wir brauchten zur Verteidigung unserer praktischen Arbeiten selbst gar nicht viel zu erklären, das besorgten die anwesenden Gäste aus den Betrieben. Herrmann Werth erklärte: »Was Herr Kelm hier gemacht hat, ermöglicht uns erstmals eine automatisierte Fertigung der Kran-Stützen mittels Verschweißung und erzielt einen Produktivgewinn von mindestens dreißig Prozent. Durch die grundsätzlich neue Gesamtgestaltung dieser Kran-Serie bringt das dem Betrieb rein ökonomisch betrachtet rund vierzig bis fünfzig Prozent Gewinn gegenüber dem derzeit noch gebauten vergleichbaren Modell.« Der Eberswalder Chefstatiker äußerte sich selbstkritisch: »Ich wundere mich, dass uns Technikern diese Lösungen nicht selbst eingefallen sind. Da muss erst ein Außenseiter, ein angehender Formgestalter, kommen und uns zeigen, was wir verbessern können.«

Was war nun das gestalterisch Überzeugende an Ihrer Konstruktions-Gesamtlösung? Haben die Techniker das überhaupt bemerkt?

Im Großen und Ganzen ja. Bei den Details musste ich noch ein bisschen nachhelfen und die gestalterische Grundidee erklären, es war ja schließlich *meine* Diplom-Verteidigung. Nichtgestalter, Techniker wie Laien, sehen nicht mit dem Auge eines Gestalters, oft muss man den Kontext erläutern, wofür sie dankbar sind. Und schließlich mussten auch der offiziellen und künstlerisch orientierten Kunsthochschul-Prüfungskommission überzeugende Belege demonstriert werden. Ich erklärte also, wie ich bei der Gestaltung des Kranes konsequent der Statik gefolgt war: Dass dort, wo die Kräfte am meisten wirkten, dies auch optisch sichtbar werden sollten. Und zwar als fließende, ineinander mündende Konstruktionsteile und nicht als beliebig aufeinanderstoßende, gewaltsam und unharmonisch wirkende Gebilde. Das »Sehenlernen« ist ein Grundanliegen von Gestaltung.

Um somit, dem Vorbild auch menschlicher Anatomie und Gestaltharmonie folgend, das eigentliche technische Gebilde vom rohen Objekt zum sympathischen Subjekt zu machen.

Richtig. Das war es, was ich zuerst im Auge hatte. Dass sich der Entwurf auch als ökonomisch profitabel herausstellen sollte, überstieg meine Erwartungen. Mir war aber vorher bewusst, dass mein Entwurf keine das Produkt verteuernden Effekte aufweisen durfte. Um zu diesem Ergebnis zu kommen, musste ich heftig knobeln: Wie bekomme ich es hin, ein derart großes technisches Gebilde, das funktional zwingend von seiner Statik bei bewegten schweren Lasten abhängig ist, ästhetisch attraktiv zu gestalten? Ich fand beim flämischen Designer Henry van de Velde (1863–1957), aber auch beim Werkbundmeister Peter Behrens (1868–1940) einen ermunternden Gedanken: Jedes Ding kann man vielfältig gestalten – so, so oder auch so. Immer aber komme es darauf an, die Synthese zu finden zwischen technischer Notwendigkeit und visueller Qualität. Auch stark funktionsbedingte Objekte lassen in engem Rahmen verschiedene Varianten der visuellen Gestaltung zu.

Das war für mich bei der Arbeit an der Diplomaufgabe eine Schlüsselerkenntnis, die mich mein ganzes Berufsleben lang begleitet hat. Als ich später das Zentralinstitut für Gestaltung und das Amt für industrielle Formgestaltung leitete, habe ich dem Design von Maschinen, Anlagen und der Arbeitsumwelt generell meine besondere Aufmerksamkeit gewidmet. Mir war schon in Weißensee klargeworden, dass es doch einen Riesenunterschied ausmacht, einen sehr funktionsbetonten Gegenstand zu gestalten oder einen, der von vornherein – zum Beispiel bestimmte Konsumgüter – viel größere Variabilitätsmöglichkeiten bietet, wo also der Inhalt so oder so »verpackt« werden kann.

Was warfen in dieser Schicksalsstunde vor der Prüfungskommission Ihre Kommilitonen in die Waagschale?

Soweit ich mich entsinne, war das bei Erich John – mit dem ich zusammen aus Wismar nach Berlin gekommen war und der Jahre später selbst an der Hochschule lehren sollte – eine Anschliffmaschine für den VEB Transformatoren- und Röntgenwerk Dresden. Sie sollte schon bald jahrelang produziert und auch exportiert werden. Jürgen Peters, ebenfalls einer aus Wismar, und Horst Giese legten gemeinsam eine neue Kleinbildkamera-Generation vor, die »Penti I«, und nach meiner Erinnerung auch den Fernseher »Weißensee« für Stern-Radio Berlin. Die Kamera des VEB Kamera + Kinowerk Dresden und der Berliner Fernseher gingen sofort in Produktion, mit enormen Handelserfolgen.

Meine Kommilitonen bekamen ein »Sehr gut« für ihre Arbeiten, ich bestand meine Prüfung »Mit Auszeichnung«.

Und wie lautete am Ende die Entscheidung über das Formgestaltungs-Studium an der Hochschule für Bildende und Angewandte Kunst Berlin?

Es blieb Hochschulfach.

Was wäre geschehen, wenn es nicht zu diesen Prüfungsergebnissen gekommen wäre?

Das ist natürlich spekulativ. Aber ich bin überzeugt, dass die DDR dann geraume Zeit ohne eine qualifizierte Hochschulausbildung auf diesem Gebiet geblieben wäre und folglich auch nicht jenes Niveau beim Design erlangt hätte, das es später real erreichte.

Man kann also sagen, dass Studenten Ende der fünfziger Jahre dafür das Fundament gelegt haben.

Zumindest haben wir dafür gesorgt, dass eine Entwicklung nicht abgebrochen wurde. Es hätte gewiss keine erfolgreichen Diplom-Designer wie Karl Clauss Dietel und Lutz Rudolph, um einige Namen zu nennen, gegeben. Keinen Werkzeugmaschinen-Chefgestalter Winfried Klemmt, keinen Lutz Gelbert beim VEB Lokomotiven und Elektrowerke in Hennigsdorf, keine Interieur-Designerin Rotraut Pohl und viele andere, die nach uns in Weißensee ein Studium absolvierten. Auch die Lehre der visuell-ästhetischen Gestaltung, die durch Rudi Högner eingeführt und danach von Professor Christa Petroff-Bohne intensiv ausgearbeitet und vervollkommnet wurde, hätte es so nicht gegeben. Die Designerausbildung in dieser Form in Weißensee war letztlich die Initialzündung für das Design in der DDR und darüber hinaus.

Die Studenten haben damals die Designerausbildung gerettet, aber nicht erfunden. Ich möchte an die Lehrer erinnern, ehemalige Bauhäusler wie der Architekt Selman Selmanagić oder auch Albert Buske. Unbedingt zu nennen ist auch Horst Michels »Institut für Innengestaltung« an der Hochschule für Architektur und Bauwesen in Weimar – von dort kamen bereits 1953 die ersten Diplom-Formgestalter der DDR, darunter Wolfgang Dyroff.

Erfunden haben wir in Weißensee die Designerausbildung nicht, das stimmt. Wir haben ihr aber in der DDR den Weg geebnet und gezeigt, wie sie funktionieren und was sie erreichen kann. Es gab bis dato die Architekturlehre an der Hochschule für Bildende und Angewandte Kunst Berlin (die so von 1953 bis 1969 hieß, danach Kunsthochschule Berlin), dort auch das Studium zum Keramik-, Textil- und Modedesign-Diplom, zur Gebrauchsgrafik – aber eben keines fürs industrielle Produktdesign und schon gar nicht für Investitionsgüterdesign, letzteres auch nicht in Weimar. Das wurde bis zu unserer Diplomverteidigung, wie schon berichtet, eben lediglich als »Industriekosmetik« abgewertet. Eine weitere künstlerische Hochschule mit Rudi Högners Profilierungsansinnen existierte damals in der DDR nicht. Erst später kam die Hochschule für industrielle Formgestaltung Burg Giebichenstein in Halle hinzu, woran auch ich beteiligt war. Darauf würde ich gern ausführlich zu sprechen kommen wie auch auf das Thema Bauhaus und meine Generation.

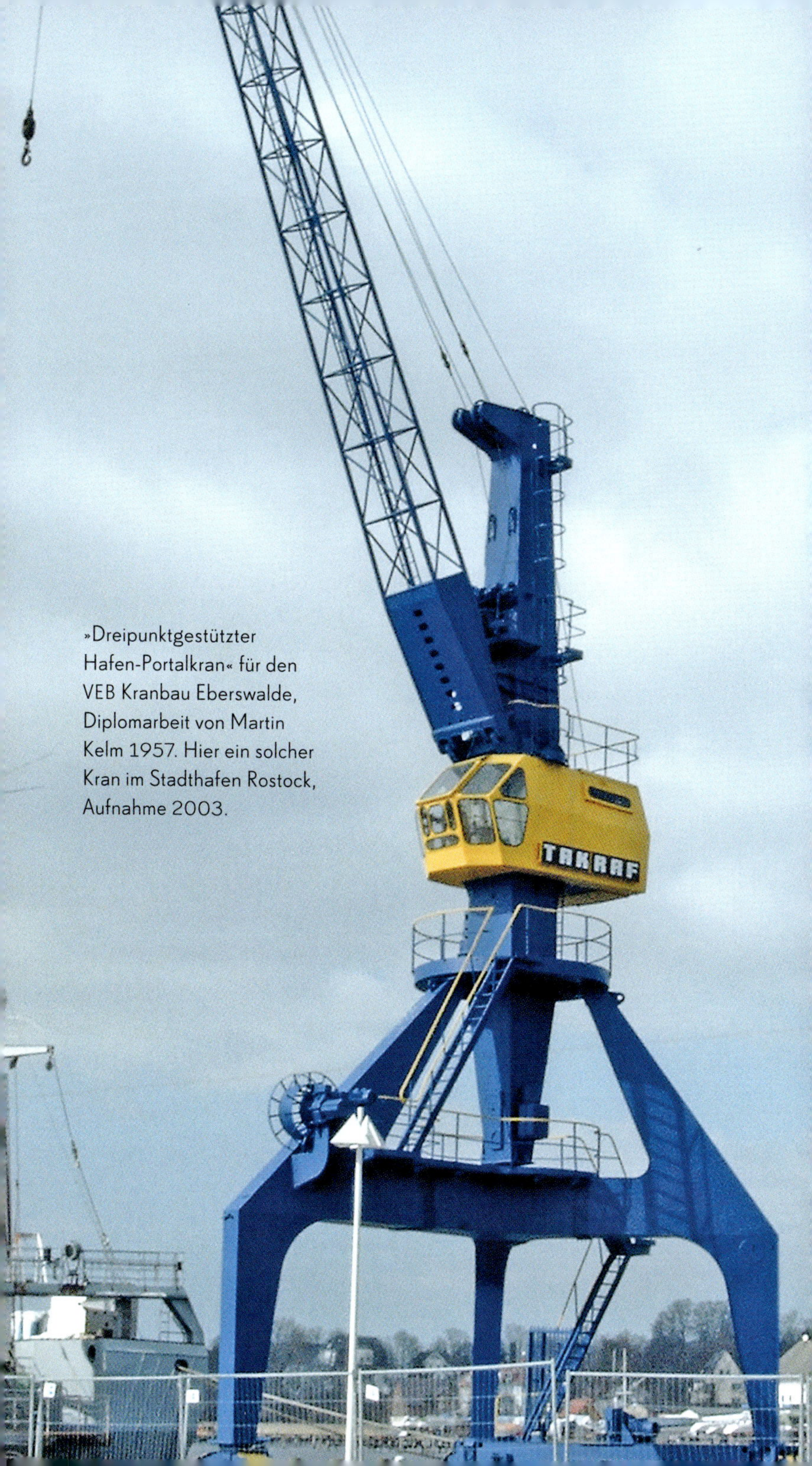

»Dreipunktgestützter Hafen-Portalkran« für den VEB Kranbau Eberswalde, Diplomarbeit von Martin Kelm 1957. Hier ein solcher Kran im Stadthafen Rostock, Aufnahme 2003.

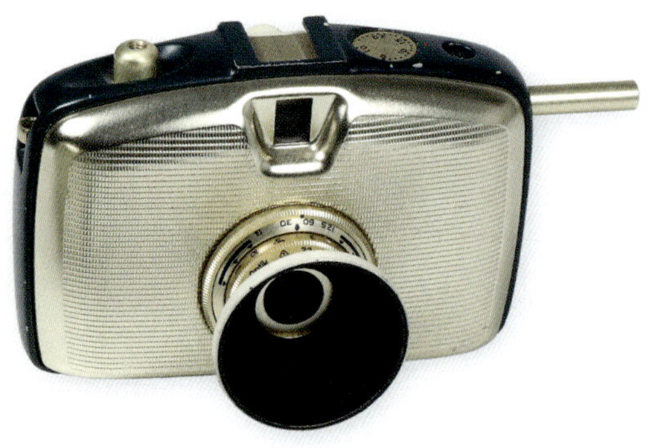

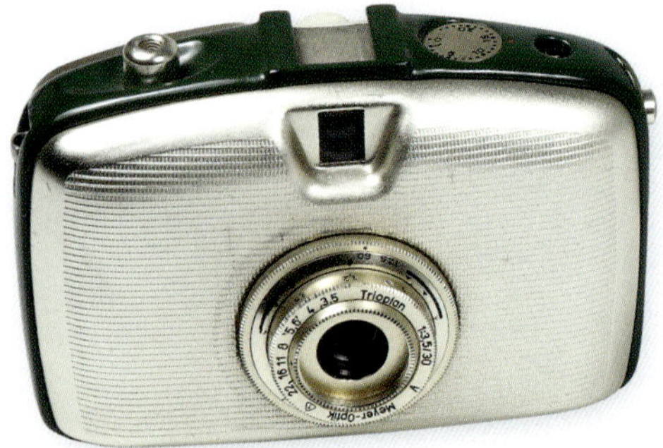

Kleinbildkameras Penti I, Studien-/Diplomarbeit von Horst Giese und Jürgen Peters 1957, Hersteller: VEB Kamera- und Kinowerke Dresden, Werk Welta Freital, 1958. Die Arbeiten der beiden Studenten wurden mit »Sehr gut« bewertet, die Kameras waren ein Renner.

Der »Seminarstuhl« von Selman Selmanagić, entworfen für die Deutschen Werkstätten Hellerau und bis in die 1950er Jahre zu Tausenden in den Hochschulen und Universitäten der DDR eingesetzt. Die ersten dreihundert Rückenlehnen wurden noch aus in Hellerau eingelagerten Sperrholz-Formteilen der Rakete V2 geschnitten, die die Naziwehrmacht als »Wunderwaffe« gegen England eingesetzt hatte.

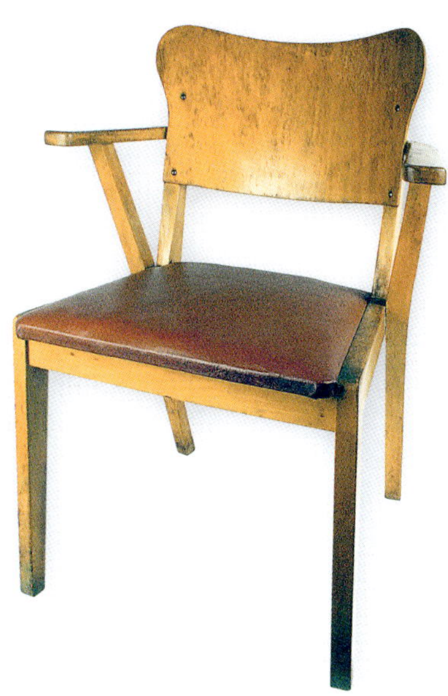

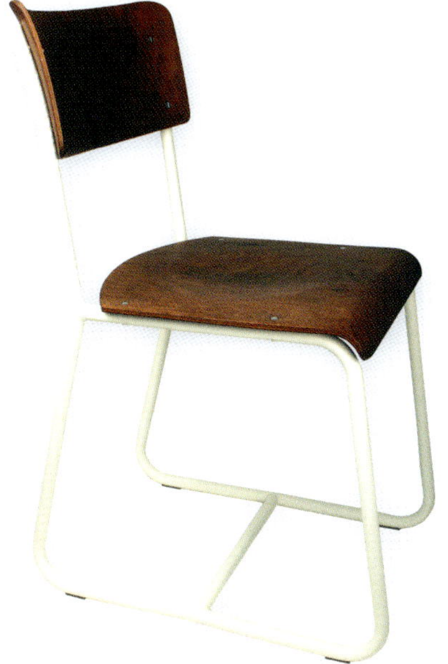

Mart Stam, der 1952 im Zuge der »Formalismusdebatte« seinen Stuhl als Rektor der Hochschule in Berlin-Weißensee räumen musste, hinterließ den Studierenden auch die Atelierstühle, welche er um 1949/50 für die Künstler-Ausbildungsstätte entworfen hatte. Sie sind heute sehr begehrte Museumsobjekte.

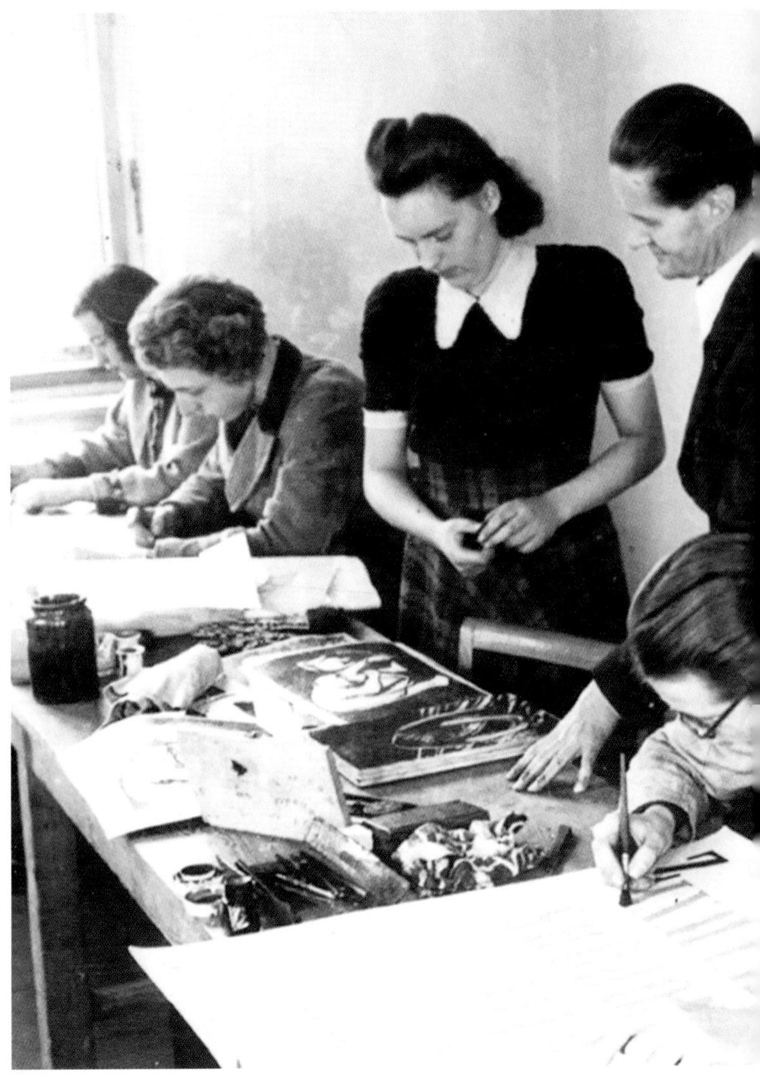

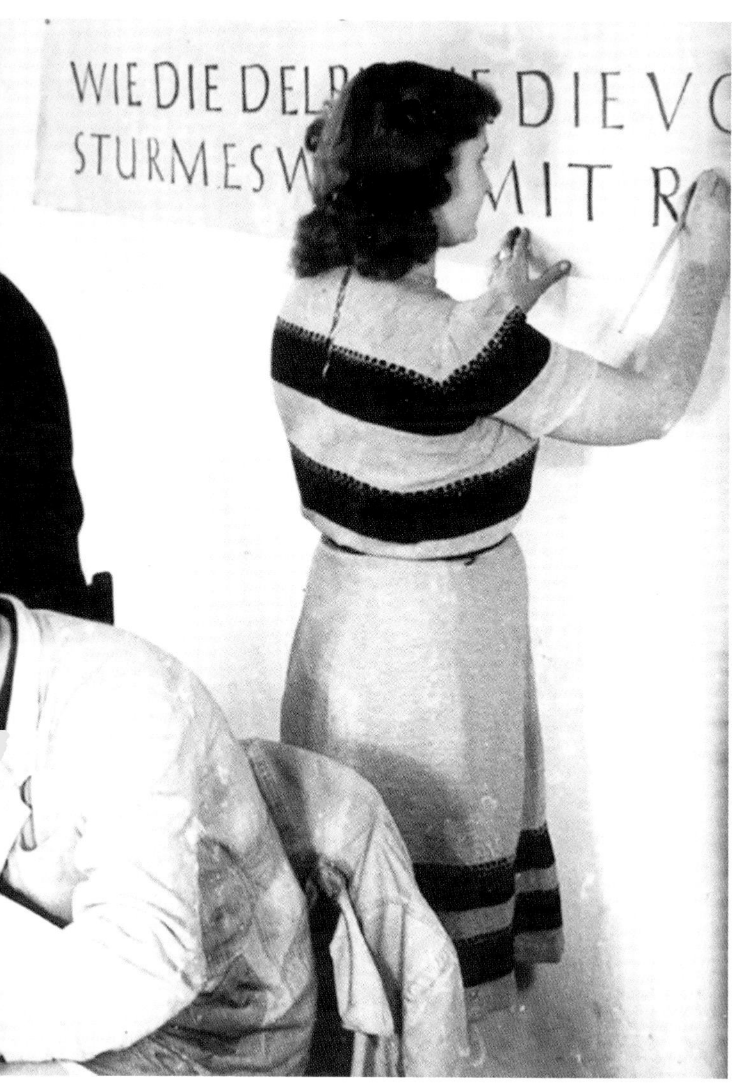

»In Weißensee bekamen wir in der temperamentvollen Lehre unter Professor Ernst Rudolf Vogenauer inspirativ viel Künstlerisches mit.« Vogenauer (Mitte stehend) unter Studenten.

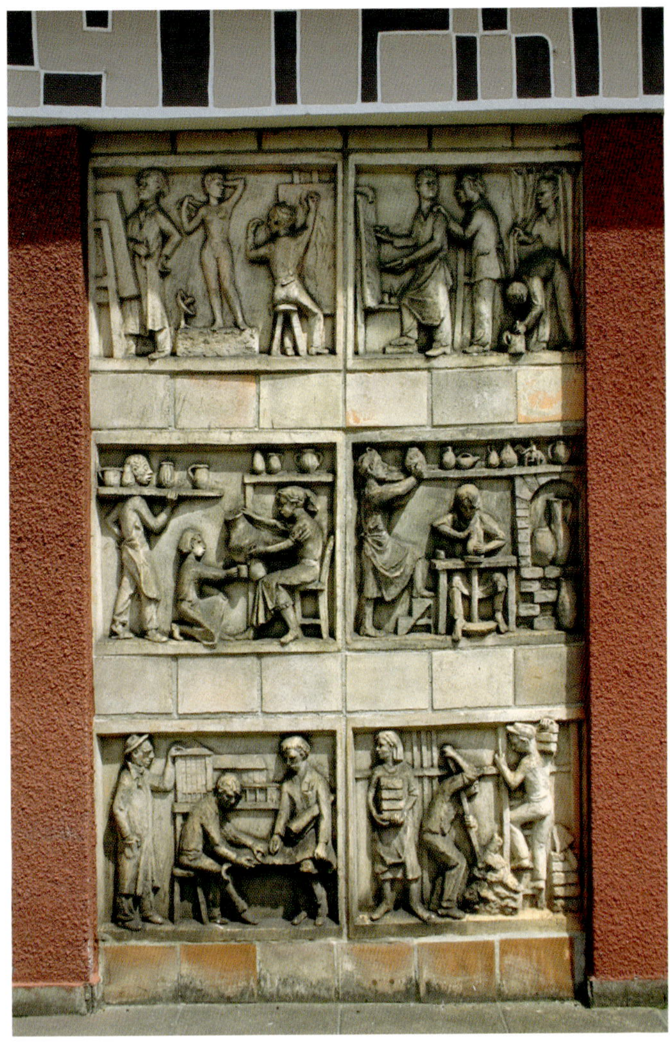

Die Reliefs links und rechts des Eingangs zur Hochschule für bildende und angewandte Kunst Berlin schuf der Bildhauer Jürgen von Woyski.

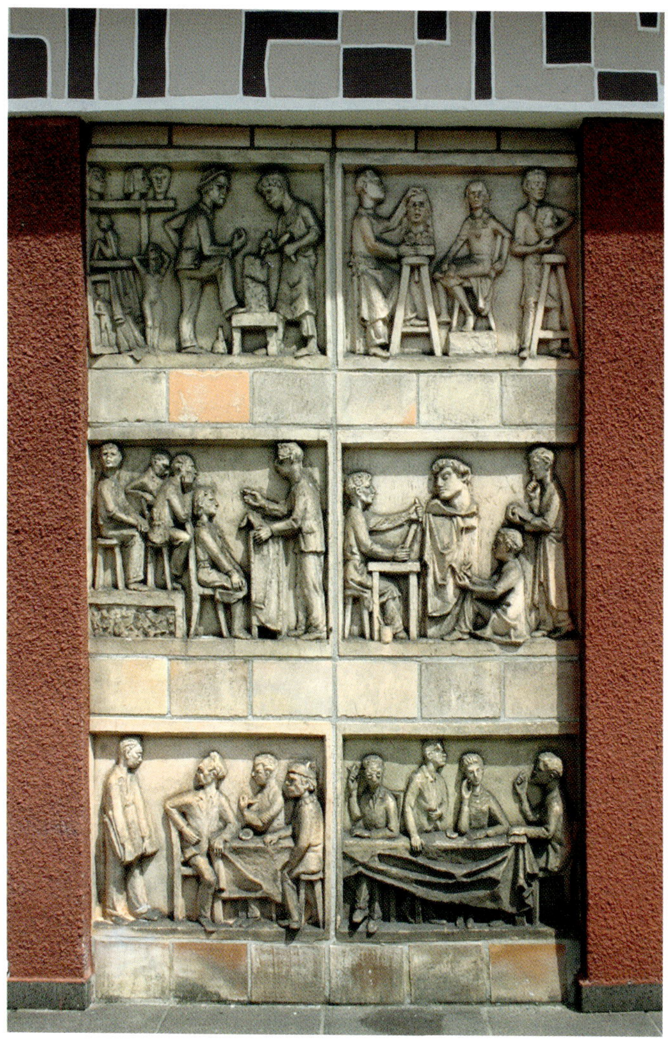

Sie stellen symbolisch die Lehrinhalte in Weißensee dar, von der künstlerischen Grundlagenausbildung über Kunsthandwerk und Formgestaltung, Malerei und Bildhauerei bis zu Architektur und theoretischen Seminaren.

Kapitel 4

Dem Funktionalismus auf den Spuren

Woran haben Sie sich im Studium orientiert – einmal abgesehen von den Lehrern. Das Bauhaus war damals kein Thema, wie wir wissen. Es hatte schulisch nicht jenen künstlerischen Stellenwert, den es heute besitzt. Auch nicht der traditionsreiche Deutsche Werkbund, eine wirtschaftskulturelle Vereinigung von Kunst, Industrie und Handwerk, als Vorreiter der »Guten Form«. Die sowjetische Produktkultur diente wohl ebenfalls nicht als Vorbild. Von Jürgen Peters – der Ihrem Studienjahrgang angehörte und mit Ihnen aus Wismar mit nach Berlin gezogen war – weiß ich, dass die Studenten sich oft moderne westeuropäische und transatlantische Kunst und Formgestaltung in Westberliner Ausstellungen angeschaut haben. Bis 1961 ging dies ziemlich einfach per S-Bahn.

Sicher wurden solche Informationsmöglichkeiten genutzt. Aber das DDR-Design war eine Eigenidee, es erwuchs aus anderen Voraussetzungen, ideell wie materiell. Ja, es gibt in der Welt gewisse gemeinsame Grundströmungen im Design, an denen orientieren sich alle (siehe das heutige Smartphone). Ich fand zum Beispiel für meine Krane aber nirgendwo Vorbilder. Selbstverständlich habe auch ich mich in Zeitschriften und Literatur informiert, zur Anregung, nicht als Nachahmung. Man schaut sich doch auch nicht Gemälde alter Meister an, um sie zu kopieren. Das DDR-Design war eine genuine Hervorbringung dieses Landes.

Das Thema Deutscher Werkbund und die DDR, um darauf zurückzukommen, beschäftigt mich schon geraume Zeit. 1982 erschien im Henschel Verlag Berlin die überhaupt erste Publikation zur Geschichte dieser 1907 gegründeten aufklärerischen Lebensraum- und Lebensweise-Reform-Organisation: Kurt Junghanns' »Der Deutsche Werkbund. Sein erstes Jahrzehnt«. Davor und später: meiner Kenntnis nach nichts weiter. Hellerau bei Dresden war eine der Wiegen des Werkbundes, und die damals dort gegründeten Deutschen Werkstätten wurden ab 1950 Vorreiter-Betrieb für die Möbel-Moderne in der DDR. Der Werkbund aber war offensichtlich wie das Bauhaus tabu.

Ich selbst habe erst später bemerkt, welche wichtige Rolle der Werkbund spielte in der Entwicklung und öffentlichen Wahrnehmung der Produktkultur des 20. Jahrhunderts in Deutschland. Das war 1962, als ich als Direktor an das Institut für Angewandte Kunst in Berlin geschickt wurde. Am Institut arbeitete die hochgebildete und agile Kunsthistorikerin Hanna Schönherr als Verantwortliche für Publikationen, zuständig auch für die Herausgabe der Fachzeitschrift *Form und Zweck*, später *form+zweck*. Ich beauftragte sie, alles jemals an Literatur zur Produktgestaltung Erschienene zu besorgen – darunter auch Schriften und Bücher vom und zum Werkbund. Erst durch die Lektüre dieser antiquarischen Publikationen ging mir auf, welche Bedeutung der Werkbund für die funktional-ästhetische Bildung der Hersteller und Verbraucher besaß, wie er das Schöpfertum von Architekten und Formgestaltern beeinflusst hatte. Leider wurde das in unserer Ausbildung an der Hochschule ignoriert. In meiner schriftlichen

Diplomarbeit erwähnte ich nicht einmal Werkbundliteratur.

Haben Sie eine Erklärung für diese Ignoranz?

Nein. Entweder war der Werkbund einfach vergessen worden, oder ihm war das gleiche Schicksal wie die Tradition des Bauhauses beschieden: bürgerlicher Schnickschnack aus Sicht einiger Kulturpolitiker.

Anders als beim Bauhaus kam aus dem Werkbund nur wenig antifaschistischer Widerstand, das würde das Ressentiment auch erklären. Dabei wurde der Werkbund selber Opfer der Nazis – er wurde 1938 aufgelöst.

Die politische Passivität könnte ein Motiv für die Missachtung bei uns gewesen sein. Ich war jedenfalls so beeindruckt von dem, was mir Hanna Schönherr vom Werkbund auf den Tisch gelegt hatte, dass ich sie beauftragte, alles zu besorgen, was sie nur kriegen konnte, egal woher. Das gehörte einfach in unsere Fachbibliothek, es war Grundlagenwissen für unsere Arbeit. Auch heute ist es das noch. Am Ende hatten wir in der Fachbibliothek des Amtes für industrielle Formgestaltung eine der international bedeutendsten Sammlungen zur Werkbundliteratur. Wir hatten auch außerhalb der DDR angekauft oder mit Institutionen, Redaktionen und Verlagen in der Bundesrepublik und in Westberlin, in der Schweiz und Österreich getauscht. Für meine Dissertation habe ich dort viele Anregungen gefunden und Fakten entnehmen können.

Ihre Dissertation erschien 1971 im Dietz Verlag Berlin unter dem Titel »Produktgestaltung im Sozialismus« – ein Jahr bevor das Institut zum Staatlichen Amt umgebildet wurde und Sie als dessen Leiter und Staatssekretär für die Designpolitik in der DDR Verantwortung übernommen haben. Sie hätten vielleicht auch die Macht gehabt, den Werkbund in der DDR neu zu beleben. Haben Sie jemals daran gedacht?

Im Westen war er nach 1945 von Leuten wie dem Architekturhistoriker Julius Posener, dem Schweizer Soziologen Lucius Burckhardt oder dem Nürnberger Kulturdezernenten Hermann Glaser reanimiert worden. In Dresden war in diesem Zusammenhang die »Sächsische Arbeitsgemeinschaft des Werkbundes« entstanden, die aber 1945 von der Sowjetischen Militäradministration gleich wieder aufgelöst worden war – die Gründe kenne ich nicht. Seit den siebziger Jahren erschienen einzelne Publikationen zum Thema, darunter 1977 die Künstler-Monographie »Peter Behrens« von Hans-Joachim Kadatz. Behrens (1868–1940) galt als Pionier des Industriedesigns. Aber noch einmal: Haben Sie als Staatssekretär jemals in Erwägung gezogen, den Deutschen Werkbund zu reanimieren?

Ehrlich gesagt: Darüber habe ich damals nicht nachgedacht, und es gab auch niemanden unter den Architekten, Künstlern und Produzenten in der DDR, der einen solchen Wunsch geäußert hat. Ende der sechziger und in den siebziger Jahren war das auch kein Thema mehr. Man musste nicht wegen des Namens eine Einrichtung beleben, deren Funktion recht effektiv von neuen Einrichtungen der DDR ausgeübt wurde: den zentralen Gestaltungsinstituten und dem Rat für Gestaltung der DDR, nicht zu vergessen das AIF mit seiner fachlichen und ökonomisch-politischen Anleitungs- und Bildungsarbeit und dergleichen. Darüber hinaus war ich damals sehr intensiv mit dem Problem »Bauhaus« befasst: mit seiner grundsätzlichen Rehabilitierung und mit der Wiederherstellung und inhaltlichen Neubestimmung des damals als kommunale Schule betriebenen Hauses in Dessau. Der Werkbund wäre es zwar wert gewesen, ins allgemeine Bewusstsein gehoben zu werden, aber die wenigen kundigen Persönlichkeiten, die dafür überhaupt in Frage gekommen wären, waren von der Aufgabe »Bauhaus« in Anspruch genommen, ja geradezu davon besessen. Ich jedenfalls hätte nicht gleichzeitig auf zwei Klavieren spielen können.

Lassen Sie uns noch einmal in die fünfziger Jahre und nach Weißensee zurückkehren. Nachdem Sie das Diplom erhalten haben: Ging es da in die »freie Wirtschaft«, in die sozialistische in der DDR oder in die kapitalistische in der BRD? Schließlich war die Grenze offen.

Weder noch. Bis zum Ende der DDR war es üblich, dass Hochschulabsolventen durch Einsatzkommissionen entsprechend dem Bedarf und der gesellschaftlichen Planung verteilt wurden. Dort mussten die Kader drei Jahre bleiben, erst danach konnten sie sich frei entscheiden und etwa Angebote anderer Betriebe und Institutionen annehmen. Prinzipiell war das sinnvoll, es konnte der Staat durch diese Steuerung perspektivisch planen und handeln. Konkret war das für den Einzelnen mitunter jedoch ärgerlich, weil er drei Jahre »warten« musste, um dorthin zu gelangen, wohin er von Anfang an zu gehen wünschte. Mich schickte das für die Kunsthoch- und -fachschulen zuständige Kulturministerium nach Halle. Getragen von dem Erfolgserlebnis meiner Designarbeit für den Kranbau Eberswalde, hätte ich gern in der Praxis gearbeitet. Aber die Kaderverantwortlichen des Ministeriums meinten, ich sollte mich um die Ausbildung kümmern – die DDR brauchte Formgestalter. Deshalb sollte ich an der Umgestaltung der Schule für künstlerische Werkgestaltung in Halle zur Hochschule für industrielle Formgestaltung mitwirken. Die Einrichtung war 1915, während des Ersten Weltkrieges, als Handwerker- und Kunstgewerbeschule gegründet worden, und diese wiederum war aus einer Vereinigung der bereits im Jahrhundert zuvor gegründeten Provinzial-Gewerbeschule und der Gewerblichen Zeichenschule hervorgegangen. Seit den frühen zwanziger Jahren saß sie auf Burg Giebichenstein. Sie kam durch die schweren Jahre, wurde Mitte der fünfziger Jahre der Schule in Weißensee angeschlossen, was sich offenkundig als nicht nützlich erwies, weshalb man schon kurze Zeit später zur Autonomie zurückkehrte. Ab 1958 firmierte die Einrichtung als Hochschule für industrielle Formgestaltung – und das bis zum Ende der DDR.

Das Ministerium also meinte, ich sollte an der Umgestaltung der Schule und bei der Ausbildung tätig werden. Ich war erstaunt, dass mir als jungem Absolventen eine derart verantwortungsvolle Aufgabe übertragen wurde und äußerte Bedenken. Werner Laux, für diese Entscheidung wohl maßgeblich verantwortlich, verwies auf die Bewertung meiner Diplomarbeit und auf meinen konstruktiven Beitrag bei der Lösung des internen Konfliktes mit Professorin Ingrid Schneider. Außerdem hatte er Prof. Rudi Högner konsultiert. Auch dieser hielt mich hinsichtlich einer Lehrtätigkeit für fähig. Ich sollte als wissenschaftlicher Assistent eingesetzt werden. Laux teilte dem Rektor der Burg Giebichenstein, Professor Walter Funkat, diese Entscheidung mit. Das war's.

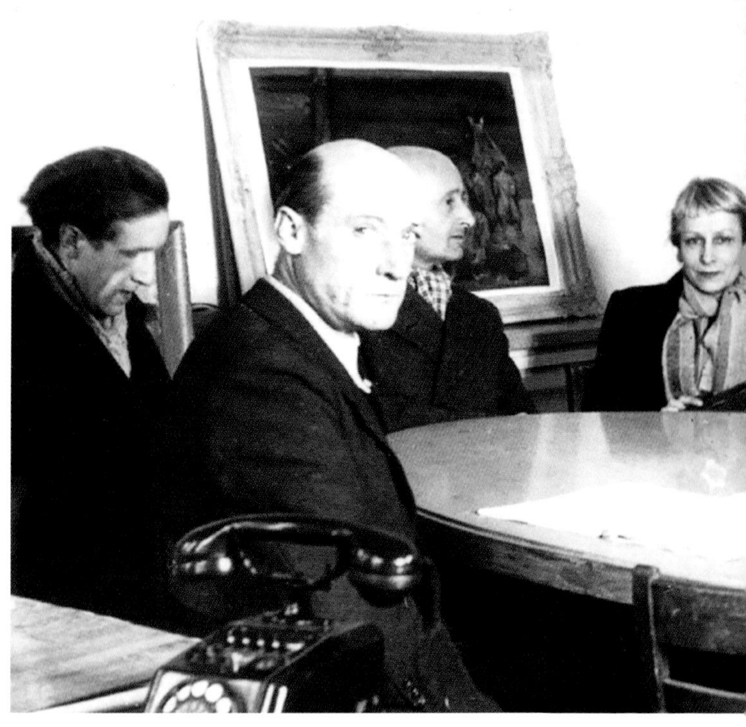

Lehrer an der Berliner Kunsthochschule (v. l. n. r.): Jan Bontjes van Beek, Bernhard Heiliger, Herbert Behrens-Hangler, Eva Schwimmer, Arno Mohr, Willem Hölter und Kießling. Sie schlugen die Brücke von der Vergangenheit in die neue Zeit.

Rechts: Zwei Plakate des Werkbundes, dessen Wiege auch in Hellerau bei Dresden stand und der zu Unrecht vergessen wurde. Die vor dem Ersten Weltkrieg gegründeten Deutschen Werkstätten waren seit 1950 Vorreiter-Betrieb für die Möbel-Moderne in der DDR.

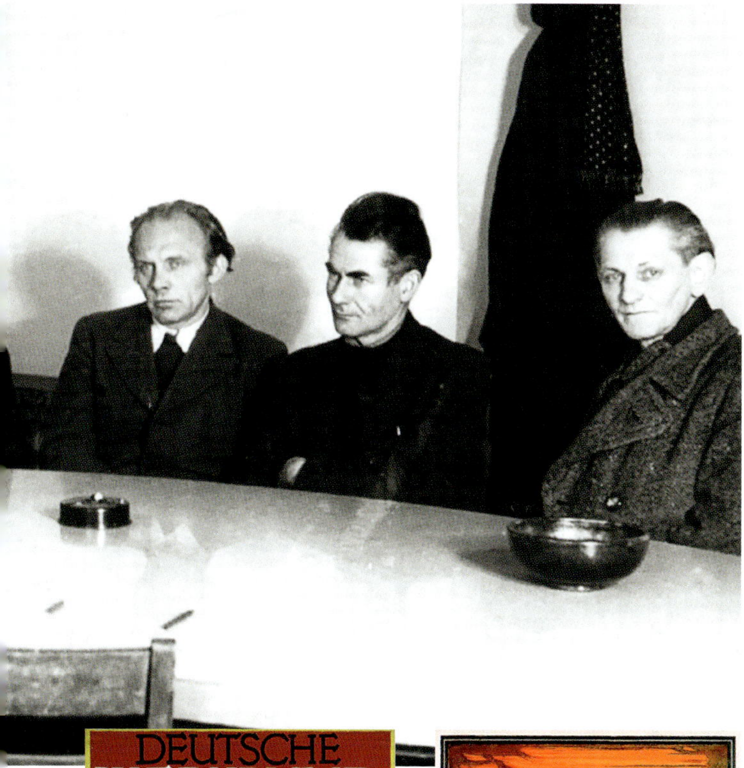

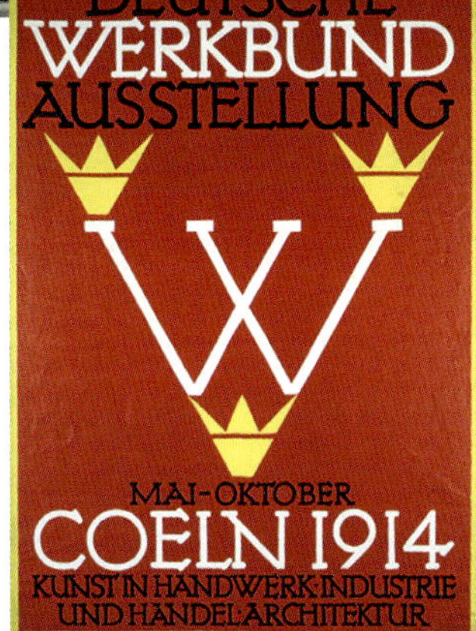
DEUTSCHE
WERKBUND
AUSSTELLUNG
W
MAI-OKTOBER
COELN 1914
KUNST IN HANDWERK·INDUSTRIE
UND HANDEL·ARCHITEKTUR

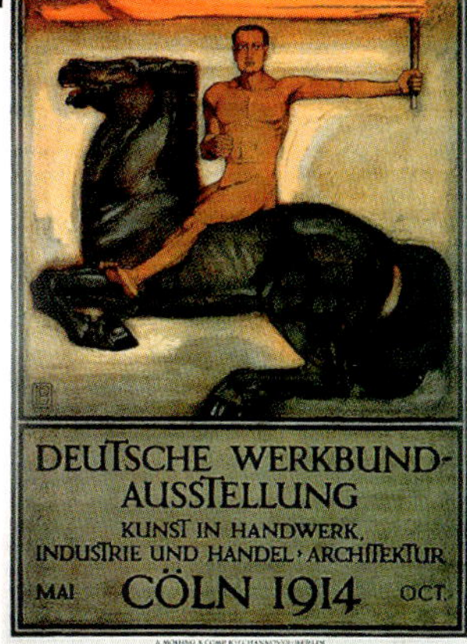
DEUTSCHE WERKBUND-
AUSSTELLUNG
KUNST IN HANDWERK,
INDUSTRIE UND HANDEL · ARCHITEKTUR
MAI CÖLN 1914 OCT.

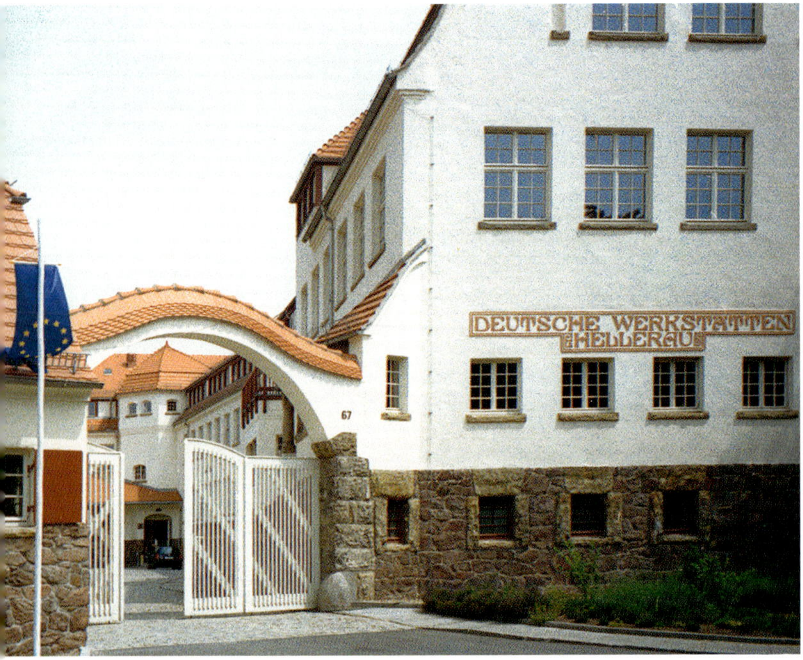

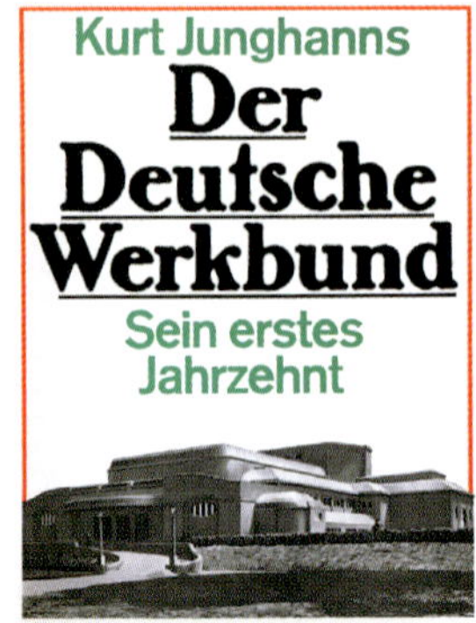

Das Eingangstor zu den Deutschen Werkstätten Hellerau bei Dresden, erbaut im Jugendstil und bis heute erhalten. Das Unternehmen, das um 1907 den Deutschen Werkbund mit aus der Taufe hob, wurde nach 1990 privatisiert und entwickelte sich nun vom traditionsreichen Serienmöbel-Pionier der Moderne zum exklusiven Innenarchitektur-Ausstatter.

Links: Cover der 1982 im Henschel Verlag Berlin erschienenen DDR-Publikation zur Geschichte des 1907 gegründeten Werkbundes von Kurt Junghans.

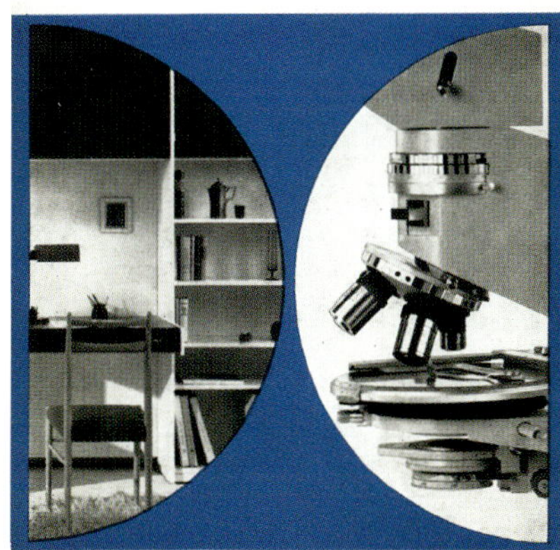

Die Dissertation Martin Kelms erschien 1971 als Buch im Dietz Verlag. Links unten: »gut geformt« hieß die erste Design-Auszeichnung der DDR und wurde vom Berliner Institut für angewandte Kunst und von Industrieministerien 1957 erstmals vergeben – als Anhänger aus Karton hing sie im Laden an den Produkten. Daneben: Noch begehrter war die Medaille »Für hervorragende Formgebung«, die auf den Leipziger Messen seit 1958 an Gestalterinnen und Gestalter vom Kulturministerium übergeben wurde – sie war aus 785er Gold.

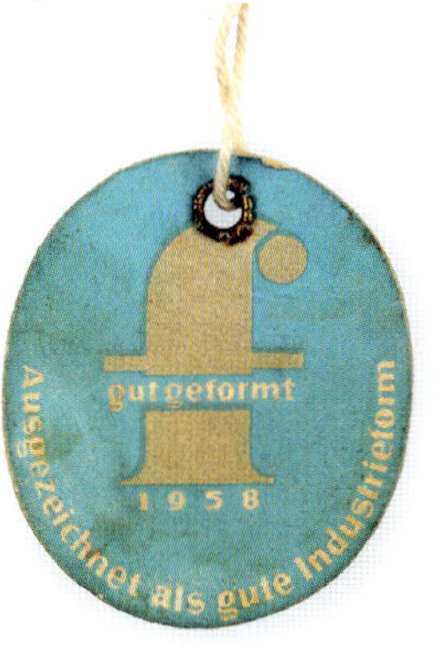

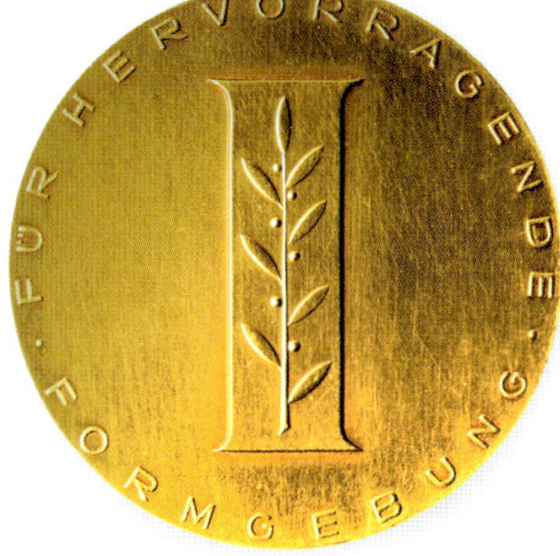

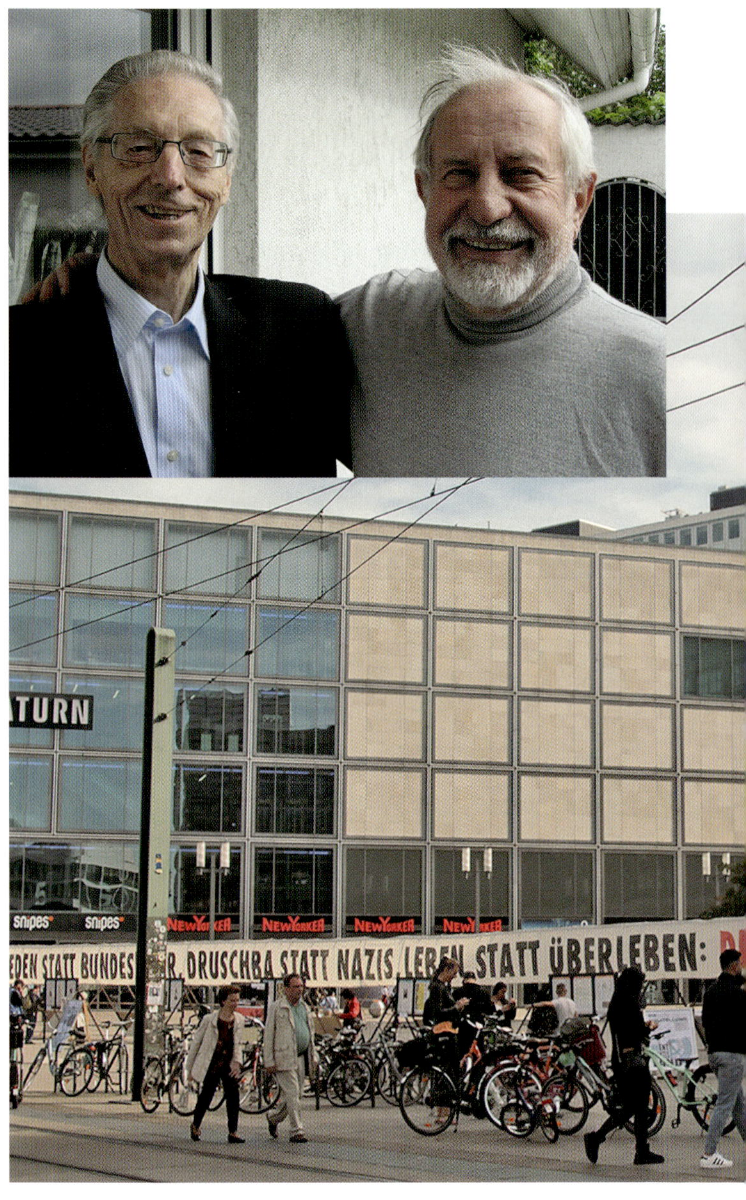
snipes
NEW YORKER
DRUSCHBA STATT NAZIS, LEBEN STATT ÜBERLEBEN:

Der Designer und ehemalige Hochschulprofessor Erich John gratulierte seinem einstigen Kommilitonen Martin Kelm zu dessen 80. Geburtstag. Erich John, Schöpfer zahlreicher ostdeutscher Industrieprodukte, ist dank der von ihm 1969 geschaffenen Weltzeituhr auf dem Berliner Alexanderplatz einer der wenigen heute allgemein bekannten Designer der DDR.

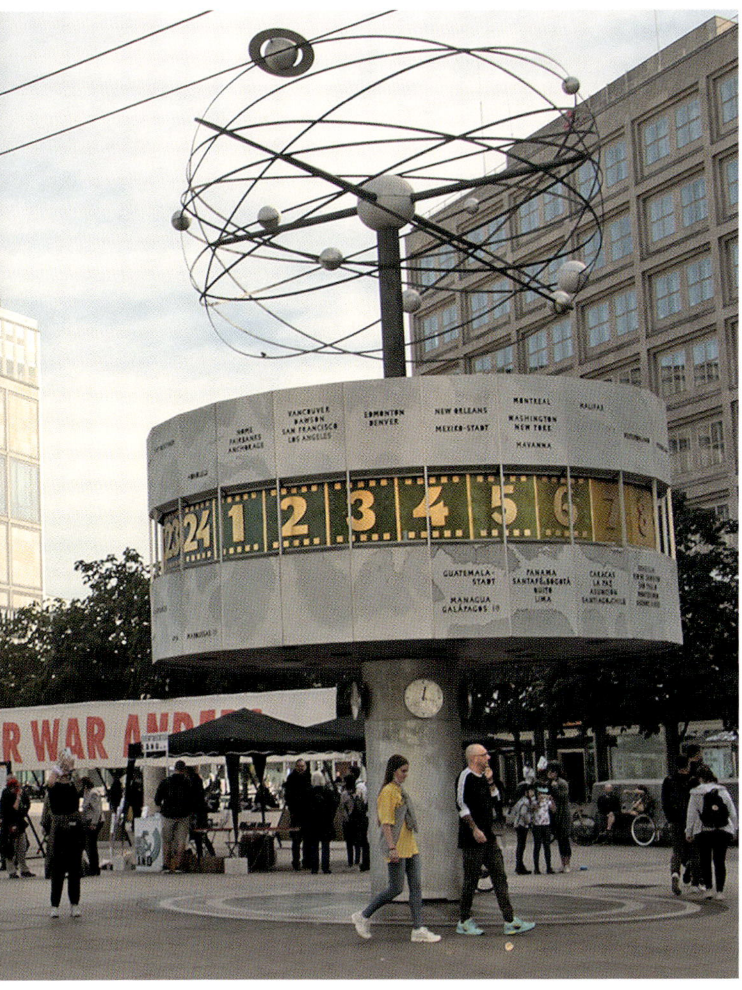

Kapitel 5

An »Der Burg« in Halle – und wieder zurück nach Berlin

Walter Funkat (1906–2006) war seit seiner Rückkehr aus der Kriegsgefangenschaft 1946 auf der Burg, seit 1950 als Direktor. Er hatte am Bauhaus Dessau Werbegrafik studiert, ein gewiss qualifizierter Mann …

Nachdem ich in Halle meinen Auftrag mitgeteilt hatte, erklärte Professor Funkat kühl, dass über eine Neuausrichtung der Lehre immer noch der Rektor entscheide, die Werkkunstschule sei eine Ausbildungsstätte für Kunsthandwerk mit langer Tradition. Er selbst habe nichts gegen die Formgestaltung im Schulprogramm, aber im Augenblick glaube er nicht, dass man in dieser Hinsicht grundlegende Veränderungen an der Struktur der Lehre vornehmen müsse. Zudem sei man selbst gerade dabei, das der Schule angeschlossene Institut für Entwurf und Entwicklung zu stärken. Ich könne die Leitung dieses Instituts übernehmen und dort die Formgestaltung ansiedeln. Kurzum: Ich sah mich einer Abwehrfront gegenüber.

Wo befand sich das Institut? In der Burg, auf dem Schulgelände?

Nein, abseits. Eine Viertelstunde Fußweg entfernt, in einer ehemaligen Tischlerei im Hinterhof eines alten

Stadthauses. Dort arbeiteten zwei Kunsthandwerker, Heinz Barth und Albert Krause. Später sollten mein ehemaliger Kommilitonen Horst Giese und die Gold- und Silberschmiede Manfred Heintze und Günter Reißmann hinzukommen.

Ich vermute: Sie fühlten sich abgeschoben. Oder direkter formuliert: kaltgestellt, Ihr revolutionärer Tatendrang war gestoppt …

So kann man es sagen. Aber ich nahm diese Blockade nicht hin. Ich wandte mich an den Sekretär für Kultur und Bildung in der SED-Bezirksleitung. Hans Bentzien, drei Jahre älter als ich, war soeben aus Moskau gekommen, wo er drei Jahre an der Parteihochschule studiert hatte. Zuvor hatte er in Greifswald und Jena Geschichte studiert. Er zeigte sich aufgeschlossen und interessiert, als ich ihm die Pläne des Kulturministeriums vortrug, die Werkkunstschule in eine Hochschule für industrielle Formgestaltung umzugestalten. Und dass ich beabsichtige, die Tätigkeit des mir von Funkat zugewiesenen Instituts für Entwurf und Entwicklung in die Erfüllung von Industrieaufgaben einzubinden, es produktiv zu machen. Bentzien (1927–2015) hörte aufmerksam zu und kontaktierte unmittelbar nach unserer Begegnung regionale Industriebetriebe, etwa im Bereich der Plaste- und Elasteproduktion und des Waggonbaus. Er animierte sie zu einer Zusammenarbeit mit uns, die auch sofort ansprang. Zum Thema Umbildung der Werkkunstschule in eine Hochschule für industrielle Formgestaltung hingegen könne er sich erst später äußern, sagte er, da müsse er sich erst in der Bezirksleitung verständigen.

In kurzer Zeit wurden wir von Aufgaben geradezu überflutet. Das reichte von der Gestaltung von Maschinen bis hin zu Haushaltswaren. Wir pflegten sowohl die individuelle Arbeitsweise als auch Teamwork. Jedes Produkt, das der Industrie übergeben werden sollte, wurde kollektiv geprüft und beurteilt. Nichts sollte das Institut mit gestalterischen Mängeln verlassen. Durch dieses Zusammenwirken hatten folglich nicht wenige Entwürfe mehrere Urheber, was viel später eine Rolle spielen sollte. Da erwies sich mitunter eine individuelle Zuweisung der Urheberschaft als schwierig.

Und alle mussten lernen, die Kunsthandwerker sich mit den Bedingungen der industriellen Produktion auseinandersetzen, etwa Formen herzustellen, die für die Massenherstellung von Konsumartikeln taugten. Und mich weihte der Kunsthandwerker Heinz Barth in die Geheimnisse des Drechselns ein, die insbesondere bei der Fertigung von Modellen für Plast-Haushaltserzeugnisse sehr nützlich waren.

Wenn ich Ihnen zuhöre, habe ich den Eindruck, dass die Ausbildung von Nachwuchs, weshalb Sie nach Halle geschickt worden waren, eher eine nachgeordnete Rolle spielte. Oder täusche ich mich da? Außerdem, das sollte nicht unerwähnt bleiben, sind Sie ja wohl auch aus politischen Gründen nach Halle geschickt worden. Auf dem V. Parteitag der SED im Juli 1958 war faktisch eine sozialistische Kulturrevolution eingeleitet worden – zum einen sollte die nationale Kunstschullandschaft neu gegliedert werden (das war bereits zuvor auf der III. Hochschulkonferenz im März beschlossen worden), zum anderen die Verbindung zur Wirtschaft verbessert werden. Im Frühsommer war eine Vereinbarung zur »Neuordnung des

Hochschul-Instituts für industrielle Formgestaltung, Burg Giebichenstein« von Berliner und Hallenser Kultur- und Parteifunktionären geschlossen worden, übrigens unter maßgeblicher Mitwirkung von Prof. Werner Laux, der Sie auf die Burg schickte. Die künftige Aufgabe der Schule sollte sein – und dafür wurden junge talentierte, dynamische Durchreißer benötigt: erstens »Heranbildung von künstlerischen Kadern für die industrielle Produktion und für werkkünstlerische Einzelleistungen entsprechend den Erfordernissen der sozialistischen Praxis, zweitens Grundlagenforschung auf dem Gebiete der industriellen Formgestaltung in der Einheit von Theorie und Praxis, drittens ständige produktive Wechselwirkung zwischen Industrie und Hochschularbeit, die ihren Ausdruck finden muss in der laufenden Entwicklung von Modellen für die Industrie und in der Durchführung künstlerischer Aufgaben«. Die Umprofilierung der nunmehr eigenständigen Hochschule hatte weitreichende Konsequenzen, die nicht nur administrativ zu erledigen waren.

Ja. Ich erinnere mich einer Zusammenkunft bei Rektor Funkat, in der es um die Neuwahl der Parteileitung an der Schule ging. Die Kandidaten hatten entweder bereits Parteiaufträge erhalten, über deren Erfüllung sie Rechenschaft ablegten, oder aber sie verpflichteten sich zur Übernahme einer neuen Aufgabe, um die Republik zu stärken. Ich als Nachwuchskader, keine dreißig Jahre alt, erklärte: »Ich bin mit dem Auftrag des Ministeriums für Kultur an diese Werkkunstschule gekommen, um ihr – gemeinsam mit euch – das Profil einer Hochschule für industrielle Formgestaltung zu geben. Diese Aufgabe werde ich bis zu den Parteiwahlen nach Möglichkeit erfüllen.«

Bis auf den Parteisekretär Reinhard Vahlen – er unterrichtete als Stellvertreter des Direktors Ästhetik und Kunstgeschichte – und den Leiter der Architektur-Abteilung, Prof. Friedrich Engemann, ein ehemaliger Bauhäusler, schütteten sich die Anwesenden aus vor Lachen. Sie kannten einerseits das Beharrungsvermögen von Apparaten, und andererseits nahmen sie mich als Grünschnabel nicht sehr ernst.

Vahlen forderte die Lacher auf, meinen Auftrag ernst zu nehmen, es sei an der Zeit, der Hochschule eine Zukunft zu geben. Und Engemann fügte hinzu: »Damit etwas Konkretes entsteht, entscheide ich hier und jetzt, dass meine erste Klasse Architektur einschließlich der Räumlichkeiten dem Genossen Kelm zur Verfügung gestellt wird, um eine Abteilung Formgestaltung aufzubauen«. Der Parteisekretär schlug vor, daraus einen Parteileitungsbeschluss zu formulieren. Kein Lachen mehr. Der Beschluss wurde gefasst. Professor Engemann bat mich, im Anschluss die Modalitäten bei ihm zu besprechen.

Übrigens fand ich in einem 1996 mit Walter Funkat geführten Gespräch interessante Details zur Gründung; er selbst hatte einen zehnjährigen Kampf für den Hochschulstatus geführt und sich dabei von seiner ursprünglichen Idee einer Kunsthandwerkschule verabschiedet. Alexander Abusch, damals Kulturminister, fragte also, nachdem die Entscheidung gefallen war, wie die Hochschule heißen solle. Zitat Funkat: »Und ich sagte: Hochschule für Formgestaltung, so wie das Bauhaus sich auch nannte. Er sagte: Da muss aber stehen: Hochschule für industrielle Formgestaltung. Ich habe mit ihm gerungen: keine industrielle Formgestaltung, wir haben auch noch andere Dinge. – Ja, sagte er, aber dann habt ihr keine Garantie des Bestehens.« Zitat Ende. Das war eine weise Entscheidung. Doch dann ließen sich auch die Hühner in Gestalt von bunten Eierbechern aus Plastik auf Frühstückstischen im ganzen Land nieder.

Um Himmels willen – die kamen nicht von uns! Wer die Hühner entworfen hat, weiß der Kuckuck, mir ist dazu kein Name eines Designers bekannt, der das verbrochen hat. Die Plaste-Hühnereierbecher sitzen aber inzwischen als Beispiel für DDR-Design fest in den Köpfen! Dabei wurde und wird weltweit Mumpitz aus Kunststoff hergestellt. Was uns da aus den USA und aus Fernost an unästhetischem und unnützem Müll überflutet, ist nicht nur eine ökologische, sondern auch eine kulturelle Katastrophe. Was haben wir uns damals in der DDR für Mühe gegeben, Spielzeug zu entwickeln, das pädagogisch wertvoll, altersgerecht und langlebig ist, schön und nützlich für die ästhetisch-humanistische Erziehung. Wir hatten anfangs kaum Wissen vom praktischen Potenzial der verschiedenen Kunststoffe, das galt nicht nur für uns in der DDR. Kunststoffe waren damals weltweit ein noch sehr junges, wenig erforschtes Medium für Gestalter. Was habe ich, haben wir damals geochst, um uns chemische und verfahrenstechnische Grundkenntnisse anzueignen!

Wenn ich mir die Produkte anschaue, die aus Ihrem Institut kamen, scheinen Sie vornehmlich mit dem Kunststoff Meladur – im Westen bekannt unter der Bezeichnung Melamin – gearbeitet zu haben. Gab es dafür einen bestimmten Grund?

Diese Kunstharze – also Duroplaste wie das Meladur – wurden schon seit Jahrzehnten verwandt, weil sie erstklassige Gebrauchseigenschaften besaßen. Folglich konnten sie auch sehr unterschiedlich eingesetzt werden – von Haushaltsartikeln über Karosserieteile für Autos bis hin zu Verpackungsmaterial. Hinzu kam, dass es bei uns zunächst mehr Kapazitäten beim Formenbau und Pressen für Hartplaste als für Weichplaste gab.

Es ist ein Foto aus dem Jahr 1960 überliefert, das zeigt Sie und einige Ihrer Kollegen beim Begutachten von Kunststoff-Geschirr im Institut. Dokumentiert das die Erfüllung Ihres Auftrags auf der Burg Giebichenstein: die Hochschule für industrielle Formgestaltung ist Realität?

Auf jeden Fall zeigt das Foto den Anfang vom Durchbruch. Es ist auch ein Beleg für das Teamwork, Beweis für die kollektive Bewertung jedes von uns gestalteten Produkts. –

Ich will aber noch einmal auf ein Gespräch mit Prof. Friedrich Engemann zurückkommen, der mich in der Parteileitungsrunde, in der ich von der Mehrheit ausgelacht worden war, sehr ernst nahm. Der einstige Bauhauslehrer und stellvertretende Bauhaus-Direktor wie auch Architekt Engemann (1898–1970) sollte als Dozent unserer Hochschule die Designentwicklung in der DDR mitprägen. Und ich habe von Engemann auch noch in anderer Hinsicht profitiert. Nach einer sehr tiefschürfenden Aussprache unter vier Augen übergab er mir sein erstes Studienjahr zur Ausbildung: sechs Studenten. Vor dem Start arbeitete ich Lehrpläne für Formenlehre, Farblehre und Grafik aus. Erstmals bezog ich auch die Wahrnehmungspsychologie in die Gestaltungslehre mit ein. Dabei ging es beispielsweise um die Erklärung, weshalb die eine Person ein Produkt so wahrnahm und eine andere ganz anders. Worauf gründen ästhetische Anmutungen? Welche Formen überzeugen, berühren – und welche nicht? Und warum tun sie das? Ästhetik und Psychologie – was spielte sich bei der Wahrnehmung von Dingen im Menschen ab? Für diese Fragestellungen hatte ich schon immer ein besonderes Interesse.

Entschuldigen Sie, wenn ich hier ein wenig springe: Lothar Zitzmann (1924–1977) war seit 1953 auf der Burg und in den siebziger Jahren bis zu seinem Tod Direktor der Sektion »Künstlerische und wissenschaftliche Grundlagen der Gestaltung« an der Hochschule. Diese Ihre Fragen waren sein Thema. Hatten sie sich damals mit ihm darüber ausgetauscht?

Ja sicher. Mit Zitzmann führte ich oft lange Gespräche. Wir hatten einen guten Draht zueinander, uns bewegten ähnliche Gedanken zur Grundlagenausbildung. Er war geneigt, einige Übungen aus seinem Lehrprogramm zu streichen, weil er den Stoff aus meiner Lehre wissenschaftlich unterlegt und besser begründet empfand als seine rein empirische Lehrweise. Ich selbst betrachtete das Empirische und das Rationale als gleichwertig und notwendig. Meine Arbeit mit Professor Ernst Vogenauer kam mir wieder in den Sinn. Auch die Idee zum Rationalen erforderte Emotionales. Mit Professor Zitzmann habe ich sehr gut in der jungen Abteilung Formgestaltung zusammengearbeitet. Kurz nach Beginn meiner Lehrtätigkeit setzte ich auch Günter Reißmann in der Lehre ein, ebenfalls Horst Giese, der zwei Studenten betreute.

Ausschließlich im Institut arbeiteten noch Heinz Barth und Albert Krause, die sich zunehmend bei der Industrieformgestaltung profilierten. Wobei am Institut stets andere Aufgaben abgearbeitet wurden als im Studium, das war getrennt. Allerdings nicht so streng, dass man nicht verfolgte, was auf dem jeweils anderen Feld geschah. Für mich war das Institut nicht nur eine produzierende Einheit der Hochschule, sondern auch eine Art Musterwerkstatt, von deren Arbeitsweise die Studenten profitierten, indem sie dort Anregungen empfingen.

Sie abstrahieren gern gleich. Kommen wir wieder zu den simplen Abläufen zurück: Sie hatten hinsichtlich der Burg Giebichenstein den Auftrag vom Kulturministerium, dann den Segen der Partei, schließlich die Studenten von Engemann. Und dann?

Dann bat ich in der Metallabteilung um ein Schild »Hochschule für industrielle Formgestaltung«. Das schraubte ich an die Burgwand neben den Eingang. Die Sekretärin des Rektors sah das und erkundigte sich besorgt bei mir, was der Chef dazu gesagt habe. Nichts, antwortete ich wahrheitsgemäß, ich hatte ihn ja nicht gefragt. Wenig später stand Professor Funkat neben mir und rügte meine Eigenmächtigkeit. Ich schlug ihm vor, eine Belegschaftsversammlung einzuberufen, auf der er die neue Richtung der Schule darstellen und begründen solle – schließlich hat er die Entscheidung mit getroffen. Er hielt eine hervorragende und überzeugende Rede.

Mit Verlaub: Das war doch ein Husarenstück. Erst im November 1961 – nachzulesen im Gesetzblatt Teil 3, Nr. 32, vom

16. Dezember 1961 – wurde die Bildung der Hochschule für industrielle Formgestaltung Halle-Burg Giebichenstein gesetzlich fixiert.

Stimmt. Ich habe einfach das Schild anfertigen lassen, die Dübel gesetzt, das Ding drangemacht und gesagt: So, nun sind wir eine Hochschule. Auftrag erfüllt! Natürlich habe ich mir auch gedacht: Schön und gut, aber wo bleibt die Satzung? Eine gewisse Beklommenheit kann ich nicht verleugnen, zumal wenn man sich der bedeutenden Persönlichkeiten erinnert, die zum Leitungsgremium der Werkkunstschule gehörten und die man nicht einfach übergehen konnte. Anderseits sagte ich mir: Erst einmal Tatsachen schaffen, der Rektor wird das schon machen. Er kann sich nicht hinter der all überall waltenden Bürokratie verstecken.

Ging die Rechnung auf?

Ja klar. Ganz reibungslos, wie ich fand. Was im Hintergrund lief, weiß ich nicht. Ende Januar 1959 beauftragte mich der Rektor mit der Leitung der neuen Abteilung »Technische Formgestaltung« an der nun auch offiziell so bezeichneten Hochschule für industrielle Formgestaltung. Parallel dazu lief meine Tätigkeit im Institut für Entwurf und Entwicklung weiter. Wir haben uns dort intensiv mit Designarbeiten für die plastverarbeitende Industrie, das Zentralinstitut für Schweißtechnik und für Maschinen- und Waggonbaubetriebe beschäftigt. Im Mai 1961 wurde ich vom Minister für Kultur zum Dozenten für das Hochschulfach »Technische Formgestaltung« berufen.

Gut gelaufen, scheint's.

Kann man so sagen. Das dicke Ende kam aber noch. Hans Bentzien, der als Sekretär der SED-Bezirksleitung auch der Kulturkommission beim Politbüro angehörte, war auf den seit Februar 1961 vakanten Posten des Kulturministers gesetzt worden. Abusch hatte man zum Vize-Premier berufen. Der Kulturminister Hans Bentzien besuchte nun mit einer Delegation aus seinem Hause die Hochschule für industrielle Formgestaltung in seiner Heimatstadt, um sich über den Stand der Dinge zu informieren. Danach wurde ich im November 1962 nach Berlin einbestellt.

Das »dicke Ende« also.

Ja. Bentzien fragte mich: »Hast du Mut?« Ich sagte: »Wozu? Es kommt doch darauf an, wo man ihn beweisen muss.« Und er: »Um die Führung des Instituts für angewandte Kunst in Berlin zu übernehmen. Hast du also den Mut, dort Direktor zu werden?«

Ich ahne es: das »dicke Ende« ist ironisch gemeint.

Natürlich. Er überrumpelte mich – und ich ließ mich überrumpeln. »Am kommenden Mittwoch beginnt deine Arbeit in Berlin. Ich regle das in Halle und hier am Institut.« Ich saß stumm auf dem Stuhl und ließ es geschehen.

Hatten Sie jemals zuvor mit dem Institut für angewandte Kunst zu tun gehabt? Mart Stam hatte es 1950 als »Institut für industrielle Gestaltung« gegründet, 1952 wurde es dem

Kulturministerium unterstellt, in »Institut für angewandte Kunst« umbenannt und der Grafiker Walter Heisig zum Direktor bestellt.

Nein, ich hatte bis zu jenem Tag überhaupt keinen Kontakt. Das Institut befand sich in der Berliner Clara-Zetkin-Straße 28, der heutigen Dorotheenstraße. Vielleicht bin ich dort einmal vorbeigegangen, aber drinnen war ich nie. Auch Walter Heisig (1902–1984), den ich nun ablösen sollte, kannte ich nicht persönlich. Er übernahm 1962 eine Professur an der Hochschule in Weißensee.

Aber zwei Ihrer einstigen Kommilitonen arbeiteten am Institut: Erich John und Jürgen Peters (1931–2009).

Ja, das waren die beiden einzigen mir bekannten Leute dort, aber ich hatte nach dem Studium kaum noch Kontakt zu ihnen.

»Die Mitarbeiter dort sind derart unzufrieden und mitunter derart zerstritten, dass sie schon mit Stühlen aufeinander losgegangen sind. Bring das in Ordnung«, sagte Bentzien und verriet so den Grund, weshalb er die Führung auswechselte. Ich würde es schon schaffen, für Ruhe und Ordnung zu sorgen. Und: »Versuche, das Institut in Richtung Formgestaltung zu verändern. So, wie es in Halle gelungen ist.«

Damit lief der Minister offene Türen ein, denn ich hatte erst kurz zuvor eine Dokumentation an das ZK der SED gesandt, in ihr den mir bekannten aktuellen Stand der Formgestaltung in der DDR dargestellt und Maßnahmen für deren notwendige Entwicklung vorgeschlagen. Diese Schrift war im Volkswirtschaftsrat, in der Staatlichen Plankommission und im Bereich Wirtschaft des ZK der SED behandelt worden. Dort hatte man meine Analyse verstanden und begriffen, dass mehr als bisher für die Formgestaltung getan werden musste.

Waren Sie dann wirklich an jenem November-Mittwoch im Institut?

Natürlich. Pünktlich um acht Uhr stand ich vor der Pförtnerloge. In der saß Hugo Simon – ein Berliner Original, wie ich bald merkte – und fragte, wohin ich denn wolle. Ins Direktorat, sagte ich. Da sei niemand zu sprechen, entgegnete er, der Direktor sei nicht da. Das wisse ich, erklärte ich, ich sei der neue, mein Name sei Martin Kelm.

Simon rief die Sekretärin an und wies mir die Treppe. Ich klopfte an, die Tür ging auf, ich begrüßte die Damen freundlich. Sie schauten ein wenig verdattert – vermutlich hatte ich vor einigen Tagen auch so ausgesehen, als mir Bentzien seine Pläne eröffnete.

Als Erstes bat ich die Sekretariatsleiterin Gerda Carolius in »mein« Zimmer, um von ihr etwas über die Situation im Hause zu hören.

Gerda Carolius kenne ich aus jener Zeit, als ich gelegentlich bei Ihnen als Chefredakteur von form+zweck *zu erscheinen hatte oder ein Anliegen hatte. Sie wachte bis zum Ende des Amtes als Zerberus vor Ihrem Büro.*

Eine integre und loyale Kollegin mit Übersicht. Wir arbeiteten die ganze Zeit vertrauensvoll miteinander … Gerda Carolius bestätigte, dass das Klima im Hause nicht sonderlich gut sei. Ursache, so meinte sie, war wohl der

Leerlauf. Die meisten wüssten nicht, womit sie den Tag füllen sollten. Ausgenommen Erich John und Jürgen Peters, die separat ihren Aufgaben aus der Industrie nachgingen und sich an den Reibereien nicht beteiligten. Dafür hatten sie keine Zeit.

Zu jener Zeit, wie ich weiß, arbeiteten auch die Gefäßgestalterin Margarete Jahny (1923–2016) und der Glasgestalter Erich Müller (1907–1992) am Institut, die durchaus erfolgreich für die Glas-, Keramik- und Leichtmetallindustrie tätig waren. Wie auch Christa Bohne, später Petroff-Bohne, aber die hatte das Institut bereits nach einem Jahr wieder verlassen … Ich erinnere mich an Jahnys Entwürfe für die Thüringer Aluminiumwarenfabrik Fischbach und an Bohnes Tafelgerät-Design für ABS, die Auer Besteck- und Silberwarenwerke im Erzgebirge. Sie hielten sich nach meiner Kenntnis aus dem Gezänk ebenfalls heraus. Nicht zuletzt, weil sie viel außerhaus zu tun hatten, sich oft wochenlang in den Betrieben aufhielten, um ihre Designideen dort in allen Produktionsphasen zu begleiten. Walter Heisig soll einerseits seine Hände schützend über die Mitarbeiter im Institut gehalten haben, andererseits sei ihm dabei die Leitung entglitten, heißt es wiederum hier und da.

Zur Leitungsarbeit Walter Heisigs kann ich nichts sagen. Ich habe ihn persönlich nie kennengelernt, bin nur mit den Auswirkungen konfrontiert worden, als ihm das Steuer seines Schiffs entglitten war. Und auf Gerüchte gab ich nichts. Ich war kaum da, als auch schon die ersten über mich aufkamen. »Der Neue« werde die Hälfte der hier Tätigen rausschmeißen, hieß es. Er wolle alles umkrempeln und nur noch Formgestaltung betreiben. Außerdem schienen sich auch einige auf den erwarteten Konflikt mit Heisigs Stellvertreter namens Stumm zu freuen, denn der hatte auf den Direktorensessel geschielt und mit seiner Berufung gerechnet.

Die Situation unter den Mitarbeitern war tatsächlich schwierig, weil eine generelle Orientierung fehlte. In der DDR war jedoch geregelt, dass Mitarbeiter nicht einfach so entlassen werden durften. Wenn es Probleme gab, sollten diese mit Bildungs- und Erziehungsmaßnahmen gelöst werden, nicht durch Entlassung. Das war vom Staat sozial gedacht, machte die Leiter aber in gewisser Weise ohnmächtig. Eine Entlassung setzt die Zustimmung des betreffenden Mitarbeiters voraus – sofern er nicht mindestens drei Mal abgemahnt worden war. Doch die Gültigkeit der Gelben Karte war befristet. Wer clever war, riskierte die zweite Ermahnung nicht, bevor nicht die erste in der Kaderabteilung vergessen war. Frauen retteten sich bisweilen in den Mutterschutz und ins Babyjahr, wenn's Spitz auf Knopf stand. Faulheit war so wenig Kündigungsgrund wie Unfähigkeit. Stellvertreter Stumm ging freiwillig, nachdem er sah, dass für ihn keine Aussicht mehr auf einen Aufstieg im Institut bestand.

Und wie stand es um die übrigen 72 Kader?

Bei meiner Antrittsversammlung stellte ich mich kurz vor und beruhigte die Gemüter. Ich werde keine Entlassungen vornehmen, die gut laufenden Prozesse beibehalten und Neues aufbauen, erklärte ich. Ich wolle die Industrieformgestaltung am Institut stärken und ausweiten. »Die neue Zielstellung habe ich zu Papier gebracht, jeder erhält ein Exemplar, um sich damit vertraut zu machen. Morgen früh kommen wir zur gleichen Zeit wieder zusammen und tauschen unsere Meinungen aus.«

So wurde es gemacht. Erwartungsgemäß hatte die Rolle des Kunsthandwerks ein großes Gewicht in der Diskussion. Ich versicherte, dass die Stärkung der Formgestaltung nicht zu Lasten des Kunsthandwerks gehen werde. Wenn die Formgestaltung ausgebaut wird, werden sich zwangsläufig durch Zuführung neuer Fachkräfte zwar Veränderungen im Personalbestand ergeben, aber Entlassungen würden nicht erfolgen.

Es bestand im Haus demnach eine Rivalität zwischen dem Kunsthandwerk und der Formgestaltung, eine gewiss alberne Kontroverse zwischen den beiden unterschiedlichen Tätigkeitsfeldern und Denkschulen, die doch aber ein gemeinsames Grundanliegen hatten – die Qualität und Vielfalt der Alltagskultur zu bereichern.

Richtig, die Aufgabe des Instituts bestand darin, sowohl das Industriedesign als auch das Kunsthandwerk zu befördern, die Auftraggeber und Produzenten zu beraten und zu qualifizieren. Das erfolgte insbesondere durch Unterstützung und Popularisierung guter Beispiele in Industriebetrieben, in denen Formgestalter erst etabliert werden mussten. Ich stellte neue Formgestalter am Institut ein, etwa Wolfgang Dyroff (1923–2018). Dieser war seit 1953 bei Professor Horst Michel am Weimarer Institut für Innengestaltung tätig. Er entwickelte unter anderem das aufsehenerregende Installationssystem ICA-380 (Elektroschalter, Steckdosen, Taster etc. als standardisiertes System).

Dyroff sagte mir mal im Gespräch: »Mich hat stets umgetrieben, was der amerikanische Designpionier Raymond Loewy einmal so formuliert hatte: ›Einen Traktor zu gestalten, weg ist kein so großes Problem, wohl aber, eine Nähnadel besser zu machen!‹«

Richtig! Und ich holte Lutz Rudolf (1936–2011) ans Institut. Er beschäftigte sich insbesondere mit dem Automobildesign für Klein- und Mittelwagen. Diese Aufgabe überließ ihm das Institut, als er 1968 freiberuflich zu arbeiten begann.

Für die Formgestalter richteten wir spezifische Arbeitsplätze und -möglichkeiten ein. Dazu bauten wir das Institut im Wortsinne um. Eine nicht minder wichtige Aufgabe bestand darin, Gutes und Beispielhaftes bekannt zu machen und auf diese Weise Einfluss auf die Bedürfnisse der Menschen zu nehmen. Wir publizierten und richteten Ausstellungen ein. Vorrangig aber ging es um den Aufbau von Designer-Potentialen in der Industrie.

Im Kunsthandwerk hingegen waren überwiegend Freischaffende tätig, aber es gab auch Betriebe, die Kunsthandwerkliches beziehungsweise Kunstgewerbliches produzierten. Wir bemühten uns auch um eine schöpferische Interaktion zwischen Kunsthandwerk und Industrie.

Ich denke an den Bürgeler Keramiker Walter Gebauer (1907–1989), der auf diesem Feld wahre Pionierarbeit geleistet hat. Seit den fünfziger Jahren brachte er Erfahrungen und experimentelle Erkenntnisse des Töpfer-Kunsthandwerks – er kam aus einer eingesessenen Töpferfamilie – in die Keramikproduktion der DDR ein.

Zu Walter Gebauer hatte ich eine gute Verbindung. Er war ein befähigter Kunsthandwerker, wenn es darum ging, das Bestmögliche an künstlerischer und Gebrauchs-Güte aus keramischen Grundstoffen herauszuholen – oder herausholen zu lassen. Er war nicht nur ein Meister seines Faches, sondern auch ein geschätzter Lehrmeister und Manager. Seit 1964 war er auch Gastdozent in Giebichenstein. Seit 1994 gibt es einen nach ihm benannten Keramik-Preis, seine Werke sind weltweit in Museen ausgestellt …

Kurzum: Dem Institut ging es beim Kunsthandwerk wie beim Industriedesign darum, ein Optimum an gestalterischer und funktionaler Qualität zu erzielen. Wir hatten in der DDR das Glück, dafür eine zentrale Einrichtung zu besitzen, an der Fachleute für angewandte Kunst konzentriert waren.

Die wohl auch eine Menge Geschmackloses und Kitsch eliminieren musste, eine Funktion, die es heute auf dem »freien Markt« leider nicht gibt.

Ja. Dieser Schrott beleidigte nicht nur das ästhetische Empfinden, sondern vergeudete Material, Zeit und Energie. Heute würde man sagen: Es handelte sich um eine Umweltbelastung im zweifachen Sinne.

Gegen die Kitschprodukte hatte sich schon mein Vorgänger Walter Heisig energisch ins Zeug gelegt, das muss man sehr anerkennen. Besonders engagierte sich aber der ehemalige Bauhäusler Albert Buske durch die Erarbeitung von Design-Qualitätsprodukten. Er war ein leitender Mitarbeiter im Institut und schlug unter anderem der Gestalterin Christa Bohne vor, das gesamte, sehr traditionell geprägte Sortiment des VEB Auer Besteck- und Silberwarenwerke zu überarbeiten. Es entstand ein progressives Design, das Vorbildwirkung hatte. Wir nutzten es gezielt als Beispiel. Heute sind diese Produkte Designklassiker der Moderne – nicht nur in der DDR. Christa Petroff-Bohne war für viele DDR-Betriebe als Gestalterin tätig und gehörte in den fünfziger und sechziger Jahren zu den wichtigsten deutschen Designerinnen. Sie hat bis über die Jahrtausendwende als Professorin in Weißensee gelehrt.

Und Albert Buske gehörte zu denjenigen, die mir als Direktor des Instituts sehr zur Seite standen.

Fanden Sie nicht, dass Sie durch Ihren – zugegeben: nicht freiwilligen – Wechsel nach Berlin die Schule in Giebichenstein im Stich gelassen haben? Ich meine, Sie hatten dort gerade mit Elan begonnen, die Ausbildung umzukrempeln. Nun ließen Sie Angefangenes zurück.

Das empfand ich auch so. Es schmerzte mich tatsächlich. Hans Bentzien hatte mir allerdings zugesichert, dass ich Halle nicht aufgeben müsse, sondern mindestens zwei Tage in der Woche an der dortigen Hochschule weiter lehren könnte. Damit es keinen Bruch gab, habe ich Günter Reißmann, und mitunter auch Albert Krause, stärker eingebunden. Horst Giese hingegen bat mich sehr, ihn ans Institut mitzunehmen. Er war, wie ich, in Berlin zuhause.

In Halle hatten wir gegenüber den Studierenden eine Verpflichtung einzulösen: Wir waren angetreten, dem Ausbildungszweig industrielle Formgestaltung an der Burg ein klares Profil zu geben. Seit 1960, nach seinem

Vietnam-Aufenthalt, war auch Prof. Werner Laux an der Hochschule als Lehrkraft tätig. Ihm hatte ich die allgemeine Betreuung meiner Studenten anvertraut. Ich übergab ihm sämtliche von mir erarbeiteten Lehrunterlagen, rund 500 Seiten Vorlesungs-Skripte zur Form-, Farb-, Flächen- und Grafikgestaltung. Er übernahm den Lehrstuhl und das Institut, das an der Hallenser Schule zwar bestehen blieb, dessen Durchschlagskraft – will heißen: Produktivität und Kreativität – aber stetig abnahm. Dann wechselte auch noch Günter Reißmann zu uns ans Berliner Institut für angewandte Kunst, und Albert Krause konzentrierte sich zunehmend auf die Lehrtätigkeit. So versickerte das Institut im Gefüge der Hochschule für industrielle Formgestaltung in Halle.

Ich selbst lehrte an der Burg bis 1974 – erst als Assistent, dann als Dozent, seit 1980 als Honorarprofessor mit Lehrstuhl. 1964 löste Erwin Andrä – er war zuvor Direktor des Instituts für Spielzeug in Sonneberg – Laux als Rektor der Hochschule ab. Ich unterstützte ihn, um gute Fachleute an die Hochschule zu bekommen, so unter anderem den Möbeldesigner Rudolf Horn. Er kam 1966 und sollte über drei Jahrzehnte in Giebichenstein unterrichten. Horn hatte beispielsweise das Montagemöbelprogramm Deutsche Werkstätten (MDW) für Hellerau entwickelt.

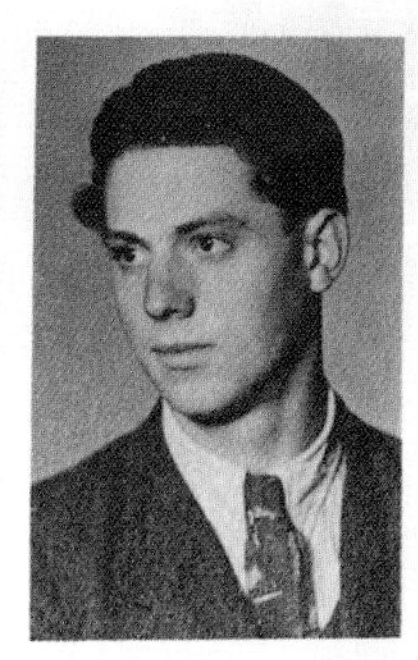

Lehrer und Leiter an der Burg Giebichenstein in Halle: Martin Kelm.

Unten: Der Anfang des Durchbruchs – Geschirr aus Duroplast, formschön und unkaputtbar, eine kollektive Kreation (Aufnahme 1958).

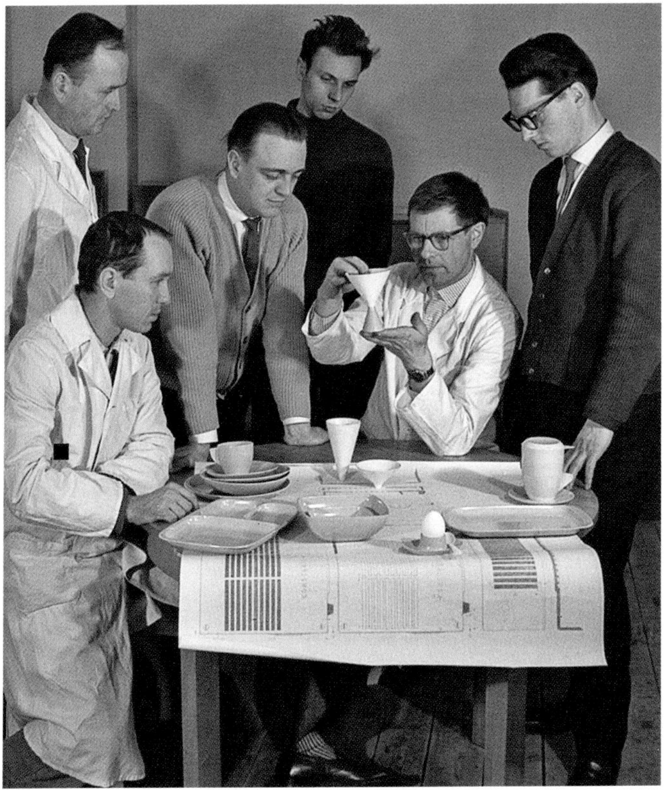

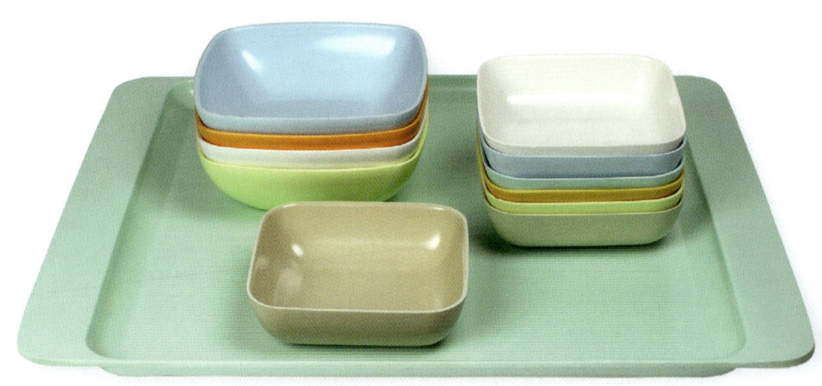

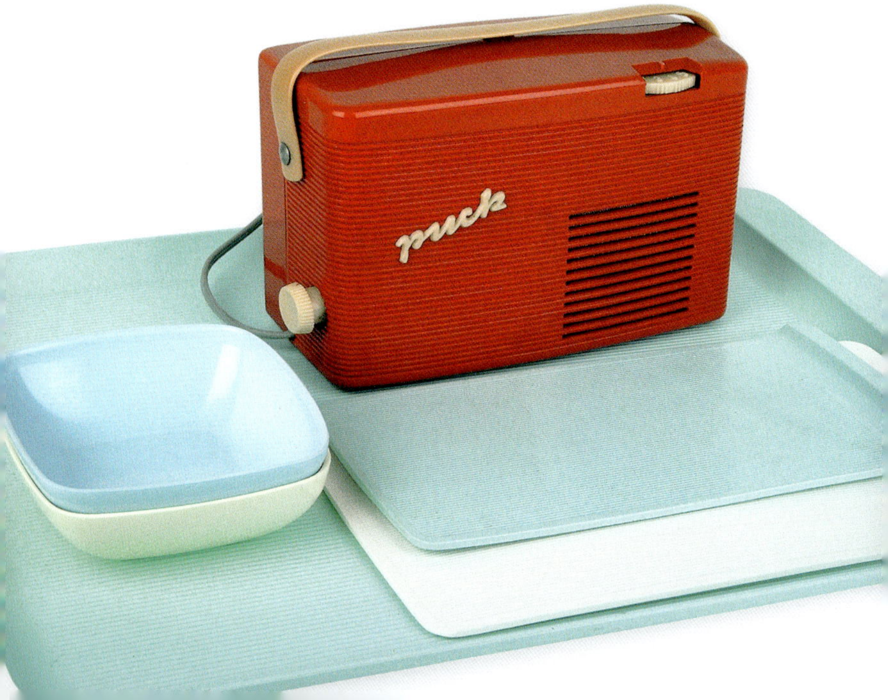

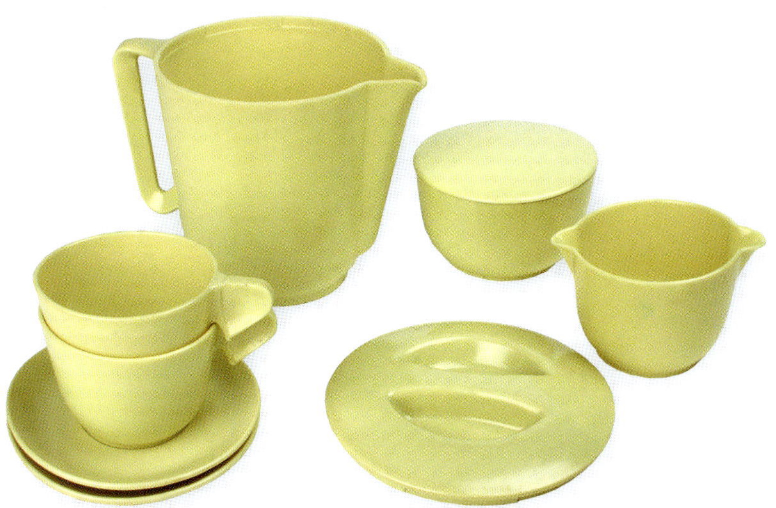

Meladur-Designklassiker aus dem Institut an der Hallenser Burg Giebichenstein Ende der 1950er Jahre: links Tischgeschirr mit vor allem der Handschrift Albert Krauses, darunter auch sein Kofferradio »puck« aus dem VEB Funkwerk Halle.
Oben: alles in einem Topf – Campinggeschirr für zwei Personen von Hans Merz.

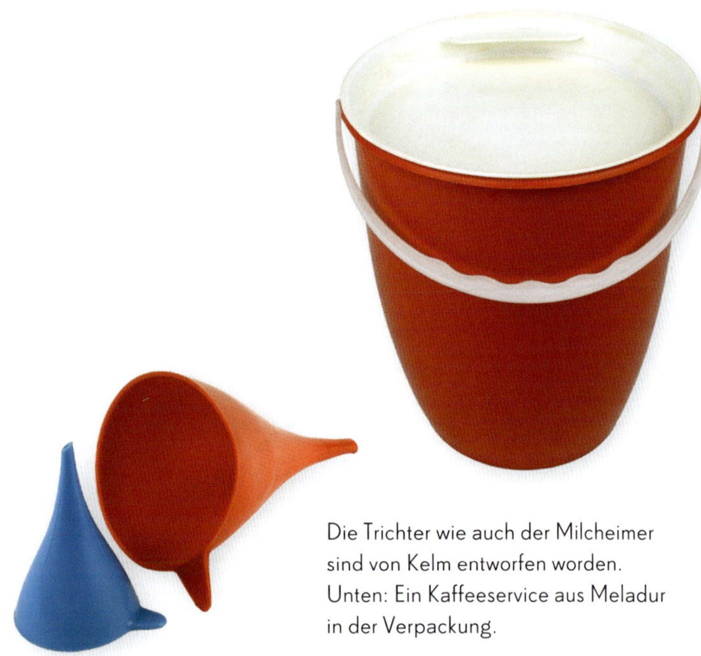

Die Trichter wie auch der Milcheimer sind von Kelm entworfen worden. Unten: Ein Kaffeeservice aus Meladur in der Verpackung.

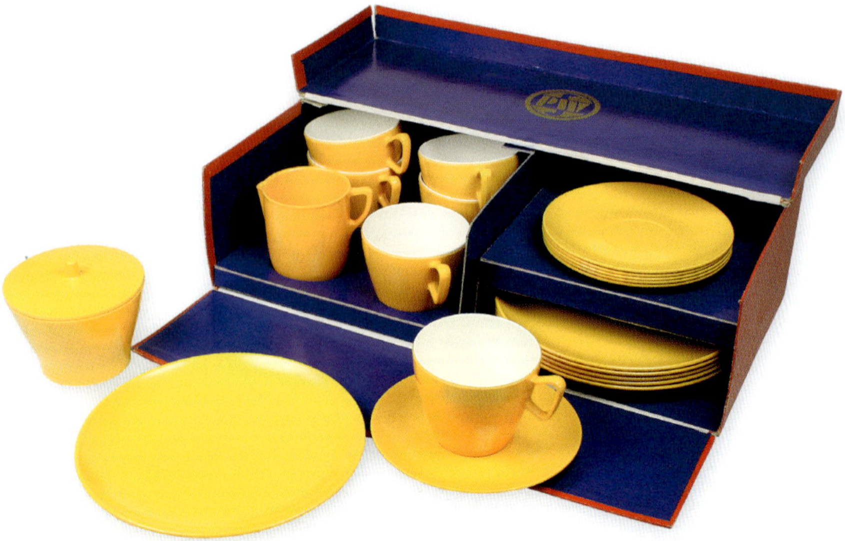

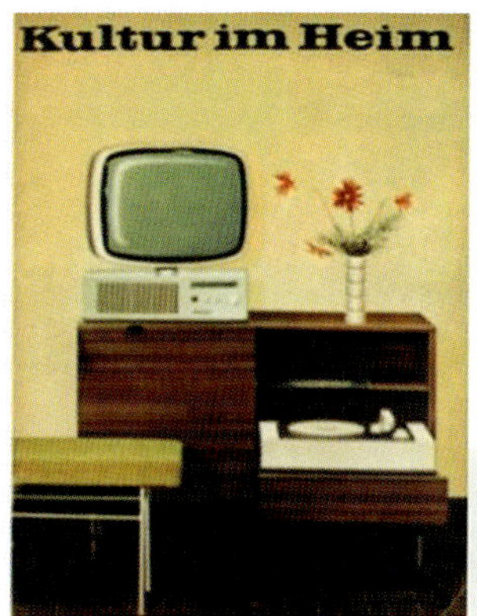

Kultur im Heim" Nr. 4/1964

Phono-Bausteinserie von **Jürgen Peters**
1. Entwurf 1962, veröffentlicht auf der
V. Deutschen Kunstausstellung in Dresden

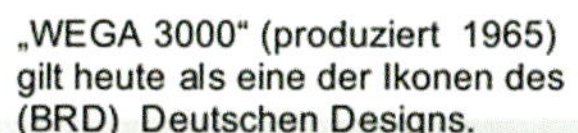
„WEGA 3000" (produziert 1965)
gilt heute als eine der Ikonen des
(BRD) Deutschen Designs.

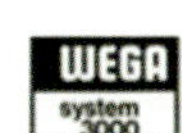

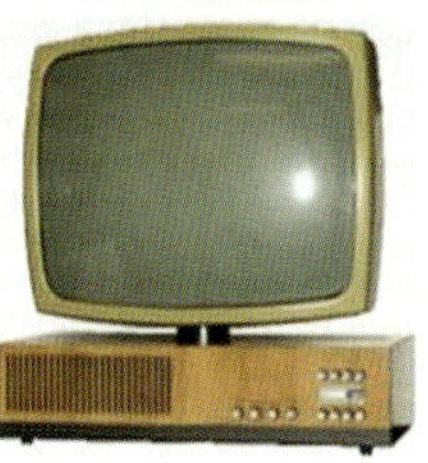

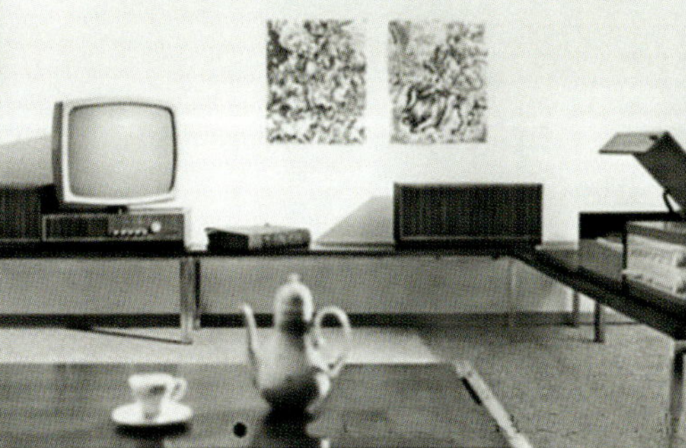

Die Phono-Bausteinserie von Kommilitone Jürgen Peters sorgte für Furore. Sie zeigte aber auch, dass sich die Entwicklungen in den beiden deutschen Staaten kaum unterschieden. Was Wunder: Sie hatten die gleichen Wurzeln. Mehr zur Frage »Wie weiter mit der Moderne im DDR-Design?« im folgenden Kapitel.

Kapitel 6

Die Sache mit Ulbricht und der Moderne

Von 1965 bis 1970 haben Sie eine externe Aspirantur am Institut für Gesellschaftswissenschaften – seit 1976 Akademie für Gesellschaftswissenschaften beim ZK der SED – im Bereich Kunst- und Kulturwissenschaften/Philosophie absolviert. Ihre Dissertation zum Thema »Produktgestaltung im Sozialismus« erhielt das Prädikat »magna cum laude«, »mit großem Lob«, was der Note 1 entsprach.

Bevor Sie sich aber an die Doktorarbeit machten, in der Zeit, als Sie das Institut für angewandte Kunst übernahmen, fand die V. Deutsche Kunstausstellung in Dresden statt. Dort wurde erstmals in größerem Umfang auch neues Industriedesign gezeigt, nachdem es bereits auf der IV. Kunstschau 1958 mit »Kunsthandwerk und Industrieform« eine eher bescheidene Präsentation gegeben hatte – auch Ihr Fernsehgerät »Atelier« war dort zu sehen. Bei der Eröffnung jener V. DDR-Kunstausstellung 1962 waren Sie als frisch inthronisierter Institutsdirektor zugegen. Und die Führungsspitze von Partei und Regierung war auch da. Was passierte da?

Staats- und Parteichef Walter Ulbricht führte den Eröffnungsrundgang an und gab hier und da deutlich sein Urteil ab. Er sagte, was ihm gefiel oder was nicht. Die weißen zylindrischen Vasen von Hubert Petras (1929–2010) gefielen ihm vernehmlich nicht. Sie seien »kalt, glatt, nichtssagend«, so Tage später das *Neue Deutsch-*

land. Abgeschnittene weiße Porzellanröhren hätten nichts mit Kunst zu tun, weil jede sinnlich-ästhetische Wirkung eliminiert sei. Das war eine vernichtende Kritik. Ich sah sofort Riesenprobleme auf mich zukommen als Direktor des Instituts für angewandte Kunst, der viel mit zeitgemäßer Formgestaltung vorhatte. Ich spürte: Wenn Ulbrichts Auffassung Staatsdoktrin würde, wären unsere Träume einer kulturell und ökonomisch wirkungsvollen Formgestaltung ausgeträumt. Deshalb widersprach ich ihm und antworte sinngemäß: Zylinder, Kugeln, Quader und andere geometrische Gebilde gehörten zu den Urformen frühester Menschheitskultur und hätten mit bürgerlichem Formalismus, den Ulbricht vernehmlich Petras unterstellte, nichts zu tun. Im Übrigen seien diese Formen von den Bürgern der DDR sehr gewünscht und zugleich Exportschlager.

Zur allgemeinen Überraschung hörte Walter Ulbricht schweigend zu. Er akzeptierte meine Intervention und erklärte, wenn ich das so gut wisse und erklären könne, solle ich beim Rundgang an seiner Seite bleiben und ihm auch die anderen Ausstellungsobjekte erläutern. Das tat ich natürlich. Am Ende hob Walter Ulbricht die Bedeutung der Formgestaltung für Wirtschaft und Kultur hervor, Formgestaltung müsse gefördert werden – er hatte begriffen und war klug und souverän genug, dies auch zu zeigen.

Trotzdem gab es ein Nachspiel in Gestalt eines die halbe Zeitungsseite füllenden Beitrages im Zentralorgan, Sie deuteten das bereits an. Für den Verriss unter der vernichtenden Überschrift »Hinter dem Leben zurück. Bemerkungen zur ›Industriellen Formgebung‹ auf der V. Deutschen Kunstausstellung«

zeichnete der Journalist Karl-Heinz Hagen verantwortlich. Wobei zu vermuten war, dass dies nicht die subjektive Sicht eines ND-Kulturredakteurs war. Er monierte eine generelle »Verarmung der künstlerischen Formen bis hin zum nackten Formalismus« und hatte dafür eine Erklärung: »Die Ursachen sind in erster Linie ideologischer Natur«.

Er brach den Stab über Hedwig Bollhagens mattschwarz glasiertes Mokka-Keramikservice und Lutz Rudolphs spartanische wie funktionell optimale Wohnraum-Stehleuchte »Kontrast«. Abfällig urteilte er über das Rundfunkempfänger-System »Stereo-72« von Jürgen Peters, das »in einem elektromedizinischen Therapieraum sich kaum von anderen Geräten unterscheiden und deshalb auch dorthin passen würde«. Aber im Zentrum der nachgeholten Formalismus-Attacke standen die Gefäße von Petras, mit denen auch der ND-Beitrag illustriert worden war. Selbst die Bildunterschrift signalisierte Verachtung: »›VASEN‹ nennt Hubert Petras aus Meißen diese weißen Porzellanröhren.«

Diese ideologische Unmutsbekundung des »Organs des Zentralkomitees« scheint im Gegensatz zu Ihrer Darstellung zu stehen, dass nämlich Ulbricht Ihren Widerspruch nachdenklich zur Kenntnis genommen habe. Hatte er auf dem Weg von Dresden nach Berlin einen Sinneswandel erlitten?

Die Erklärung ist ganz einfach: Der Genosse Hagen vom *ND* verließ den Schwarm um Walter Ulbricht auffallend schnell, nachdem er vermutlich meinte, genügend gesehen und vernommen zu haben. Als ich Walter Ulbricht meine Auffassung vortrug, war Hagen schon nicht mehr mit dabei. Es war in diesem Falle tatsächlich die subjektive Sicht eines Kritikers.

Wirklich? Dann muss man sich aber wundern, weshalb die Meinung eines einzelnen und eiligen Kulturredakteurs derart gravierende Folgen hatte. Hubert Petras zum Beispiel musste in der Folgezeit mit ansehen, wie seine weißen Zylindervasen mit farbigen Dekoren »geschmückt« wurden – bis hin zu Röslein rot plus Goldrand; Jürgen Peters' für die Serienproduktion bei RAFENA in Radeberg vorbereitete Audio-Phono-TV-Bausteinserie wurde aus dem Programm genommen …

Nach dem Hagen-Artikel setzte Kritik aus Künstler- und Besucherkreisen ein. Auch Sie reagierten in einem Beitrag, dass in der Ausstellung »die sichtbaren Fortschritte der Industrieformgestaltung in der Zeit zwischen der IV. und V. Deutschen Kunstausstellung ungenügend zum Ausdruck« gekommen seien und die Dresdner Ausstellung »einen zu engen Ausschnitt der tatsächlichen Leistungen auf dem Fachgebiet der Industrieformgestaltung« gezeigt habe. So wären »die guten Gestaltungsbeispiele aus dem Bereich von Maschinen und Geräten leider nur andeutungsweise gezeigt« worden. Das kann man als Selbstkritik lesen wie eben auch die Bemerkung, dass die kritisierten »sogenannten strengen Formen mit statischem Ausdruck nicht unkünstlerisch« wären, als verklausulierte Ablehnung der ND-Diktion. Ich verstand das damals, als junger Lehrer und Kunsterzieher, als Taktiererei und war vermutlich mit dieser Auffassung nicht der Einzige. Allerdings sind mir die Gründe für das Lavieren heute durchaus bewusst. Sie waren soeben zum Direktor des Instituts für angewandte Kunst berufen worden und konnten zudem die Entwicklung, an der Sie selbst aktiv beteiligt waren, nicht zur Disposition stellen.

Ich meine, dass die Entscheidung über die Geräte von Jürgen Peters und die überflüssige Dekorierung der

Vasen bei den obrigkeitshörigen Werkleitern lag. Es gab keinen politischen Beschluss, so zu verfahren.

Auf der nächsten DDR-Kunstausstellung, der VI., richtete sich übrigens der Unmut gegen die MDW-Möbelwand der Deutschen Werkstätten in Hellerau. Dem Tischler Walter Ulbricht missfiel sie beim Eröffnungsrundgang.

Die Möbelwand war das erste aus standardisierten Einzelelementen zusammenzubauende Möbelstück in der DDR. Entworfen hatten sie die an der Hallenser Burg Giebichenstein arbeitenden Gestalter Rudolf Horn und Eberhardt Wüstner.

An dem MDW-Ausstellungsstand versuchte der Chefkonstrukteur und stellvertretende Werkdirektor von Hellerau der Partei- und Staatsführung zu erklären, wie das serielle Möbelprogramm funktionierte und worin dessen Bedeutung bestand. Er kam aber nicht sehr weit mit seinen Darlegungen. Ulbricht kehrte seine frühere Profession heraus. Als Tischler wisse er, was der Bevölkerung gefalle, jedenfalls nicht eine solche Langeweile in Form von Bretterstapeln. Der völlig konsternierte Hellerauer Leiter, bis dahin stolz auf das Design-Vorzeigestück aus seinem Betrieb, schwieg betreten. Ich dachte bei mir: Wenn das jetzt hier wieder so ausgeht wie vor fünf Jahren, dann können wir alles vergessen, was wir mit der Entwicklung zeitgemäßer Formgestaltung in der DDR im Sinn haben.

So meldete ich mich zu Wort und legte Walter Ulbricht dar, worum es bei diesem Montage-Möbelprogramm des VEB Deutsche Werkstätten Hellerau gehe. Dass es auf die Bedürfnisse des Lebens in unseren Neubauwohnungen und auf deren Maße zugeschnitten sei, in diese Raumverhältnisse passten die traditionellen Repräsentationsmöbel allein schon wegen ihrer Größe einfach nicht. Im Übrigen seien inzwischen derart viele Vorbestellungen aus der Bevölkerung in den Hellerauer Spezialmöbelläden von Rostock bis Suhl eingegangen, dass der Betrieb mit der Produktion nicht nachkäme. Wenn die Mieter in den neuen Wohnungen ihre Bücher, Rundfunk- und Fernsehgeräte und sonstige Schaustücke unterbringen wollten, brauchten sie eine Möbelwand, die sie entsprechend ihren Vorstellungen zusammenbauen könnten. Außerdem bestehe auch Interesse im Ausland.

Und Ulbricht?

Akzeptierte. Das Thema war erledigt und die Formgestaltung gerettet.

Im Ausstellungsbericht des Neuen Deutschland *am 2. Oktober 1967 bekam die »Angewandte Kunst« sogar einen eigenen Absatz mit der Bemerkung: »Aufmerksamkeit verdienen auch drei Varianten des MDW-Möbelprogramms aus Hellerau, die aus einem Wettbewerb hervorgegangenen neuen Tapetenmuster sowie geschmackvolle Bestecke und Glas-, Porzellan- und Steingutservices.«*

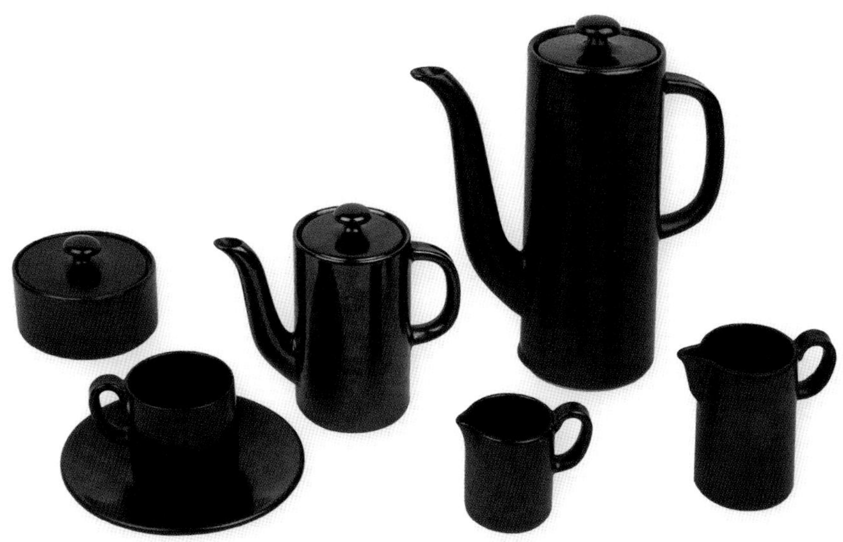

Ein Kulturredakteur des Zentralorgans brach den Stab über Hedwig Bollhagens mattschwarz glasiertes Mokka-Keramikservice, das auf der V. Deutschen Kunstausstellung 1962 in Dresden gezeigt wurde.

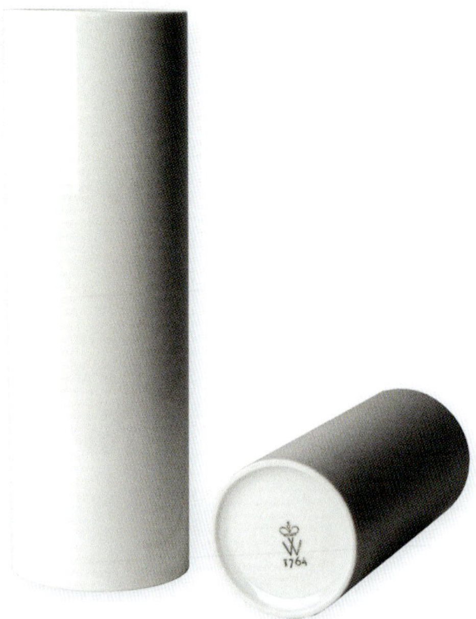
1764

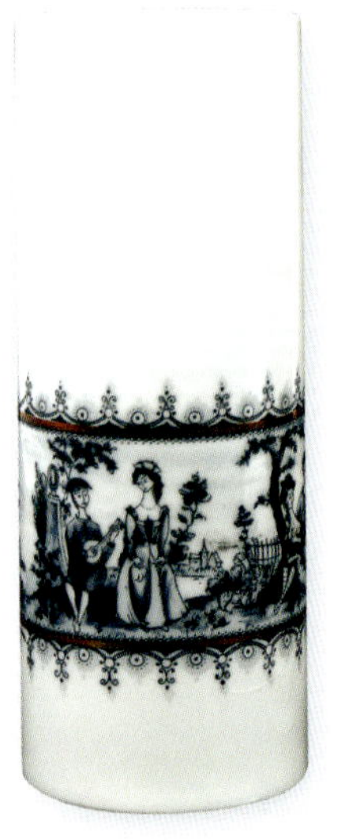

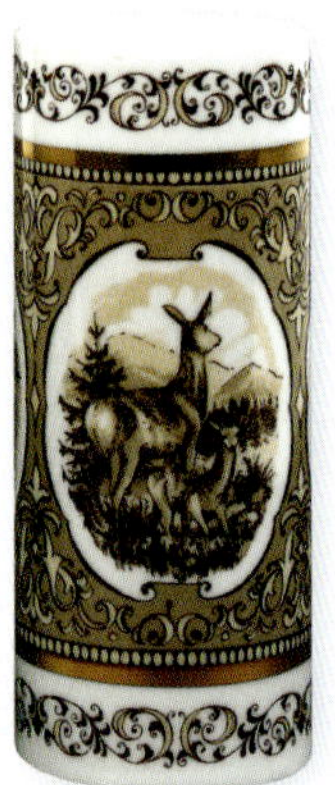

Hinter dem Leben zurück

Bemerkungen zur „Industriellen Formgebung" auf der V. Deutschen Kunstausstellung

Die V. Deutsche Kunstausstellung in Dresden ist für die Bevölkerung der DDR ein bedeutsames nationales Ereignis. Täglich drängen sich im Albertinum die Menschen vor den Werken der Malerei, Grafik und Plastik. Das feste Bündnis, das unsere bildenden Künstler nach dem V. Parteitag und der Bitterfelder Konferenz mit den Arbeitern und Genossenschaftsbauern geschlossen haben, zeitigt jetzt erste Früchte in einer Kunst, die vom Volk verstanden und anerkannt wird, an der das Volk mit ganzem Herzen Anteil nimmt – nicht nur betrachtend, sondern auch – das zeigt die bedeutungsvolle Ausstellung in der Dresdner Stadthalle – selbst künstlerisch schaffend.

Die V. Deutsche Kunstausstellung hat mit der Malerei, Plastik und Grafik, der angewandten Kunst und dem künstlerischen Volksschaffen bewiesen, daß der Bitterfelder Weg unsere Kunst von vielen wesentlichen Hemmnissen bürgerlicher Dekadenz und dogmatischer Enge befreit hat. Vor unseren bildenden Künstlern breitet sich ein weites Feld für sozialistisch-realistisches Schaffen aus.

Nicht die gleiche Feststellung kann man von der Ausstellung „Industrielle Formgebung" im Johanneum treffen. Das liegt einmal daran, daß sie keinen Überblick über das Beste gibt, was auf diesem Gebiet zur Zeit in der DDR hergestellt wird. Der Ausschnitt aber, der dort gezeigt wird, beweist, daß die im Verband Bildender Künstler zusammengeschlossenen industriellen Formgestalter hinter den übrigen Künstlern zurückgeblieben sind, ja, daß sie im Grunde auf Positionen des Formalismus verharren.

Die Jury, unter Vorsitz von Prof. Horst Michel, hat die Auswahl unter den eingereichten Exponaten so getroffen, daß Erzeugnisse, deren kühl-nüchterne Formen ... Stühle sind vielleicht als Speisezimmerstuhl (alten bürgerlichen Stils) zu verwenden, denn man kann auf ihnen nur kurze Zeit sitzen. Sie erfüllen ihren Zweck unvollkommen, weil nur wenige Menschen sich bei uns ein gesondertes Speisezimmer kaufen. In der Form sind die Stühle häßlich. Viele Modelle unserer volkseigenen Möbelindustrie, die sich schon im Handel befinden, sind formschöner und bequemer als die asketischen Stühle von Föltsche und Großmann, die jeder Arzt als der Gesundheit abträglich bezeichnen würde.

Asketisch nicht von der Form her, sondern durch die kalte schwarz-weiße Bemalung, wirken auch die Sessel von Fritz Kühn und die Tischleuchte von Lutz Rudolph. Hartkantig, geometrisch hat Jürgen Peters sein Radiogerät Stereo-72 geformt, das in einem elektromedizinischen Therapieraum sich kaum von anderen Geräten unterscheiden und deshalb auch dort hineinpassen würde. Aber eine Wohnung ist doch kein Labor. Ist die Jury wirklich der Meinung, daß eine derartige „Versachlichung" der Wohnsphäre übereinstimmt mit dem optimistischen Lebensgefühl des sozialistischen Menschen?

Trübe Quellen

Überschaut man die Exponate, so herrscht der Hang zum kalten Ästhetizismus, zu farbloser Eintönigkeit und Verarmung der künstlerischen Formen bis zum nackten Funktionalismus vor. Diese harte Bilanz ziehen zu müssen, ist um so schmerzlicher, als die meisten unserer Formgestalter den besten Willen haben, für unser Volk Gutes zu leisten. Und es gibt genügend Beispiele für hervorragende Leistungen, die unserer Volkswirtschaft sehr genützt haben und noch nützen. Im Zusammenhang mit der Ausstellung im Johanneum aber kommt es ... sollen, noch warnt er vor dem Abgleiten in die bürgerliche Dekadenz. Vom Kitsch der Gründerjahre hat der Verfasser eine sehr klare Vorstellung. Unklar sind aber seine Vorstellungen über die Rolle der bürgerlichen Dekadenz, von der er kritiklos einige Methoden als Medium gegen den Kitsch übernimmt und kultiviert.

Das widerspricht dem Weg, den unsere Partei auf dem V. Parteitag den Künstlern gewiesen hat. Das widerspricht den Erfahrungen unserer Maler, Grafiker und Bildhauer, die auf diesem Weg den Kitsch überwunden und die bürgerliche Dekadenz geschlagen haben.

Nun ist es nicht so, daß alle Industrieformgestalter die Bitterfelder Beschlüsse ignorieren. Die meisten von ihnen arbeiten eng mit Produktionsbetrieben zusammen und sind einfach durch die Praxis von der Richtigkeit des Bitterfelder Weges überzeugt worden. Sie kommen zum Arbeiter nicht als „Kulturbringer" oder als „Erzieher", sondern lernen vom Arbeiter genauso wie der Arbeiter von ihnen lernt. Das wird auch im Johanneum in einigen Exponaten sichtbar, die durch Formschönheit und Zweckmäßigkeit hohen Ansprüchen genügen. Dazu darf man das Spielzeug aus Sonneberg, die Geflügelschere von Lutz Rudolph, das Jenaer Glasgeschirr von Ilse Decho, die Kunststoffgeschirre von Heinz Barth, die Deko-Stoffe von Gerlind Knebel und den Stuhl von Horst Michel zählen.

Aber ist nicht bezeichnend, daß Hedwig Bollhagen – bekannt als Formerin der geschmackvollsten, in frohen Farben gehaltenen Kaffeeservice – auf der Ausstellung nur mit einem Kaffeegeschirr in Schwarz vertreten ist? Sie kannte offensichtlich ihre Pappenheimer in der Jury und richtete sich danach. In diesem kleinen Beispiel spiegelt sich die politisch-künstlerische Misere der Ausstellung in ihrem ganzen Ausmaß.

Was ist zu tun?

Vor kurzem wurde beim Ministerium für Kultur ein Rat für Industrieform gebildet. Die Statuten enthalten alle Grundsätze, deren Durchführung unserer industriellen Formgebung eine lebendige Entwicklung sichert. Der Leiter der Abteilung Bildende Kunst im Ministerium für Kultur, Karl-Heinz Maetzke, der natürlich auch für die geschilderten Erscheinungen in der industriellen Formgebung bestimmte Verantwortung trägt, sollte vor der Leitung und der Parteiorganisation des Ministeriums darlegen, wie die schädlichen Tendenzen in der industriellen Formgestaltung und in den Kunstschulen so schnell und so gründlich wie möglich überwunden werden.

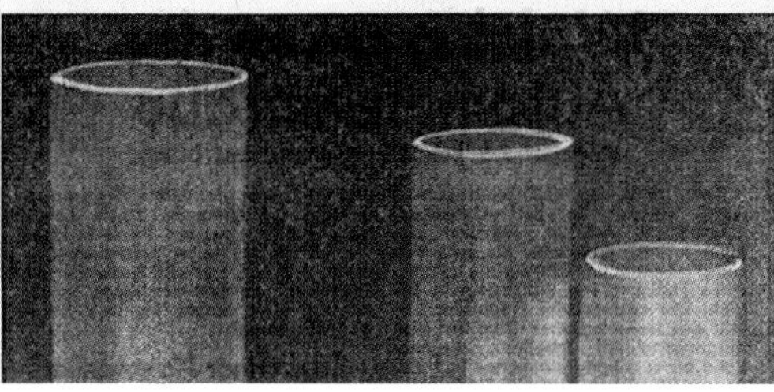

Verriss im *Neuen Deutschland*: Die weißen zylindrischen Vasen von Hubert Petras gefielen vernehmlich nicht. Sie seien »kalt, glatt, nichtssagend« und keine Kunst. Deshalb wurden sie künftig mit kitschigen Dekoren verziert.

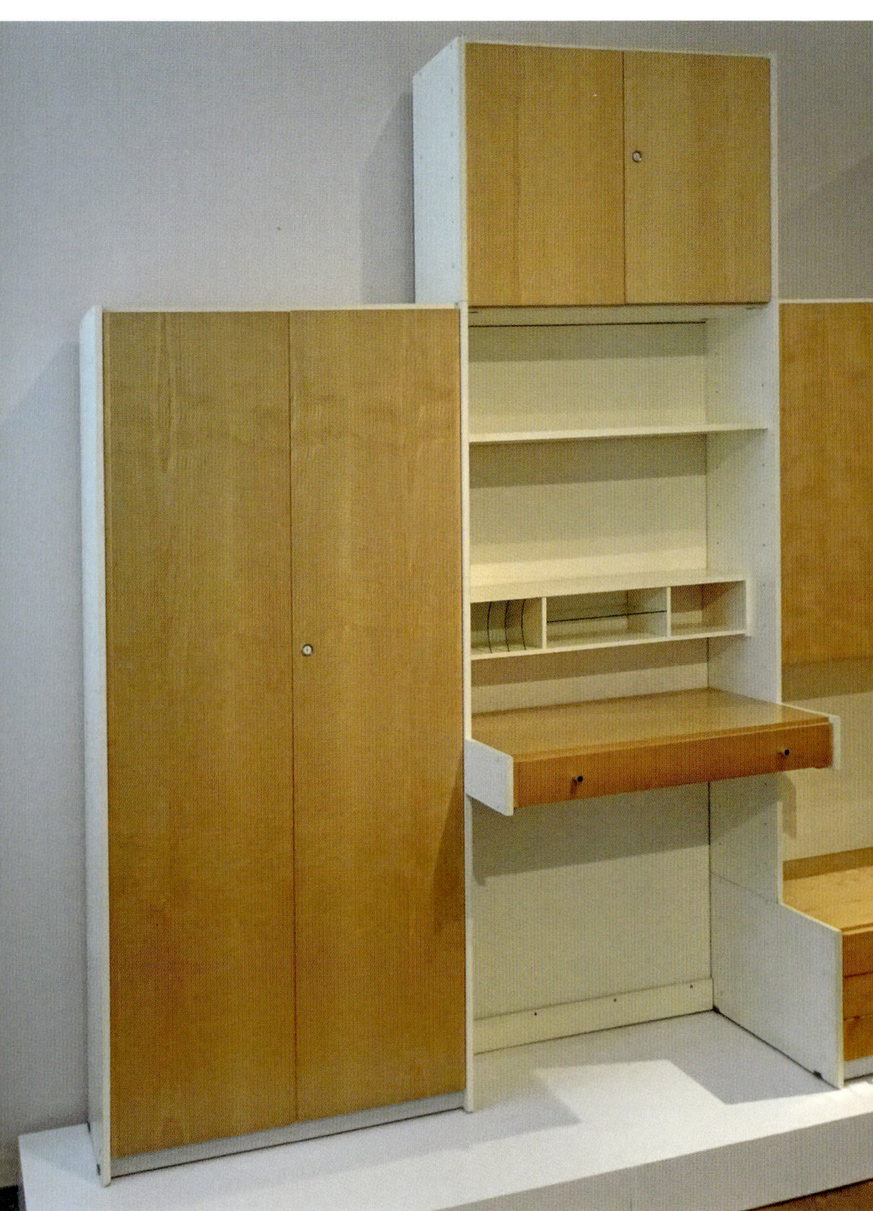

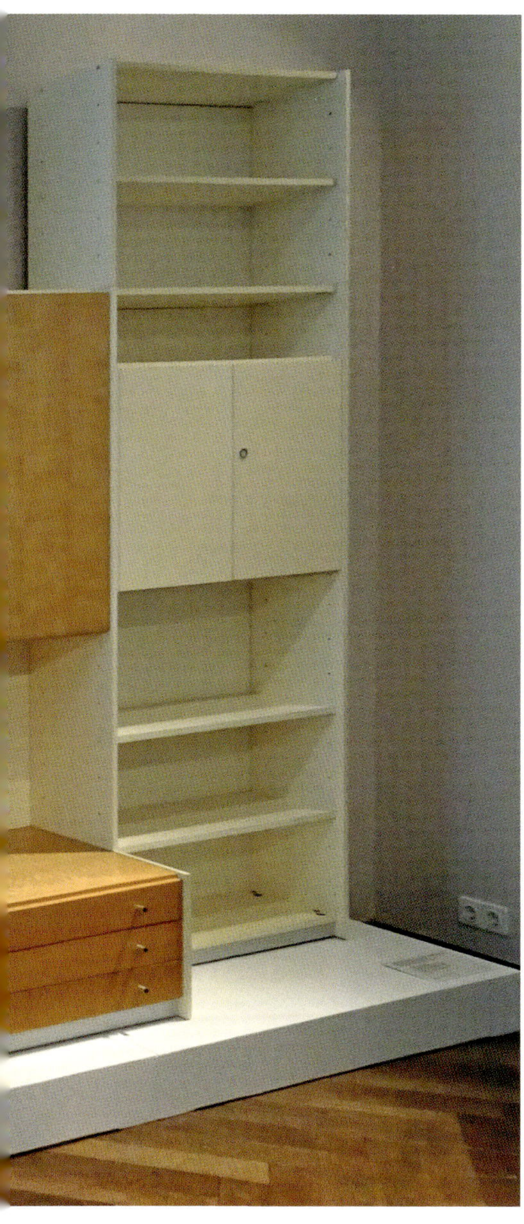

Die Möbelwand aus Hellerau war das erste aus standardisierten Einzelelementen zusammenzubauende Möbelstück in der DDR. Entworfen hatten sie die an der Hallenser Burg Giebichenstein arbeitenden Gestalter Rudolf Horn und Eberhardt Wüstner.

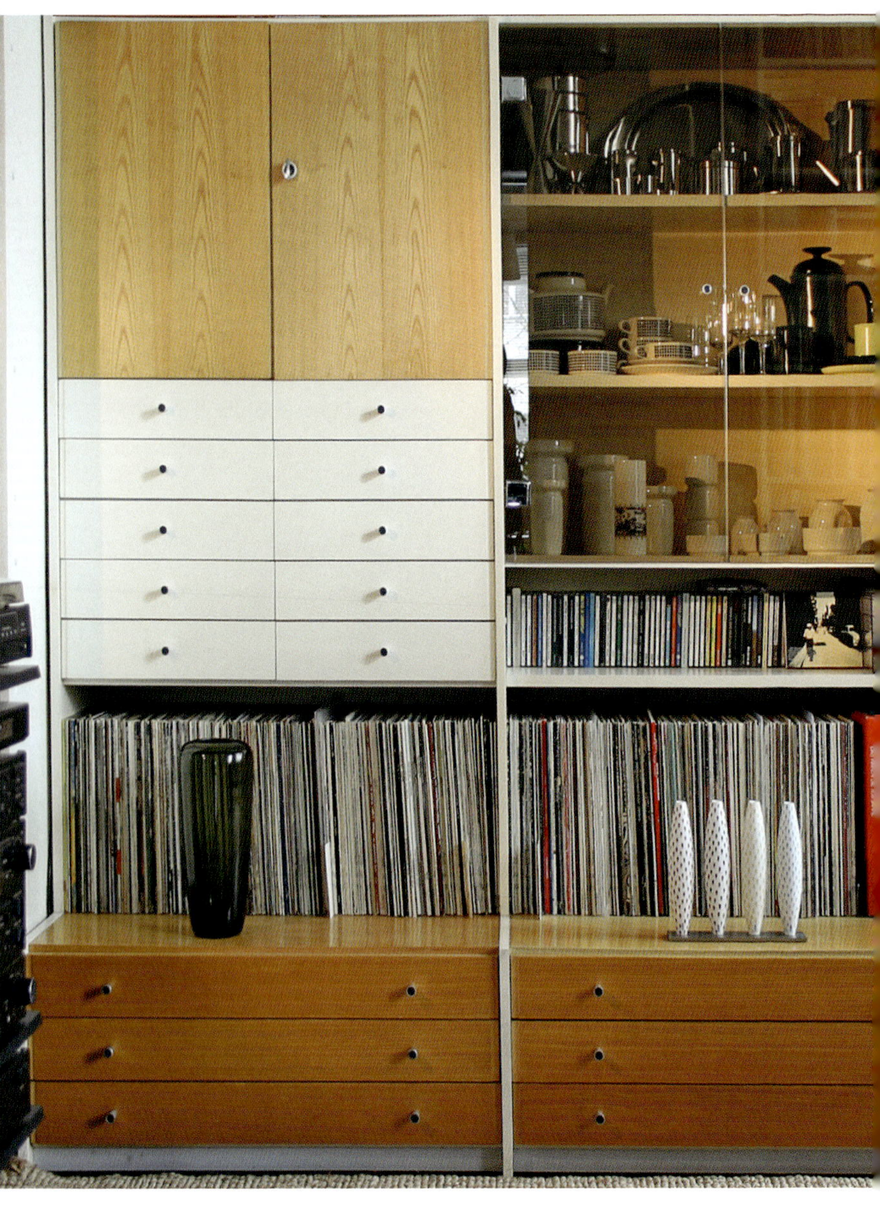

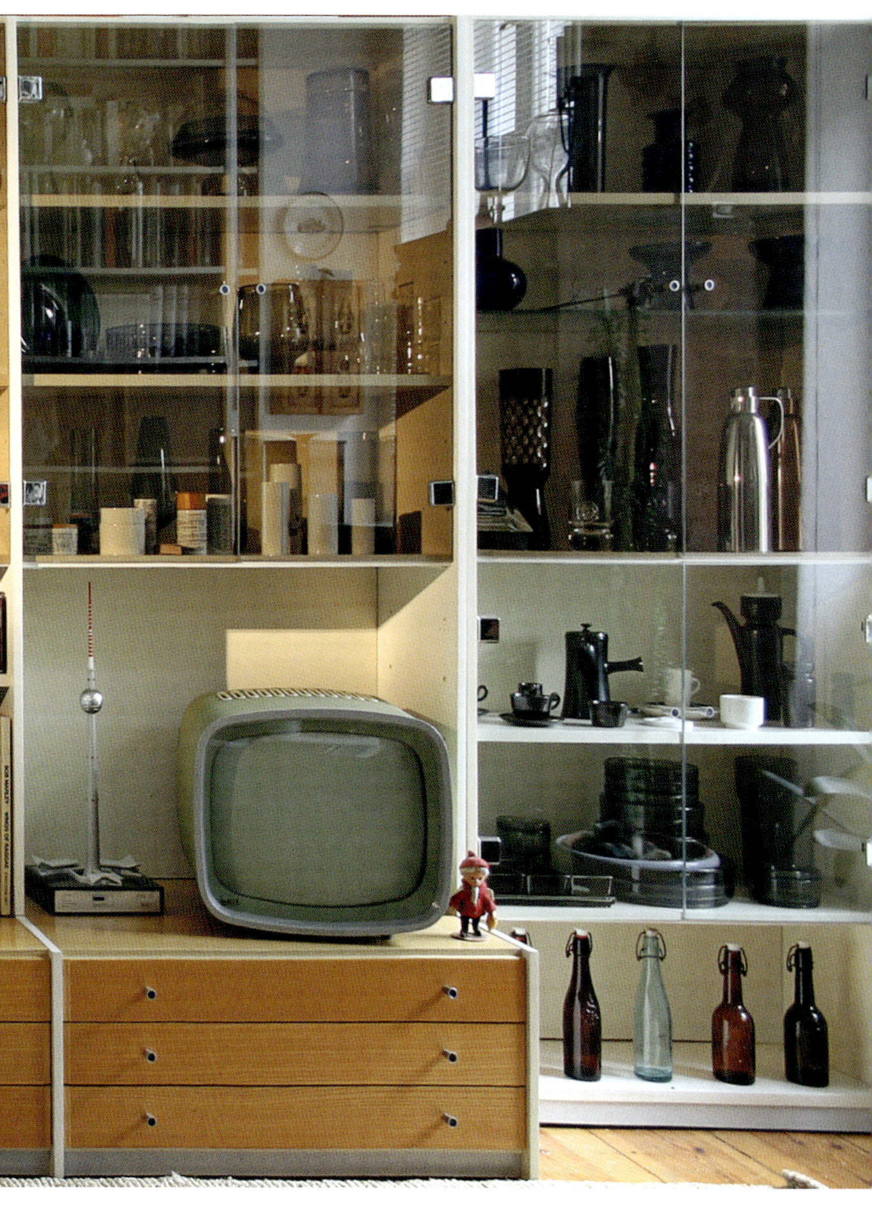

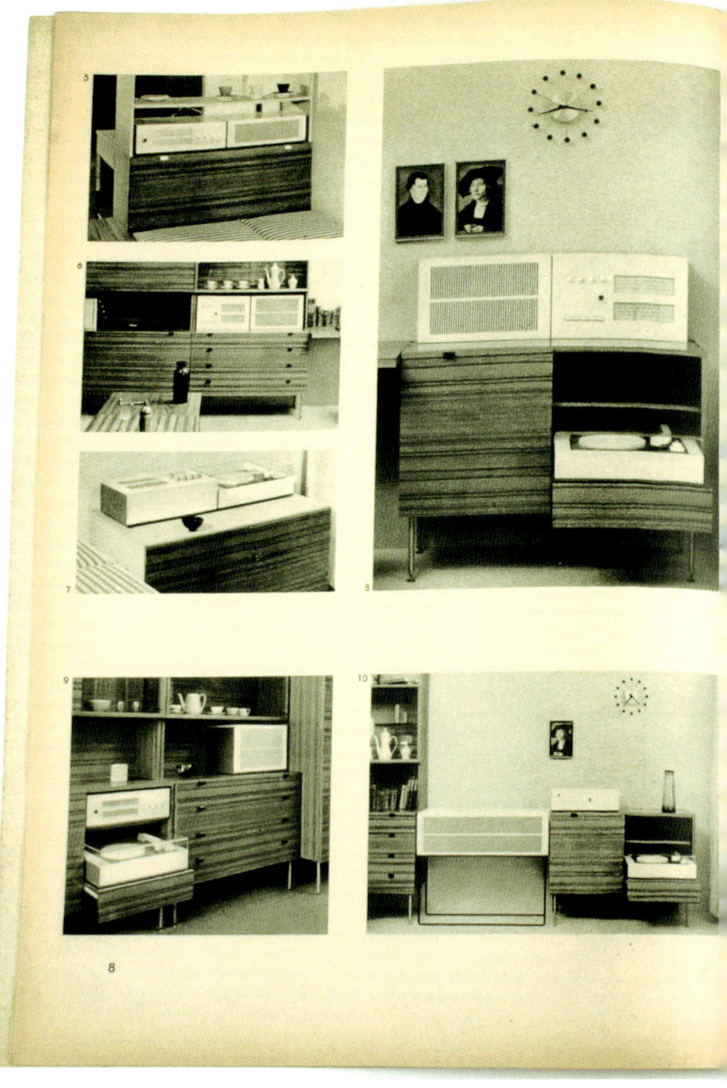

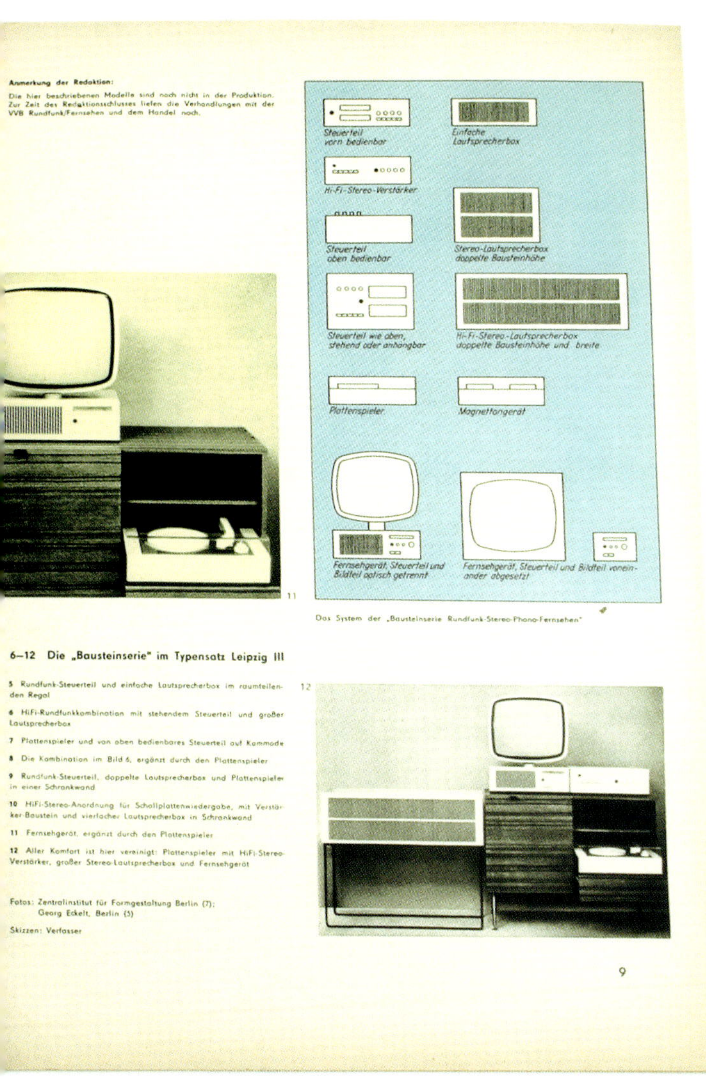

Anmerkung der Redaktion:

Die hier beschriebenen Modelle sind noch nicht in der Produktion. Zur Zeit des Redaktionsschlusses liefen die Verhandlungen mit der VVB Rundfunk/Fernsehen und dem Handel noch.

11

Das System der „Bausteinserie Rundfunk-Stereo-Phono-Fernsehen"

6–12 Die „Bausteinserie" im Typensatz Leipzig III

5 Rundfunk-Steuerteil und einfache Lautsprecherbox im raumteilenden Regal

6 HiFi-Rundfunkkombination mit stehendem Steuerteil und großer Lautsprecherbox

7 Plattenspieler und von oben bedienbares Steuerteil auf Kommode

8 Die Kombination im Bild 6, ergänzt durch den Plattenspieler

9 Rundfunk-Steuerteil, doppelte Lautsprecherbox und Plattenspieler in einer Schrankwand

10 HiFi-Stereo-Anordnung für Schallplattenwiedergabe, mit Verstärker-Baustein und vierfacher Lautsprecherbox in Schrankwand

11 Fernsehgerät, ergänzt durch den Plattenspieler

12 Aller Komfort ist hier vereinigt: Plattenspieler mit HiFi-Stereo-Verstärker, großer Stereo-Lautsprecherbox und Fernsehgerät

Fotos: Zentralinstitut für Formgestaltung Berlin (7); Georg Eckelt, Berlin (5)

Skizzen: Verfasser

12

9

Im *Neuen Deutschland* 1962 scharf kritisiert, 1964 in der DDR-Zeitschrift »Kultur im Heim« gefeiert – aber nie produziert: die Audio/TV-Bausteinserie des Designers Jürgen Peters.

Kapitel 7

Mission Bauhaus

Die DDR tat sich zumindest in der ersten Hälfte ihrer Existenz mit dem Bauhaus-Erbe schwer. Obgleich doch viele Designer dort anknüpften. Das MDW-Möbelprogramm war nichts anderes als die Bauhaus-Linie »Moderne für den Volksbedarf«. Später änderte sich das Verhältnis. In den sechziger Jahren erschienen erste Publikationen, fanden erste Ausstellungen statt. Mitte der siebziger Jahre gab es das erste internationale Bauhaus-Kolloquium in Weimar, das im wesentlichen auf den »Ständigen Arbeitskreis Bauhausforschung in der DDR« zurückging, und das Gebäude in Dessau wurde restauriert, 1980 würdigte eine Briefmarkenserie die Einrichtung aus der Weimarer Republik … 2019 feierte die Bundesrepublik das 100-jährige Jubiläum des Bauhauses. Die Ehrungen und Würdigungen ließen keinen Aspekt und keinen Namen aus, es war bombastisch. Jedoch: Die Bauhaus-Rezeption der DDR, Ihr Beitrag zu Rekonstruktion und die praktische Fortsetzung der dort begonnenen Entwicklung bis 1990 fand so gut wie keine Erwähnung. Wie erklären Sie sich das?

Entweder kannte man unseren Beitrag nicht – das wäre eine mögliche, wenn auch nicht entschuldbare Erklärung –, oder unsere Leistungen wurden bewusst ignoriert. Das scheint mir eher der Fall gewesen zu sein.

Wir sollten uns noch einmal der Tatsachen erinnern.

Während meiner Studienzeit in Berlin-Weißensee, in der Spätphase der Formalismusdebatte, im Frühjahr

1955, gab es eine Baukonferenz, zu der Hans Gutheil und ich von der Hochschulleitung als FDJ-Aktivisten delegiert wurden. Wir sollten dort, in der Sporthalle an der Stalinallee, über unsere Vorhaben berichten. Walter Ulbricht war als Hauptredner angekündigt, und wir fürchteten, dass er gegen das Bauhaus wettern würde. Hans Gutheil als angehender Architekt und Schüler Selman Selmanagićs würde als erster von uns beiden reden. Hans Gutheil erntete statt Beifall Geraune, und ich kam als Nächster dran. Am Ende meiner studentischen Selbstverpflichtung sagte ich: »Es sind hier Stimmen zum Bauhaus laut geworden, zu denen ich etwas sagen möchte. Ich weiß noch nicht allzu viel vom Bauhaus, aber so viel weiß ich: dass es dort eine Reihe von Kommunisten gab, die von den Faschisten verfolgt wurden. Und als das Bauhaus von den Nazis geschlossen wurde, haben sie es als ›Brutstätte des Bolschewismus‹ gebrandmarkt. Ich verstehe als Student in der DDR und als Genosse nicht, dass ausgerechnet wir gegen das Bauhaus auftreten. Was dort fachlich geleistet wurde, wird für mich immer als vorbildlich gelten.« Es gab wieder Geraune im Saal, und ich dachte, das wird's wohl nun mit unserem Studium gewesen sein. Aber nichts passierte. Gar nichts. Danach hörten wir nur, dass es im Politbüro eine heftige Auseinandersetzung gegeben haben soll, und die sei als Patt in der Bauhaus-Frage ausgegangen. Dabei blieb es auch, und diese sogenannte Formalismusdebatte klang dann mehr und mehr aus.

Wir sollten allerdings noch hinzufügen, dass diese Baukonferenz nicht die Haltung zum Bauhaus klären sollte, sondern dass es zehn Jahre nach Kriegsende an Wohnungen mangelte, weshalb das Thema der Zusammenkunft »Besser, schneller und billiger bauen!« lautete. Es ging um die Industrialisierung des Bauwesens. »Unsere Architekten und Städtebauer müssen die Architektur als Einheit von Technik, Wissenschaft und Kunst sehen«, sagte Ulbricht, sie müssten aber zugleich »die großen Leistungen der deutschen Baumeister in Ehren halten und eine fortschrittliche Architektur entwickeln«. Nichts dagegen zu sagen. Doch die Frage war, was unter »fortschrittlicher Architektur« zu verstehen war. Was verstand Ulbricht darunter, was verstanden darunter etwa Architekten, die die Ideen der Bauhäusler aufgriffen? Grundsätzlich aber muss man festhalten, dass dieser Baukonferenz im Jahr zuvor eine Allunionskonferenz der Bauschaffenden in Moskau vorangegangen war. Dort hatte Nikita Chruschtschow die Repräsentations-Architektur von Stalin kritisiert und damit den Weg zu einer modernen sozialistischen Architektur eröffnet. Das schlug nun auch Wellen in Berlin ... Kann man sagen, dass die Hinwendung zu »nationalen Traditionen«, die Ulbricht forderte, die Aufmerksamkeit auch gegenüber dem Bauhaus erhöhte? Welchen Beitrag dazu rechnen Sie sich selbst an?

Mein Anteil an der Rehabilitierung des Bauhauses ist nicht mit wenigen Worten zu schildern. Denn vieles, was zur Wiedereröffnung des Bauhausgebäudes in Dessau führte, musste behutsam-taktisch angegangen werden.

Ab wann war für Sie die nachdrückliche Ehrenrettung des Bauhauses relevant?

Es war in der Mitte meiner vier Jahre währenden Instituts-Zeit an der Hochschule in Halle, als ich wieder einmal mit Professor Engemann zusammensaß. Er erzählte von seiner Zeit am Bauhaus, er war ja nicht nur Architekturlehrer in Dessau, sondern, wie schon angemerkt, auch Stellvertreter des Direktors gewesen. Dabei kam er auf den maroden Zustand des Dessauer Bauhausgebäudes zu sprechen und schlug mir vor, gemeinsam in seinem Auto dorthin zu fahren. Er zeigte mir Unterlagen und Fotografien aus seinem Privatarchiv über das von Walter Gropius 1925/26 errichtete Haus, und dann haben wir einen ganzen Tag dort verbracht, inmitten vieler Berufsschüler jeden Alters, die damals in dem 1945 beschädigten und heruntergekommenen und wieder notdürftig aufgebauten Haus unterrichtet wurden. Mit den Zeichnungen und Bildern, die mir Engemann zeigte, hatte das gegenwärtige Gebäude kaum noch etwas zu tun. Die bei einem Bombenangriff zerstörte Glasfassade zum Beispiel war einfach zugebaut und mit kleinen Fenstern versehen worden. Mauern zerbröselten im Regen, die einigermaßen nutzbaren Räume waren notdürftig für den Schulunterricht hergerichtet worden. »Meinst du nicht auch, dass das nicht so bleiben kann, dass dieses Haus seine Geschichte, seine Würde zurückbekommen sollte?«, fragte mich Engemann.

Ich pflichtete ihm bei, eine Rekonstruktion war dringend nötig. – »Aber ich kann mich da nicht engagieren«, erklärte er mir. »Als ehemaliger Bauhäusler kann ich mich dafür nicht einsetzen, meine Position als Professor und Leiter der Abteilung Architektur wäre überdies in Gefahr.« Das war 1960 und die Formalismusdebatte, in der das Bauhaus als Ausfluss bürgerlich-idealistischer Dekadenz diskreditiert wurde, noch nicht vorüber.

Friedrich Engemann sah in mir den richtigen Mann, Bewegung in die Sache zu bringen, ich war kein Bauhäusler, also unbelastet und unverdächtig, und er hatte gesehen, wie ich die Formgestaltung in Halle etabliert habe.

Wir fuhren nach Halle zurück, ich beladen mit den Worten Engemanns. Dann hatte ich erst einmal vorrangige andere Aufgaben zu lösen. Das Bauhaus geriet zunächst in die zweite Reihe meines Denkens. Bis ich zwei Jahre später ans Institut für angewandte Kunst nach Berlin kam und Hanna Schönherr – wir sprachen bereits darüber – mir Material zum Bauhaus besorgte. Sie legte mir als erstes etwas gerade Erschienenes vor: aus der Sowjetunion! Was mich sehr überraschte. Es handelte sich um eine interne deutsche Übersetzung eines in der Moskauer Zeitschrift »Dekorative Kunst« erschienenen zweiteiligen Artikels mit dem Titel »Das schöpferische Erbe des Bauhauses 1919–1933«. Wir entschieden: Das muss sofort auch und erst recht hier unter die Leute! Ein paar Monate später erschien der Text als Heft 1 in der vom Institut unter meiner Leitung neu herausgegebenen »Studienreihe Angewandte Kunst Neuzeit«. Mir war diese Veröffentlichung 1963 auch deshalb wichtig, weil sie gegenüber den Bauhausgegnern klar beschrieb, von wem und warum das Bauhaus 1933 in Berlin-Steglitz – vertrieben aus Dessau auf Antrag der dortigen NSDAP im August 1932 – geschlossen wurde.

Ich besitze dieses Heft und fand den Hinweis auf Seite 1 bemerkenswert: »Das Institut für angewandte Kunst, Berlin, ist bemüht, durch Veröffentlichungen die Lücken zu schließen, die das Gebiet der angewandten Kunst bei uns noch aufzeigt.« Und: »Wir bitten um Stellungnahme unserer Kunstwissenschaftler und Künstler und um Leserzuschriften zu diesem Beitrag.« Jürgen Peters hat mir 2006 das Exemplar geschenkt und dazu bemerkt, diese Schrift habe sich damals unter Künstlern und Gestaltern wie ein Lauffeuer ausgebreitet und ein befreites Aufatmen hervorgerufen. – Gut vier Jahre später gab es die erste sehr kundig zusammengestellte Ausstellung mit Bauhaus-Sachzeugnissen in Dessau – allerdings im Georgium und nicht im Bauhaus, das noch immer als Schule genutzt wurde.

Ich hatte Hanna Schönherr beauftragt zu eruieren, ob nicht auch in der DDR Manuskripte zum Bauhaus vorlägen, die man veröffentlichen könnte. Wenig später machte sie mich auf den Kunsthistoriker Lothar Lang (1928–2013) aufmerksam. Dieser hätte zum Thema Bauhaus recherchiert, sagte sie und meinte, den könnte man vielleicht als Autor gewinnen. Ich drängte auf Eile, das Ganze dürfe sich nicht jahrelang hinziehen, wir müssten die Gunst der Stunde nutzen. Und das Buch solle so geschrieben sein, dass es nicht nur Gestalter und Künstler interessiere.

Lothar Lang beeilte sich sehr – 1965 erschien es als zweite Publikation der Studienreihe unseres Instituts …

… das inzwischen umbenannt worden war in »Zentralinstitut für Formgestaltung«.

Ja. Langs Publikation erschien also als Heft 2 der Studienreihe Angewandte Kunst und hieß schlicht: »Das Bauhaus 1919–1933. Idee und Wirklichkeit«. Im Jahr darauf verlegten wir eine 2. erweiterte Auflage.

Wir hatten bei der Autorensuche auch an den Kunsthistoriker Karl-Heinz Hüter gedacht, von dem wir wussten, dass er schon seit geraumer Zeit in der Weimarer

Bauhausgeschichte und auf den Spuren von Henry van de Velde unterwegs war, aber Hanna Schönherr bezweifelte, dass Hüter – Jahrgang 1929 – sich dem Zeitdruck beugen würde, seit 1963 arbeitete er an der Bauakademie in Berlin.

Karl-Heinz Hüters Buchmanuskript »Das Bauhaus in Weimar« war 1966 bereits fertig, nachdem er zehn Jahre daran gearbeitet hatte. Allerdings beging er einen fatalen Fehler – er schickte das Manuskript des Buches, das im DDR-Kunstverlag Henschel erscheinen sollte, zur privaten Begutachtung an den in den USA lebenden ehemaligen Gründungsdirektor Walter Gropius, der ihm begeistert antwortete: »You can hardly imagine what a strong impression your book had made on me.« (»Sie können sich nicht vorstellen, welch starken Eindruck Ihr Buch auf mich gemacht hat.«) Hüter wurde wegen des »Westkontaktes« dienstlich zur Verantwortung gezogen und die Drucklegung des Buches gestoppt. Henschel gab die Rechte an Hüter zurück, es erschien zehn Jahre später im Akademie-Verlag.

Das war 1976. Im Dezember öffnete das rekonstruierte Dessauer Bauhausgebäude – anlässlich seiner Fertigstellung fünfzig Jahre zuvor – seine Türen. Karl-Heinz Hüter, ein sehr stiller Mann, der nie in die erste Reihe drängte, führte auf meine Bitte Ise Gropius, die Witwe des 1969 verstorbenen Walter Gropius, durch das Haus. Er besaß ein wesentlich profunderes Bauhaus-Wissen als die meisten von uns.

Ich frage direkt: Wie groß war Ihr Anteil an der Wiederentdeckung des Bauhauses? Oder noch deutlicher formuliert: an der

Überwindung der ganz offenkundig ideologisch motivierten Ablehnung der Bauhauses?

Nun ja, einiges habe ich schon getan, auch wenn ich davon nie viel Aufhebens gemacht habe. Das fing mit dem Erscheinen des Buches von Lothar Lang an. Auf Hanna Schönherrs Empfehlung schickte ich es wichtigen Entscheidungsträgern, die ich als Verbündete in Sachen Bauhaus gewinnen wollte: Erich Honecker, Günter Mittag und Horst Sindermann, an Gerhard Schürer, den Vorsitzenden der Staatlichen Plankommission, und seinen Stellvertreter Helmut Lilie, an den Minister für Kultur Klaus Gysi …

Warum Honecker? Der gehörte zwar seit 1958 dem Politbüro an, war dort aber verantwortlich für Militär- und Sicherheitsfragen, deshalb auch Sekretär des Nationalen Verteidigungsrates. Gut, er hatte im Dezember 1965 auf dem 11. ZK-Plenum ein durchaus tendenziell kulturpolitisches Referat gehalten …

Erich Honecker galt als Stellvertreter Walter Ulbrichts in der Partei und als sein potenzieller Nachfolger und hatte somit erheblichen Einfluss. Aber es gab auch eine persönliche Verbindung. Meine Frau Elli, damals noch mit Mädchennamen Suhr, hatte in Wismar eine Lehre als Sekretärin beim dortigen Arbeitsgericht gemacht und danach in der dortigen SED-Kreisleitung gearbeitet. Dann holte sie die Abteilung Landwirtschaft des ZK der SED nach Berlin, wo sie alsbald Sekretärin beim zuständigen ZK-Sekretär für Landwirtschaft wurde. Das war bis 1960 Erich Mückenberger, danach Gerhard

Grüneberg. Elli stand in dem Ruf, eine sehr verantwortungsvolle, zuverlässige und organisatorisch besonders begabte Büro-Frau zu sein. Erich Honecker machte sie irgendwann zur Leiterin seines Sekretariats.

Dieser Tatbestand führte zur Spekulation, dass ich in meine leitenden Positionen bis hin zum Staatssekretär 1972 durch Protektion gekommen sei. Solche Behauptungen wurden nach 1990 in verschiedenen Medien verbreitet. Zu meiner Überraschung waren unter jenen, die solches behaupteten, ehemalige Kollegen und Genossen, die mir aus DDR-Zeiten eher durch ihre servile Haltung in Erinnerung waren.

Das ist mir bekannt. Ich fragte aber nach Honecker und warum Sie ausgerechnet auch ihm das Buch über das Bauhaus geschickt hatten, weil ich vermutete, Sie kalkulierten dabei vielleicht seine wachsende Bedeutung in der politischen Hierarchie des Landes mit ein. Da lag ich also richtig.

Dazu und wohin das ein wenig später führte, muss ich vielleicht noch ein wenig ausholen. Ich hatte bereits eingangs erzählt, dass ich seit Kindesbeinen eine besondere Beziehung zur Natur habe, die sich nie verlor. Als ich dann in Berlin lebte und das Institut leitete, floh ich so oft es ging aus der Stadt ins Freie, insbesondere in die nahegelegene Schorfheide. Ich fotografierte und filmte und lernte dort auch den Förster Hans-Ulrich Weber kennen, der selbst ein leidenschaftlicher Tierfilmer und Naturfotograf war. Bald hatten wir ein vertrautes Verhältnis. Meine Filme und Fotos, begleitet von Tonbandaufnahmen röhrender Hirsche und andere von mir aufgenommener Tierstimmen, gefielen ihm gut. Nun war Weber faktisch auch Honeckers »Leibförster« und behielt meine Aufnahmen und Aufzeichnungen nicht für sich. Honecker war offenkundig so angetan, dass er davon Vervielfältigungen anfertigen ließ, um sie seinen Jagdgästen zu schenken. Irgendwann lud mich Honecker auch zur Jagd ein, es blieb nicht bei dieser einen. Einige Male nahm ich auch an Staatsjagden teil. Doch das Erlegen von Tieren entsprach nicht meinen ethischen Grundsätzen als Naturfreund. Ich konzentrierte mich wieder auf die Naturfotografie und verkaufte meine Jagdwaffe.

Darf ich raten: Bei den Jagdausflügen wurde auch übers Bauhaus gesprochen?

So war es. Obgleich Erich Honecker es strikt vermied, in seiner privaten Freizeit dienstliche Gespräche zu führen, kam es – im Beisein von Horst Sindermann – zu einem Gedankenaustausch zwischen uns. Das Thema hatte Horst Sindermann angesprochen, es ging um die mögliche Rekonstruktion des Bauhausgebäudes in Dessau, die Klagen über das kriegszerstörte, verfallende Bauhaus-Ensemble begleiteten ihn, seit er in Halle Parteifunktionär war. Inzwischen hatte er auch das Buch von Lothar Lang gelesen, das ich ihm geschickt hatte, und äußerte sich im Gespräch sehr positiv darüber. »Das Bauhaus muss endlich rekonstruiert werden, sonst zerfallen auch noch die Reste.« Honecker wollte nun Genaueres wissen, und ich nutzte die Gelegenheit, die Bedeutung der Einrichtung und des Dessauer Gebäudes zu erläutern. Ich bestätigte die Dringlichkeit des Appells von Horst Sindermann, dass das Haus schnellstmöglich als Baudenkmal wiederhergestellt werden müsse. Die DDR dürfe eine

Einrichtung mit Weltgeltung, international bekannt für ihre Kreativität in der Kunst, für die Entwicklung von Kultur, Formgestaltung und Architektur, nicht weiter dem Verfall und dem Vergessen preisgegeben. Das seien wir auch besonders jenen kommunistischen Bauhäuslern schuldig, die dabei waren.

»Dann macht doch!«, sagte Honecker und übertrug mir die Leitung der Rekonstruktion. Er werde im ZK den für Wirtschaft zuständigen Sekretär Günter Mittag sowie die Minister für Bauwesen und Finanzen ebenfalls beauftragen.

Das nenne ich »Jagdglück« …

Wenn Sie so wollen. Die Bemerkung Erich Honeckers »Dann macht doch!« freute mich – endlich kam Bewegung in die Sache. Natürlich fühlte ich auch die große Verantwortung, die mit dieser Aufgabe verbunden war, zumal das Sekretariat des ZK der SED alsbald einen offiziellen Beschluss zur Rekonstruktion des Bauhauses Dessau fasste, der meine persönliche Verantwortung festschrieb. Das war für mich ein richtig glücklicher Tag.

Ein andermal bat mich Honecker bei einem weiteren Gebäude um meine Meinung. Diesmal ging es um den Berliner Dom. Der war bereits im Dezember 1940 bei einem britischen Luftangriff beschädigt und im Laufe des Bombenkrieges erheblich zerstört worden. In den ersten Nachkriegsjahren waren im Wesentlichen nur Sicherungsarbeiten vorgenommen worden, und nun drohte er wegen Fundamentproblemen in die Spree zu stürzen. Allerdings, so Honecker, würde eine gründliche Sanierung viele Millionen Mark kosten – dafür könne man doch auch Wohnungen bauen. Oder anders herum: Dieses Geld würde beim Wohnungsbau fehlen.

Ich kannte das Problem bereits aus einem früheren Gespräch, das ich mit dem Architekten Heinz Graffunder (1926–1994) geführt hatte. Graffunder zeichnete für den Entwurf der Rathauspassage und der Karl-Liebknecht-Straße verantwortlich und leitete seit Beginn der siebziger Jahre als Chefarchitekt ein Kollektiv, das an der Stelle des nicht wieder aufgebauten Schlosses einen Palast der Republik errichten sollte. Schon aus Gründen der Statik auf der Museuminsel wurde der Dom benötigt. Und wir beide waren außerdem der Meinung, dass der Dom im Ensemble der historischen Gebäude erhalten bleiben müsse. Diese Auffassung vertrat ich auch gegenüber Erich Honecker. Ich machte ihm die große städtebauliche Lücke bewusst, die durch einen Abriss entstünde. Und dies in einer Umgebung von Flachbauten: dem Alten Museum und dem – noch immer zerstörten – Neuen Museum, den Arkaden, dem historischen Lustgarten. Der Dom war um die Jahrhundertwende errichtet worden, ein Stilgemisch von Neobarock und Neorenaissance, aber immerhin auch die größte evangelische Kirche Deutschlands … Meine Argumentation schien Erich Honecker zuzusagen. Der Dom blieb stehen und sollte bis 1984 restauriert werden.

Der Palast der Republik war damals erst in der Planung. Ohne den Dom hätte es in Berlins historischer Mitte eine unglaubliche Brache gegeben.

Die Diskussion darüber, was in der Mitte Berlins am Platz der nicht wieder aufgebauten Schlossruine entstehen sollte, wurde bereits seit den fünfziger Jahren geführt. Erich Honecker lag dieses Projekt eines Volkshauses, das an die Tradition der Arbeiterbewegung erinnerte, sehr am Herzen, und auch dazu fragte er nach meiner Meinung als Formgestalter. Ich sagte, dass ich mir ein solches Gebäude an Stelle des einstigen Schlosses gut vorstellen könne, auch als Gegengewicht zum Dom. Und ich berichtete über den Kongresspalast im japanischen Kyoto, wo ich 1973 am Kongress »Soul and Material Things« teilgenommen hatte. Vor allem die funktionale Flexibilität des dortigen Gebäudes hatte mich beeindruckt. Ich schlug vor, auch den Palast der Republik multifunktional nutzbar zu gestalten. Von diesem Gedanken sichtlich angetan, riet mir Erich Honecker, mich umgehend mit Heinz Graffunder zu treffen, um mit ihm darüber zu beraten.

Sie waren auch beteiligt an der Ausstattung des Palastes: Stahlrohrgestühl, Prinzip der modularen Deckenleuchten-Konstruktion, erdacht gemeinsam mit Chefgestalter Peter Beyer vom VEB Narva Leuchtenbau Leipzig, und anderes mehr. Beim »Beleuchtungs-System für Innenräume gesellschaftlicher Bauten« – so die korrekte Bezeichnung auf dem vom Patentamt der DDR veröffentlichten Urheberschein – sind neben Ihnen und Peter Beyer vier weitere Mitschöpfer genannt, darunter auch Peter Rockel. Wie kommt es, dass er allein in heutigen Veröffentlichungen als Designer des Palast-Deckenleuchtensystems genannt wird, also als Vater von »Erichs Lampenladen«, wie der Volksmund den Palast gleichermaßen despektierlich wie liebevoll nannte?

Sicher ist man von den erhaltenen Zeichnungen und anderen Unterlagen ausgegangen, die fast ausschließlich von Peter Rockel unterzeichnet worden sind. Ich konnte das im September 2019 in der Ausstellung »Palast der Republik« in der Kunsthalle Rostock selbst feststellen. Die Arbeit von Rockel ist hoch anzuerkennen, da mache ich keine Abstriche. Trotzdem: Die Grundidee zu diesem An- und Aufbausystem der Deckenbeleuchtung, mit dem sowohl Einzelleuchten als auch große Deckenflächen gestaltet werden können – was einen Verbindungsknoten voraussetzt –, haben Peter Beyer und ich in meinem Berliner Büro in der Breiten Straße entwickelt. Peter Beyer nahm diese Skizzen mit in sein Atelier nach Leipzig und verteilte die Aufgaben zur Umsetzung an seine Mitarbeiter. Peter Rockel hatte daran vermutlich den Hauptanteil. Allerdings ist es nicht korrekt, wenn ihm allein die Urheberschaft an diesem Beleuchtungssystem zugeschrieben wird. Es war ein kollektives Produkt.

Es geschah und geschieht nicht selten, dass die Urheberschaft von Projekten aus der DDR einer Person zugeschrieben wird, obgleich viele daran beteiligt waren. – Aber zurück zum Bauhaus.

Mit Übernahme der Verantwortung zur Rekonstruktion, aber auch der Rezeption des Bauhauses entstand ein Riesenberg Aufgaben, der mich zu erdrücken drohte. Ich selbst besaß wohl einiges Wissen über das Bauhaus, aber für eine Rekonstruktion war das viel zu wenig. Ich musste also kundige und verlässliche Verbündete suchen, die sich mit dem Original auskannten und mit gediegenem Wissen an der Realisierung mitwirken konnten.

Ich stellte zunächst enge Verbindungen zum Minister für Bauwesen, zum Minister der Finanzen, den örtlichen Organen in Dessau und weiteren Verantwortlichen her und bildete einen Leitungsstab. Dabei musste das ganze Projekt – wie man es damals nannte – »außerhalb des Planes« verwirklicht werden. Geld, Technik, Materialien, Importe und so weiter – alles musste zusätzlich beschafft werden.

Große Hilfe war mir die Hochschule für Architektur und Bauwesen Weimar. Ich wusste, dass sich dort viele mit dem Bauhaus Dessau beschäftigt hatten. Mit Prof. Bernd Grönwald (1942–1991), einem der führenden Architekturtheoretiker und -historiker des Landes, zudem Hochschullehrer, war ich schon längere Zeit freundschaftlich verbunden. Er baute in Weimar seit 1973 ein Forschungsprojekt zur Geschichte des Bauhauses auf, über ihn liefen viele Verbindungen. Konrad Püschel, Karl-Heinz Hüter, Christian Schädlich und weitere Experten der dortigen Hochschule für Architektur und Bauwesen arbeiteten intensiv an der Rekonstruktion mit. Ich lud auch noch lebende Bauhäusler des In- und Auslands ein, viele kamen und standen uns mit Rat und Tat zur Seite.

Das klingt alles sehr vernünftig und überzeugend. Es wäre aber das erste Mal, dass es bei einem derartigen Vorhaben keine Probleme gegeben hätte.

Da haben Sie natürlich recht. Das erste und größte Hindernis war die Schule. Wir mussten Ersatz finden, was in Dessau unmöglich schien. Die Stadt war während des Krieges zu achtzig Prozent zerstört worden, allein in der Altstadt waren 97 Prozent aller Gebäude vollständig vernichtet worden. Ich sprach mit der Ministerin für Volksbildung. Margot Honecker (1927–2016) begrüßte die Wiederherstellung des Bauhauses, sah aber keine Möglichkeit, die dort unterrichteten Schüler umzusetzen. Ich sprach mit dem Minister für Bauwesen. Wolfgang Junker entschied, zwei Wohnhäuser umzufunktionieren und »außerhalb des Planes« als Schule herzurichten. Das geschah mit großem Tempo. Als für den Wohnungsbau in der DDR Verantwortlicher stand er nicht nur unter großem Druck, sondern auch in der Kritik, weil der Wohnungsbau nicht schnell genug erfolgte, was ihm wohl kaum persönlich vorzuhalten war. Gleichwohl riskierte er einiges mit seiner Entscheidung, zwei Wohnblöcke einer anderen als der geplanten Verwendung zuzuführen.

Aber Geld floss doch vermutlich reichlich?

Irrtum! Die Anlauffinanzierung vom Minister der Finanzen betrug sieben Millionen Mark. Natürlich reichte das nicht aus. Auch da sprang Wolfgang Junker ein: Er steuerte aus seinem Etat vier Millionen bei. Alles »außerplanmäßig«. Später musste finanziell nachgefasst werden, und dann waren auch Devisen nötig, um Material zu importieren, das es bei uns nicht gab. Es war ein steter Kampf und forderte mir viel Kraft ab.

Im Dezember 1976, fünfzig Jahre nach Eröffnung des Dessauer Bauhauses, waren zwei Drittel der Rekonstruktion erfolgt und wurde diese mit einem Fest öffentlich zugänglich gemacht. Ich berichtete als Journalist darüber.

Ich wollte die Wiedereröffnung als feierlichen Staatsakt begehen, denn nach der langen Verteufelung als formalistisches Bauwerk sollte es jetzt als bedeutsames kulturelles Erbe Anerkennung finden und über die DDR hinaus Signale setzen.

Ich sprach mit Günter Mittag, er erklärte sich bereit, die Eröffnungsrede in der Bauhaus-Aula zu halten. Dazu leistete ich ihm fachliche Zuarbeit. Er kam aber nicht. Die Hauptrede auf der Festveranstaltung des Ministerrates hielt der Minister für Bauwesen, nach ihm sprach der ehemalige Bauhaus-Schüler Prof. Dr. Edmund Collein (1906–1992), Präsident des Bundes der Architekten der DDR. Einige Bauhäusler rundeten die Eröffnungsreden ab, unter anderem der Schweizer Architekt und Künstler Max Bill (1908–1994). Es war ein wirklich feierlicher und denkwürdiger Tag. Nicht nur ich, sondern viele andere hatten ein Gefühl tiefer Erhabenheit, dass wir nun die Stätte, wo einst Walter Gropius, Hannes Meyer, Mies van der Rohe und all die anderen großen Bauhäusler einmal wirkten, wiederhergestellt hatten, um an deren Ideen anzuknüpfen und entsprechend unserer Zeit an neuen Ideen weiterzuarbeiten.

Gekommen war auch die 81-jährige Witwe von Walter Gropius, Ise Gropius. Karl-Heinz Hüter führte sie durch das Haus. Am Ende sagte sie: »Ich finde das Gebäude so, als hätten wir es gestern verlassen. Es ist enorm wichtig, dass hier auch wieder eine Atmosphäre existiert, in der etwas entstehen kann.«

Die Kollegen der BRD-Presse schienen nicht Ihre Empfindungen zu teilen. Die Zeit schrieb am 10. Dezember 1976, statt des »ermunternden Bauhaus-Festes« habe es eine »bitter-

und bierernste Staatsaktion« gegeben. Die Reden hätten »zur Hälfte aus Glaubensbekenntnissen, zur Hälfte aus strohtrocken nachgebeteten Fachbekundungen bestanden«. Kurz: »Man zeigte Stolz, nicht Freude.« Da schwang, meine ich, auch ein wenig Missgunst mit. Zu Beginn des Jahres erst war der Grundstein für das Bauhaus-Archiv in Westberlin gelegt worden, 1979 sollte der Neubau am Landwehrkanal übergeben werden. Die originalen Bauhaus-Orte aber lagen nun einmal auf dem Territorium der DDR. – Gab es auch auf unserer Seite ideologisch determinierte Bemerkungen?

Ich traf kurz vor der Übergabe des Dessauer Bauhauses Kurt Hager (1912–1998), der im Politbüro für die Kultur- und Bildungspolitik in der DDR zuständig war. Er gratulierte mir zur Rekonstruktion des Bauhauses und begrüßte es, dass es nun keine Barrieren mehr gäbe, um über das Bauhaus zu publizieren. Er werde der Hochschule für Architektur und Bauwesen in Weimar dazu »grünes Licht« geben. Hager lobte darüber hinaus die Arbeit des AIF als wichtige Institution für Kultur und Wirtschaft.

Hager galt als Chefideologe der Partei …

Es kam dann vieles in Bewegung: die offiziellen Weimarer Internationalen Bauhaus-Kolloquien, und im Bauhaus Dessau erfolgte eine Vielfalt von Begegnungen, bei denen das AIF als Initiator und Gestalter überwiegend den Ton angab.

Ab Ende der 1970er Jahre war das Haus – jetzt »Wissenschaftlich-Kulturelles Zentrum Bauhaus Dessau« geheißen – vor allem eine lebendige Weiterbildungsstätte für Aktive in Design und Architektur. Es gab da zum Beispiel Seminare und Workshops für in der Industrie angestellte Chefgestalter, wo sie sich einmal ihren Alltagsroutine-Aufgaben entziehen und mit Kolleginnen und Kollegen aus anderen Betrieben und Bereichen, auch mit Freiberuflern, austauschen konnten, mit denen gemeinsam interdisziplinäre Entwurfsprojekte realisieren und so am Ende auch Synergie-Effekte für ihre weitere Arbeit mitnehmen konnten. Einer der für mich bemerkenswertesten Aspekte solcher sich neu entwickelnden, nämlich auch unmittelbar produktiven Besinnung auf den Geist des Bauhauses, war die zunehmende Überwindung von Wahrnehmungsgrenzen. Dies auch, was Theorie und Praxis von zeitgenössischen Design- und Architekturprozessen außerhalb der DDR betraf. So gab es am Bauhaus die seit 1980 alljährlich stattfindenden internationalen »Hannes-Meyer-Seminare« zu Fragen der Stadterneuerung in der DDR. Die Zahl internationaler und auch bi-nationaler Entwurfs-Workshops, auch deutsch-deutsche, nahm zu. 1988 fand erstmals eine Ausstellung aus den Beständen des Westberliner Bauhaus-Archivs statt. Bei der Vorbereitung der Exposition bezog mich der Kunsthistoriker Dr. Peter Hahn, seit 1985 Direktor des Bauhaus-Archivs, in seine Überlegungen mit ein.

Was diese internationalen Seminare und Entwurfs-Workshops in Dessau betrifft, die ich für äußerst wichtig hielt, so erforderten diese stets einen großen organisatorischen Kraftakt, von dem man sich heute keine Vorstellung machen kann. Ich nenne nur den bürokratischen Aufwand bei der Einreise. Dank auch meiner Funktion als Staatssekretär konnte ich dann einiges klären. Üblicherweise musste jeder ausländische Gast individuell seine Einreise in die DDR beantragen. Und das bei einer »weltoffenen Begegnungsstätte«? Ich konnte durchsetzen, dass eine Liste mit den Daten der Teilnehmer, die ich einreichte, genügte, um die Gäste die Grenze passieren zu lassen.

In der heutigen Rezeption der Bauhaus-Aktivitäten in der DDR ist von all dem nichts zu hören und zu lesen.

Ich halte das für befremdlich. Natürlich beobachte ich einen positiven Trend bei der Behandlung und Darstellung des DDR-Designs, was ich begrüße. Aber bei der Rezeption etwa der Bauhaus-Rekonstruktion und des Umgangs der DDR mit diesem Erbe sehe ich diese Entwicklung nicht. Da wird unverändert verschwiegen oder falsch dargestellt. Zur 100-Jahrfeier des Bauhauses erschien eine Vielzahl beachtlicher Bücher – die Rehabilitierung in der DDR und die Wiedererrichtung des zerstörten Bauhausgebäudes blieben ausgespart, ein weißer Fleck. Besonders verwunderlich erscheint mir dies, zumal Bauhaus-Mitarbeiter des ehemaligen Amtes für industrielle Formgestaltung nach dessen Auflösung im Bauhaus weiter tätig waren oder es noch sind. Sie sollten die Wiedererrichtung und -belebung des Bauhauses als Zeitzeugen bestens kennen.

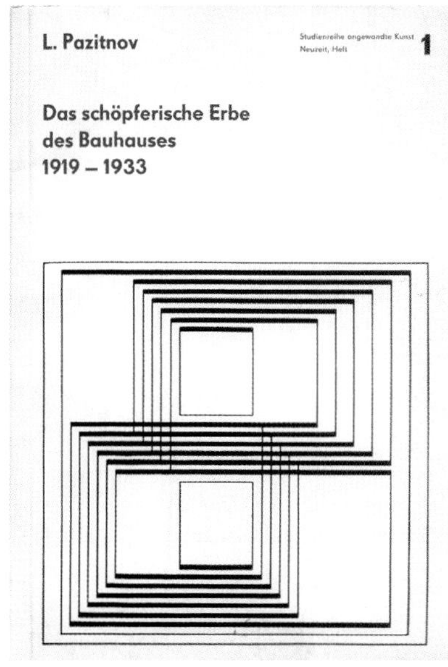

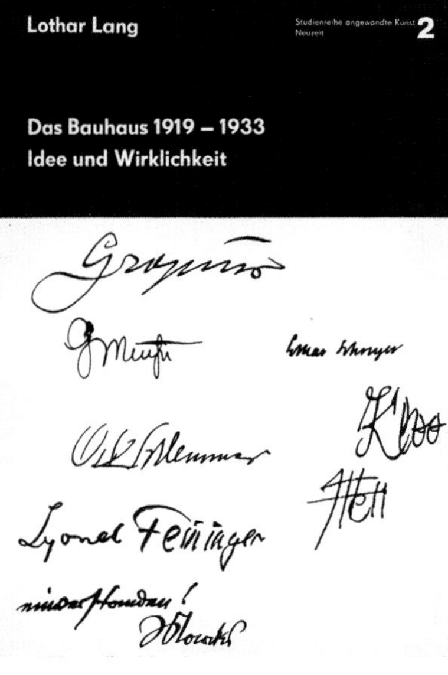

1963 erschien in Heft 1 der vom Institut unter Kelms Leitung neu herausgegebenen »Studienreihe Angewandte Kunst Neuzeit« der erste Beitrag über das Bauhaus, eine Übersetzung aus dem Russischen. In der Moskauer Zeitschrift »Dekorative Kunst« war ein zweiteiliger Artikel »Das schöpferische Erbe des Bauhauses 1919–1933« veröffentlicht worden.
Im Heft 2 erschien das erste umfassendere Werk zur Geschichte des Bauhauses, das der Kunsthistoriker und -kritiker Lothar Lang verfasst hatte.

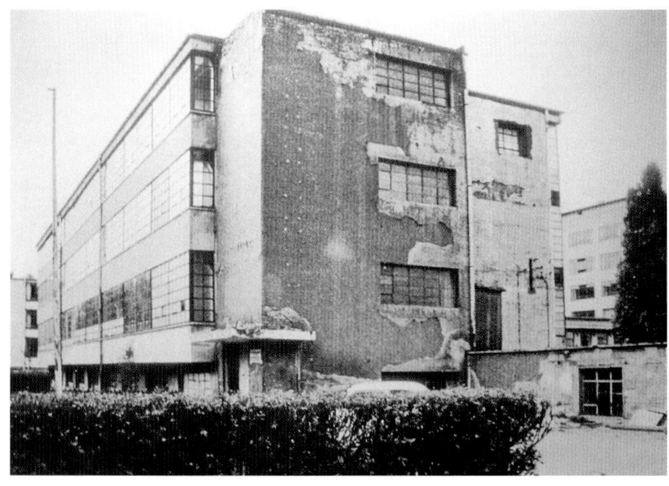

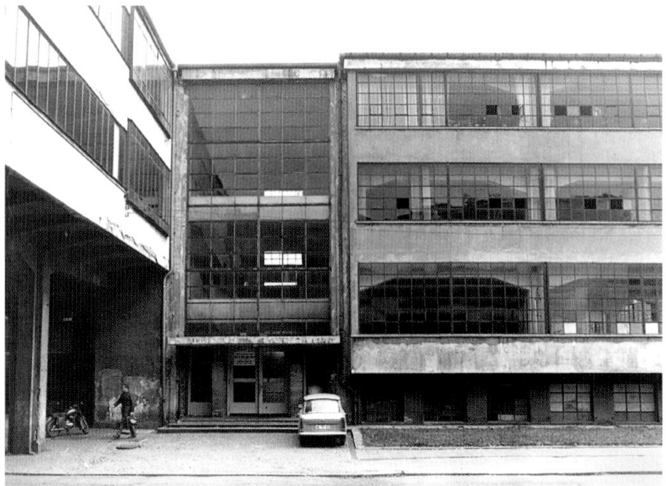

Das Bauhausgebäude in Dessau in den fünfziger Jahren (oben) und in den frühen Siebzigern.

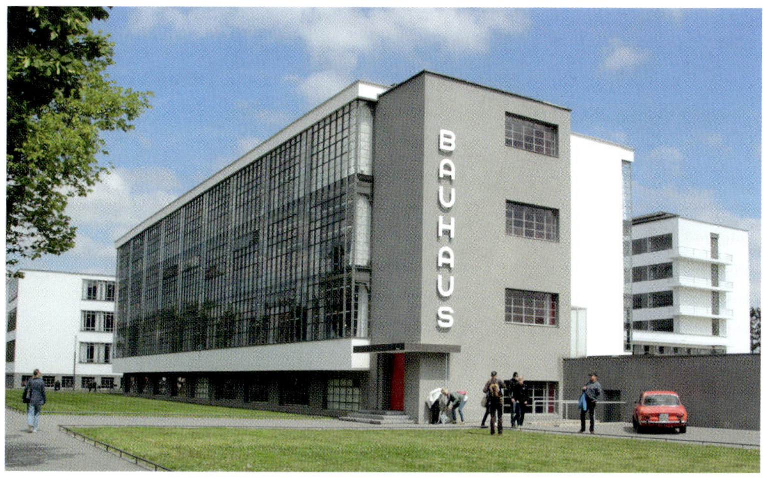

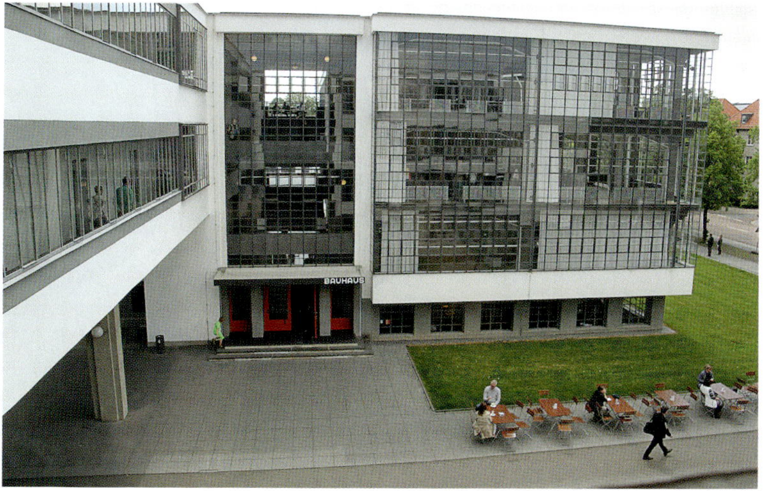

Gleiche Perspektiven, anderer Zustand – Aufnahmen 2019, im Jubiläumsjahr.

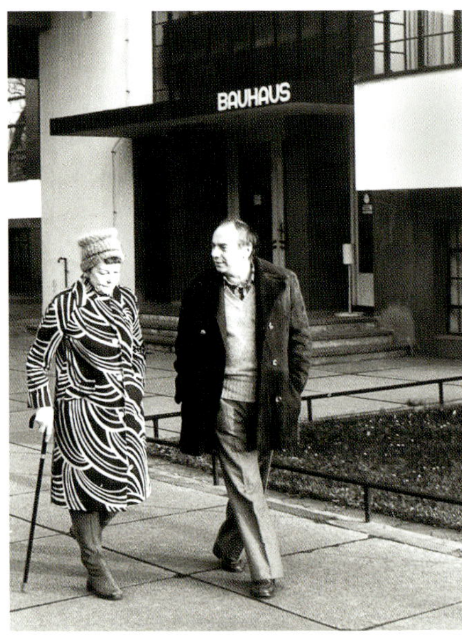

Ise Gropius, die Witwe des einstigen Bauhaus-Direktors Walter Gropius, mit dem sie in die USA emigriert war, bei ihrem Besuch des neueröffneten Bauhauses in Dessau. Neben ihr Karl-Heinz Hüter, 1976.
In jenem Jahr erschien im Akademie Verlag Berlin auch sein Buch – das bereits vor zehn Jahren fertiggestellt war.

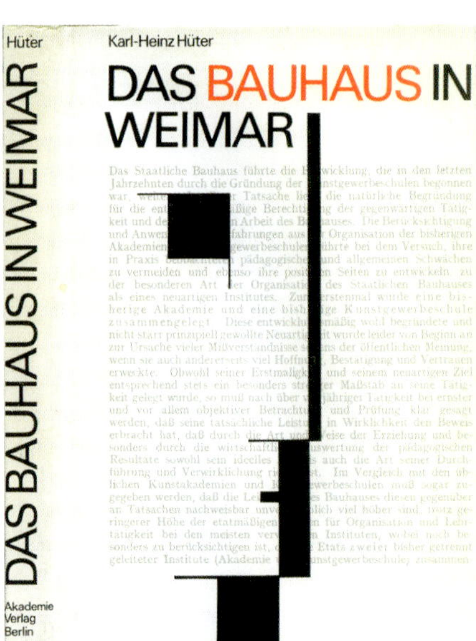

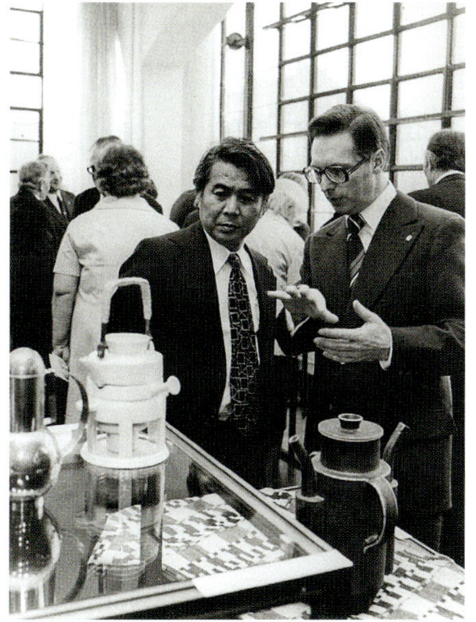

Martin Kelm mit Kenji Ekuan, Präsident des japanischen Designerverbandes, in der Eröffnungs-Ausstellung des rekonstruierten Bauhaus-Komplexes in Dessau.

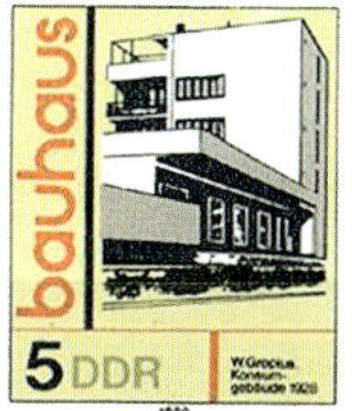

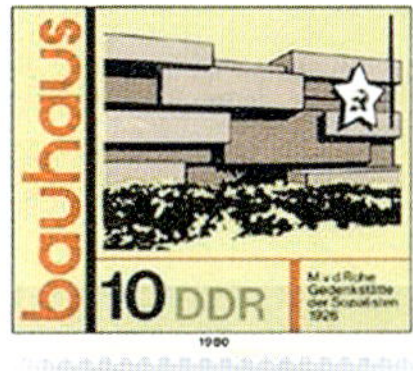

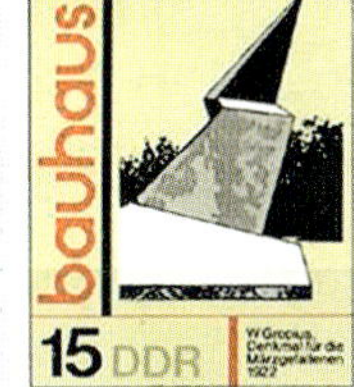

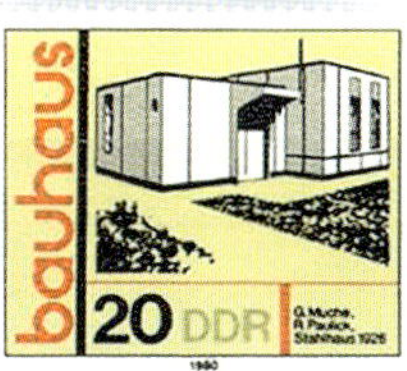

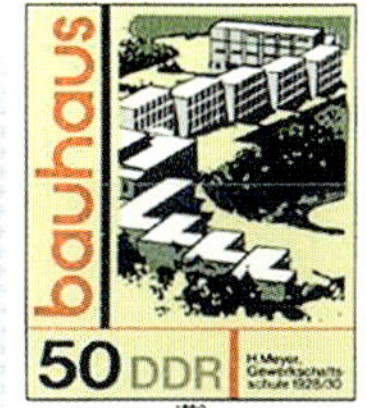

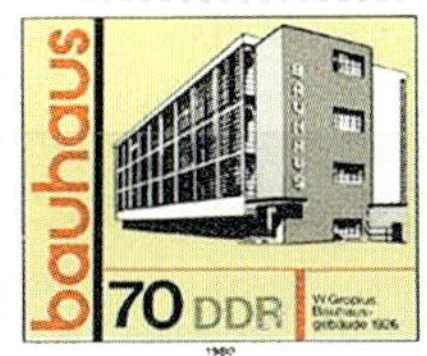

1980 edierte die DDR-Post einen Satz Briefmarken mit Motiven von Denkmalen und Bauten, die Bauhäusler geschaffen hatten, darunter auch das Revolutionsdenkmal in Berlin-Friedrichsfelde, das Mies van der Rohe 1926 entworfen hatte. Die Nazis schleiften es.

Kapitel 8

Produktkultur als Staatsangelegenheit

Ich möchte mich Ihrer Laufbahn als Design-Politiker zuwenden. Seit 1972 waren Sie Leiter des Amtes für industrielle Formgestaltung (AIF) und zugleich Staatssekretär mit eigenem Geschäftsbereich, damit gehörten Sie dem Ministerrat an. Mit einer externen Aspirantur an der Gewi-Akademie wurden Sie zuvor als Dr. phil. promoviert …

Bereits an der häufigen Namensänderung der von mir seit 1962 geführten Einrichtung lässt sich doch die Veränderung der öffentlichen Wahrnehmung, der unterschiedlichen Akzentsetzung wie auch der Entwicklung des Designs in der DDR ablesen. Erst hießen wir »Institut für angewandte Kunst Berlin«. 1963 wurden wir umbenannt in »Zentralinstitut für Formgestaltung«, daraus wurde 1965 kurzzeitig »Zentralinstitut für Gestaltung« und schließlich 1972 »Amt für industrielle Formgestaltung beim Ministerrat der DDR«. In diesem Kontext wurde ich als Direktor eben auch Staatssekretär. Mitte der sechziger Jahre waren wir aus der Verantwortung des Kulturministeriums entlassen und dem Amt für Standardisierung, Messwesen und Warenprüfung (ASMW) zugeordnet worden, weshalb ich dort auch noch Vizepräsident geworden war. Das war als Organ des Ministerrats zuständig für die staatliche Qualitätskontrolle der industriellen Erzeugnisse. Unsere Eingliederung dort erfolgte aus dem richtigen Ansatz heraus, dass Design ein wesentliches Produkt-Qualitätsmerkmal verkörpert, das sich wie materielle, konstruktive und sonstige Wertigkeiten bestimmten Maßstäben stellen sollte. Design wurde – neben seiner kulturellen Bedeutung – zunehmend als ein Wirtschaftsfaktor begriffen.

Weil sich Hässliches schlecht verkauft, wie der französisch-amerikanische Industriedesigner Raymond Loewy (1893–1986) einmal sagte?

Nicht nur unter dem Aspekt des Verkaufs einer Ware. Uns ging es vor allem um die funktionelle und ästhetische Vollkommenheit aller Produkte bis hin zur komplexen Umweltgestaltung.

Und der Faktor Design war bis dato nicht im Begutachtungsschema des ASMW berücksichtigt worden?

Viel zu wenig. Und wenn, dann aus subjektiver Einsicht einzelner Fachgebietsleiter. Es fehlte an Gestaltungs-Fachgutachtern, an autorisierten Personen. Deshalb wurden wir in das ASMW integriert.

Wo das Institut mit offenen Armen empfangen wurde.

Wo denken Sie hin. Kein eingespielter, funktionierender Organismus, der selbst im Autopilot-Modus gefahrlos fährt, freut sich über Veränderungen. Und wenn auch noch von außen etwas Neues hinzugefügt wird, sorgt das für Unruhe im Getriebe. Das ist ein Störfaktor und wird zunächst nicht als Bereicherung empfunden.

Ja, es gab Schwierigkeiten im ASMW, Vorbehalte gegen uns und gegen mich persönlich, in einigen Bereichen war die Arbeitsatmosphäre unerträglich und zermürbend. Man versuchte uns einfach zu ignorieren, wann immer das ging. Die Reibereien blieben nicht geheim, schließlich erfuhr man davon auch im Zentralkomitee. Es kam zu einer grundsätzlichen Beratung, auf der nicht nur der Status quo diskutiert wurde, sondern die Zukunft der Designförderung in der Wirtschaft. Staatssekretär Heinz Klopfer, stellvertretender Vorsitzender der Staatlichen Plankommission, warf ein: »Wir haben ein gut funktionierendes System von eigenständigen Ämtern mit unterschiedlichen Kompetenzen wie etwa das ASMW oder das Patentamt. Ich kann mir vorstellen, dass wir auch ein Amt für Formgestaltung schaffen.« Aus dieser Idee wurde schließlich das Amt für industrielle Formgestaltung, kurz AIF. Soweit also die Vorgeschichte.

Und damit auch Ihr Eintritt in die Riege kulturpolitischer Führungspersönlichkeiten der DDR.

Mit Verlaub: Jede Funktion, die ich bis dahin ausübte, war nicht nur fachlicher, sondern immer auch politischer Natur. Es stimmt aber, mit der Übernahme der Leitung des AIF berief man mich auch zum Staatssekretär. Damit sollte nicht nur die Bedeutung des Amtes unterstrichen werden, sondern auch dessen Leiter die Möglichkeit gegeben werden, mit den Industrieministern und Wirtschaftskapitänen auf Augenhöhe zu verhandeln. Obgleich ich dem Ministerrat angehörte, war ich dort allerdings nicht stimmberechtigt. Fortan jedoch klappte die Zusammenarbeit mit dem ASMW – wir waren nunmehr gleichberechtigte Kooperationspartner. Mit dem Präsidenten des ASMW, Prof. Dr. Helmut Lilie, verstand ich mich ausgezeichnet. Nebenbei: Das Amt für Standardisierung, Messwesen und Warenprüfung hieß erst seit 1973 so. Es war 1946 als Deutsches Amt für Maß und Gewicht gegründet und 1961 in Deutsches Amt für Messwesen umbenannt worden, 1964 fügte man noch »und Warenprüfung« hinzu. Und seit 1973 eben Amt für Standardisierung, Messwesen und Warenprüfung. 1990 sollte das ASMW seine Arbeit einstellen, etwa hundert Mitarbeiter wurden ins (west-)Deutsche Institut für Normung überführt. Fortan galten nicht mehr die rechtsverbindlichen Technischen Normen, Gütevorschriften und Lieferbedingungen (TGL) unseres Amtes, sondern die Empfehlungen des Deutschen Instituts für Normung, also die DIN.

Hatte das Amt für Industrielle Formgestaltung mit einem Staatssekretär an der Spitze tatsächlich Einfluss auf die Produktion, wirkte es mit an Entscheidungen über funktional-ästhetische Qualität von Erzeugnissen? Konnte stärker als bislang die Produktkultur entwickelt werden, das Interesse an solchen Aspekten in der Industrie und in den Ministerien erhöht werden?

Einen besseren Durchgriff hatten wir nunmehr schon. Aber Sie wissen ja: Gut Ding will Weile haben … Die subjektiven Vorbehalte waren zunächst groß, bei manchem Verantwortungsträger das Beharrungsvermögen beachtlich. Design? Wir müssen den Plan erfüllen, alles andere interessiert nicht. Die sogenannte Tonnenideologie war noch weit verbreitet, die Aufgeschlossenheit gegenüber unseren Vorschlägen und Anregungen eher nicht. Sie hat sich erst allmählich entwickelt, beispielsweise in den Kombinaten, die auf internationalen Märkten im Wettbewerb mit anderen Unternehmen standen. Da war ein ansprechendes Design oft das Zünglein an Waage für die Kaufentscheidung. Westdeutsche Auszeichnungen wie der »iF Product Design Award« beispielsweise waren im Welthandel sehr begehrt, und das sollten auch wir im Auge haben, meinte ich. Auch mit diesem Argument versuchten wir als AIF schon in der Anfangsphase der Erzeugnisentwicklung Einfluss zu nehmen. Beim Design ging es nicht um die Interessen oder Vorlieben der Gestalter, sondern um die Volkswirtschaft und deren Stärkung, also um die DDR. So gesehen war ein gutes, ansprechendes Design auch immer ein politisches Statement.

Wie stand Wirtschaftssekretär Günter Mittag zur Produktkultur? Was hielt er vom Design Made in GDR?

Er war mir gegenüber aufgeschlossen, hatte aber von Design und Ästhetik wenig Ahnung. Da unterschied er sich von vielen anderen Funktionären kaum. Woher sollte es denn auch kommen? Wir selbst hatten doch auch erst einen Entwicklungsprozess durchlaufen müssen, in dem wir lernten, uns qualifizierten, um beurteilen und entwerfen zu können. Mittag war kein Bremsklotz, er ließ mir weitgehend freie Hand. Die Steine legten die Subalternen in den Weg, die nachgeordneten Sektoren- und Abteilungsleiter in der Hierarchie. Sie traten in gemeinsamen Dienstberatungen oft mit Urteilen und Vorgaben in gestalterischen Fragen auf, welche von keinerlei Fachkenntnis getrübt waren. Unseren sachlichen Einwänden setzten sie mitunter die Faust entgegen, mit der sie auf den Tisch schlugen und Anweisungen erteilten. Ich empfand es manchmal als geradezu bösartig, wie unsere fachlichen Argumente attackiert und durch absurde »Wünsche« ersetzt wurden. Besonders ärgerlich war es aber, wenn kontroverse Diskussionen als tadelnde Berichte wiedergegeben und »nach oben« gereicht wurden. Dann meldete sich Günter Mittag bei mir und forderte Erklärungen. Mittag hat mich stets aufmerksam angehört und meist meinen, unseren Positionen beigepflichtet. (Ich weiß, andere haben andere Erfahrungen mit ihm gemacht.) Ich wurde sogar in die von ihm geleitete Wirtschaftskommission beim ZK der SED berufen und des Öfteren aufgefordert, vor den anwesenden Industrieministern und Generaldirektoren kritisch Stellung zu nehmen zur Design-Qualität von Erzeugnissen, aber auch zu Problemen in der Volkswirtschaft, besonders auf dem Sektor Konsumgüterproduktion, oder zu Technologiefragen.

Haben Sie taktiert oder redeten Sie Klartext?

In der Regel sprach ich sehr offen. Nicht selten erhielt ich nach meinen Auftritten in der Kommission Einladungen von Industrieministern oder Kombinatsdirektoren, um bestimmte Probleme mit ihnen zu beraten. Was mir oft begegnete: Design wurde von vielen als exotische Zugabe betrachtet und bekam erst dann Bedeutung, wenn damit unmittelbar ökonomischer Gewinn zu erzielen war. Besonders ästhetisch gebildet war in diesen Kreisen selten einer, aber das konnte man ihnen nicht vorwerfen: Wo hätten sie es denn lernen sollen? In den Nazi-Kerkern, im Exil, in den Schützengräben des Krieges, in der Kriegsgefangenschaft, in den schweren Nachkriegs- und Aufbaujahren? Ich verstand das, auch wenn ich mich manches Mal ärgerte. Umso mehr freute ich mich, wenn ich in diesen Kreisen auch auf Ausnahmen traf, die Belangen der Produkt- und Gebrauchskultur mit größerer Aufgeschlossenheit gegenübertraten.

Wir sind uns doch einig: Diese Art von Borniertheit und Unwissen begegnet uns auch noch heute – und da gelten die Entschuldigungen und Erklärungen, die Sie mit allem Grund anführten, nicht. Ich saß in den letzten dreißig Jahren in einigen Jurys, die Designer-Preise verliehen, und hörte dann die Reden der Offiziellen bei der Übergabe der Auszeichnungen. Nicht wenige begannen ihre Rede mit der Floskel, man habe ja selbst wenig Ahnung von Design, aber die Fachleute meinten ... Damit rückten sie, vielleicht unbeabsichtigt, Produktgestaltung gleichsam in eine außerirdische Sphäre, die mit dem Leben »normaler Menschen«, denen sie sich also zugehörig fühlten, eigentlich wenig zu tun habe. Als wäre nicht jeder Mensch betroffen von guter oder schlechter Produktkultur, hat täglich so oder so Berührungen mit Design, versteht also davon etwas – als Nutzer.

Richtig. Und hat somit ein praktisches Verhältnis gewonnen zum Design, zu dessen Qualität, dessen Werten, als da sind Alltagstauglichkeit, Zuverlässigkeit, Dauerhaftigkeit, Gegenstands- und Umweltkultur. Aber in der Bewusstwerdung dessen sind wir immer noch nicht viel weitergekommen, »Design« gilt heute mehr denn je als abgehobene, elitäre Sache. Ästhetische Bildung und

Erziehung, ob sie das Musikalische oder das Anschauliche betrifft, haben für die Erweckung und Entwicklung von Emotionalität und Sensibilität aber enorme Bedeutung. Das wirkt schon im Vorschulalter. Die Qualität dieser Bildung – darauf verwies einmal die Geigerin Anne Sophie Mutter in einem Gespräch – ist von großem Gewicht für die spätere Beurteilungsfähigkeit, wie man seiner Umwelt gegenübertritt. Die Meister von morgen bilden sich schon in der frühen Kindheit heraus, das sieht man in der Musik besonders.

Nicht nur dort. Friedrich Schiller hat über die ästhetische Erziehung des Menschen in Briefform ausgangs des 18. Jahrhunderts reflektiert und meinte darin an einer Stelle, dass der Mensch nur durch die Schönheit zur Freiheit gelangen könne. Er hat Recht. Aber: Das setzt voraus, dass Schönheit auch als Schönheit bewusst wird. Und das ist eine Frage der Erziehung. Was Hänschen nicht lernt, lernt Hans nimmermehr … In meinem privaten Sammlungs- und Dokumentationsbestand zur Geschichte des Designs in der DDR steht dafür beispielhaft die 1975 erschienene Broschüre für den Schulunterricht »Umweltgestaltung«. Und die Telefonverzeichnisse des AIF in der Breiten Straße 11 in Berlin-Mitte aus den achtziger Jahren führen zirka zweihundert aus einem gesamtheitlich kulturell orientierten Bildungssystem hervorgegangene fachlich versierte Mitarbeiterinnen und Mitarbeiter in knapp zwei Dutzend Haupt- und Unterabteilungen an, darunter solche wie »Aus- und Weiterbildung«, »Designstrategie und Designpolitik«, »Bekleidung«, »Glas und Keramik«, »Möbel und Fläche«, »Spielmittel und Freizeiterzeugnisse«, »Technische Konsumgüter«, »Verkehrsmittel«, »Verpackung« oder auch »Wissenschaftliche Geräte und Maschinenbau«. Eine beacht-

liche Heerschar von staatlich angestellten Spezialisten, die sich der Designforschung, -entwicklung und -begutachtung in fast sämtlichen Disziplinen der DDR-Industriekultur widmete. Sie selbst sind in dem 2014 verlegten Buch »Gutes Design – Martin Kelm und die Designförderung in der DDR« darauf eingegangen. Das lässt einen gewaltigen Machtapparat vermuten, der ästhetische Einsichten und Erkenntnisse vermittelte – und durchsetzte?

Ja, wir hatten wachsenden Einfluss bei Produktplanern und -entscheidern in den Industriekombinaten und -betrieben. Den erreichten wir auch über entsprechende Beschlüsse des Ministerrats. Ein Grunddokument war das »Statut des Amtes für industrielle Formgestaltung«, das am 15. Juni 1978 vom Ministerrat beschlossen und am 7. Juli im Gesetzblatt der DDR Teil 1, Seite 217, veröffentlicht wurde. Darin wurde klar definiert, welche Leistungen das AIF im Zusammenwirken mit welchen Partnern zu erbringen hatte und welche Kompetenzen ihm zustünden. Insofern, da haben Sie Recht, verkörperten wir auch ein gewisses Machtpotenzial – wenn es beispielsweise um die amtliche Vergabe von Güte-Prädikaten für neue Industrieerzeugnisse ging. Diese Prädikate bestimmten darüber mit, wie hoch betriebliche Eigenerlöse bei Produktinnovationen ausfielen. Aber das Eigentliche war die Durchsetzung der Beschlüsse, diese Umsetzung mussten die Mitarbeiter des Amtes vollbringen.

1978 wurden auf der Leipziger Messe erstmals Produzenten sowie Gestalterinnen und Gestalter der DDR – später auch ausländische Unternehmen – mit einer repräsentativen

Plakette aus Meißner Böttger-Steinzeug samt gerahmter Urkunde und Anerkennungsprämie für gutes Design ausgezeichnet. Im Oktober 1979, zum 30. Jahrestag der Staatsgründung der DDR, wurde – ebenfalls auf Ihre Initiative – in Berlin erstmals die Medaille »Designpreis der DDR« vergeben. Es war die erste – und lange Zeit einzige – staatliche deutsche Auszeichnung überhaupt, mit der Verdienste um beispielhafte Produkt- und Lebensumweltkultur gewürdigt wurde.

Unter den ersten Preisträgern befand sich Professor Rudi Högner. Ihm diese Ehrung im Kongresssaal des Berliner Palast-Hotels überreichen zu können, war mir persönlich ein besonderes Bedürfnis.

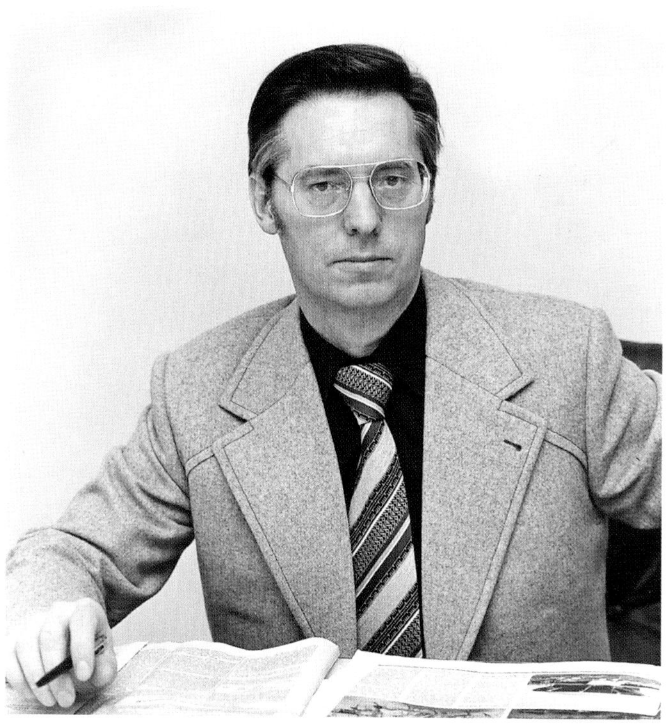

Dr. Martin Kelm, seit 1972 Leiter des Amtes für industrielle Formgestaltung (AIF) und zugleich Staatssekretär mit eigenem Geschäftsbereich. Als Mitglied des Ministerrates nunmehr Design-Politiker.

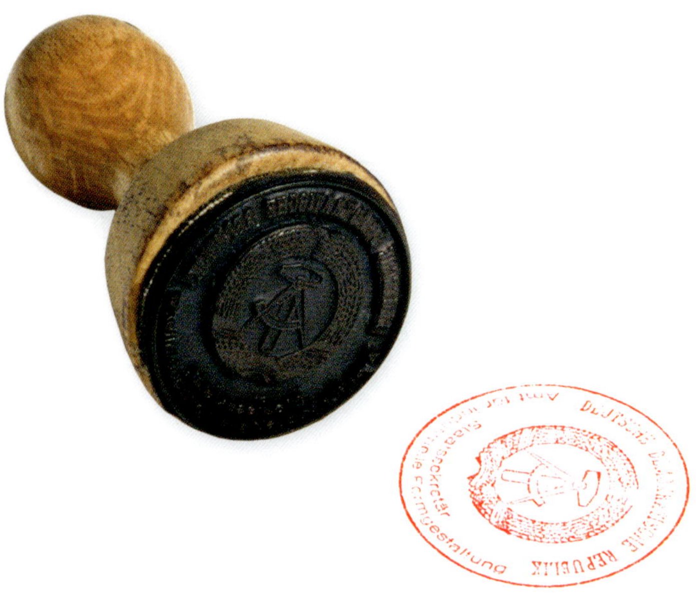

Amtsschild des AIF in Berlin-Mitte, Breite Straße 11, und Dienstsiegel des Leiters des Amtes Martin Kelm.

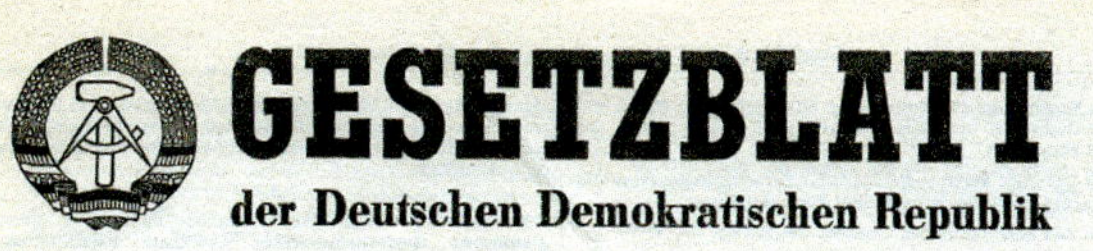

GESETZBLATT

421

der Deutschen Demokratischen Republik

1978	Berlin, den 28. November 1978	Teil I Nr. 39

Statut
des Amtes für industrielle Formgestaltung
Beschluß des Ministerrates
vom 10. November 1978

§ 1

(1) Das Amt für industrielle Formgestaltung – AIF – (nachfolgend Amt genannt) ist das Organ des Ministerrates für die Leitung und Planung der industriellen Formgestaltung in der Deutschen Demokratischen Republik. Es verwirklicht seine Aufgaben in Durchführung der Beschlüsse der Partei der Arbeiterklasse auf der Grundlage der Verfassung der Deutschen Demokratischen Republik, der Gesetze und anderen Rechtsvorschriften. Das Amt arbeitet entsprechend der ihm übertragenen Verantwortung mit den Ministerien, den anderen zentralen Staatsorganen und den gesellschaftlichen Organisationen zusammen.

(2) Die Aufgaben des Amtes umfassen vor allem:

– die Vorbereitung von Entscheidungen für den Ministerrat zur Erhöhung des gestalterischen Niveaus der industriellen Erzeugnisse in der Deutschen Demokratischen Republik und aller dazu erforderlichen Maßnahmen,

– die Durchführung der staatlichen gestalterischen Qualitätskontrolle (Prädikatisierung) zur Entwicklung und Sicherung einer den volkswirtschaftlichen Erfordernissen entsprechenden hohen Qualität der Erzeugnisse,

– die Organisierung und Koordinierung der Erarbeitung des wissenschaftlichen Vorlaufs und der kulturellen Zielsetzung auf dem Gebiet der industriellen Formgestaltung,

– die Einflußnahme auf die Durchsetzung der industriellen Formgestaltung in der Industrie auf der Grundlage eigener Analysentätigkeit, insbesondere in der Leitung und Planung der Forschung und Entwicklung der industriellen Erzeugnisse,

– die Mitwirkung an der Ausarbeitung von Erzeugnisentwicklungskonzeptionen bzw. Zielprogrammen durch die Industrie, um den erforderlichen Entwicklungsvorlauf der industriellen Formgestaltung für Finalerzeugnisse, deren Vorstufen und Zulieferungen langfristig zu sichern,

– die Einflußnahme auf die Aufgabenstellungen und die Realisierung der Entwicklung von Spitzenerzeugnissen, insbesondere durch die Mitwirkung an der Ausarbeitung und Durchführung von Aufgabenstellungen im Staatsplan Wissenschaft und Technik der Ministerien, Kombinate und Betriebe,

– die Erarbeitung der Grundrichtung der quantitativen und qualitativen Entwicklung des Forschungs- und Entwicklungspotentials auf dem Gebiet der industriellen Formgestaltung für die Perspektivplanung, die Einflußnahme auf ihre Durchsetzung über die jährliche Planung auszubildender Formgestalter, die Sicherung des effektiven Einsatzes der Absolventen sowie der vollen Nutzung der bestehenden Schaffensformen der Formgestalter,

– die Erarbeitung von Empfehlungen an die zuständigen zentralen Staatsorgane und die Mitwirkung bei der Durchsetzung von Maßnahmen zur Erhöhung der Qualität und Effektivität der Aus- und Weiterbildung von Formgestaltern, Ingenieuren, Konstrukteuren, Ökonomen und anderen Kadern auf dem Gebiet der Formgestaltung,

– eine wirksame Öffentlichkeitsarbeit auf dem Gebiet der industriellen Formgestaltung durch eine systematische Informations-, Publikations- und Ausstellungstätigkeit,

– die Förderung und Anerkennung der gestalterischen Entwicklungsarbeit der Betriebe und Werktätigen.

(3) Das Amt arbeitet bei der Lösung seiner Aufgaben eng mit dem Ministerium für Wissenschaft und Technik, dem Amt für Standardisierung, Meßwesen und Warenprüfung, dem Amt für Erfindungs- und Patentwesen und anderen zentralen Staatsorganen zusammen. Es unterstützt die Maßnahmen der zentralen Staatsorgane zur Durchsetzung der industriellen Formgestaltung. Dabei arbeitet es insbesondere mit dem Amt für Standardisierung, Meßwesen und Warenprüfung zusammen, um zu gewährleisten, daß die differenzierten Aufgaben beider Staatsorgane bei der Einflußnahme auf die Qualitätsentwicklung und Kontrolle auf rationelle Weise gelöst werden.

(4) Zur Realisierung einer den gesellschaftlichen Bedürfnissen und Erfordernissen entsprechenden langfristigen Entwicklung der Formgestaltung, der Entwicklung des Gestaltungspotentials, der Qualität der Aus- und Weiterbildung von Kadern und ihres effektiven Einsatzes arbeitet das Amt mit

Damit alles seine gute Ordnung hat, wurde die Tätigkeit des Amtes für Industrielle Formgestaltung 1978 gesetzlich geregelt.

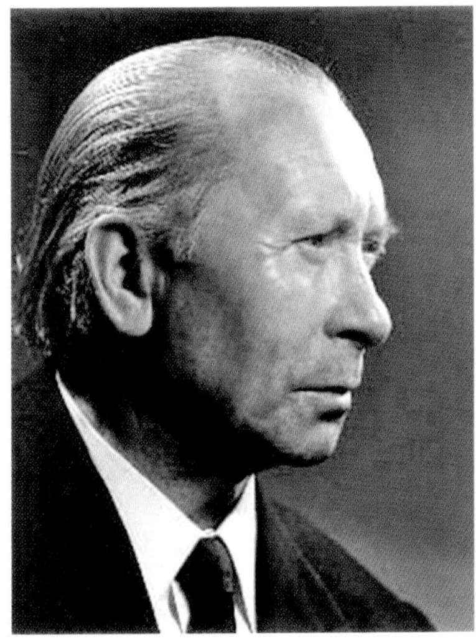

1978 wurden auf der Leipziger Messe erstmals Produzenten sowie Gestalterinnen und Gestalter der DDR mit einer Plakette aus Meißner Böttger-Steinzeug samt gerahmter Urkunde und Anerkennungsprämie für gutes Design ausgezeichnet.
Im Oktober 1979, zum 30. Jahrestag der Staatsgründung der DDR, wurde – ebenfalls auf Kelms Initiative – in Berlin erstmals die Medaille »Designpreis der DDR« vergeben. Es war die erste – und lange Zeit einzige – staatliche deutsche Auszeichnung in diesem Metier überhaupt. Erster Preisträger war Rudi Högner, der neben anderem die DDR-Münzen entworfen hatte, im Volksmund »Alu-Chips« genannt.

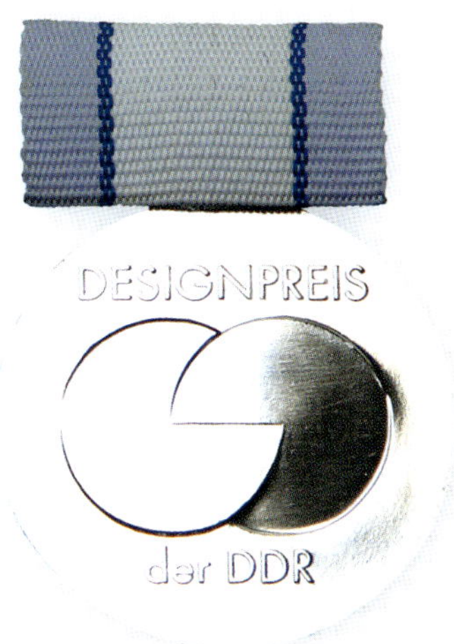
DESIGNPREIS
der DDR

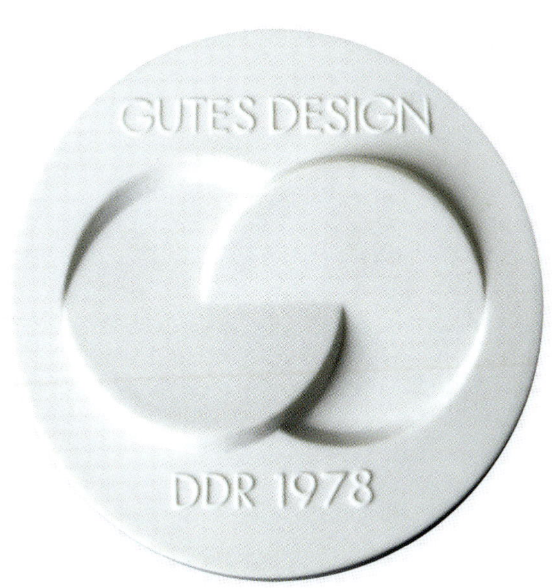
GUTES DESIGN
DDR 1978

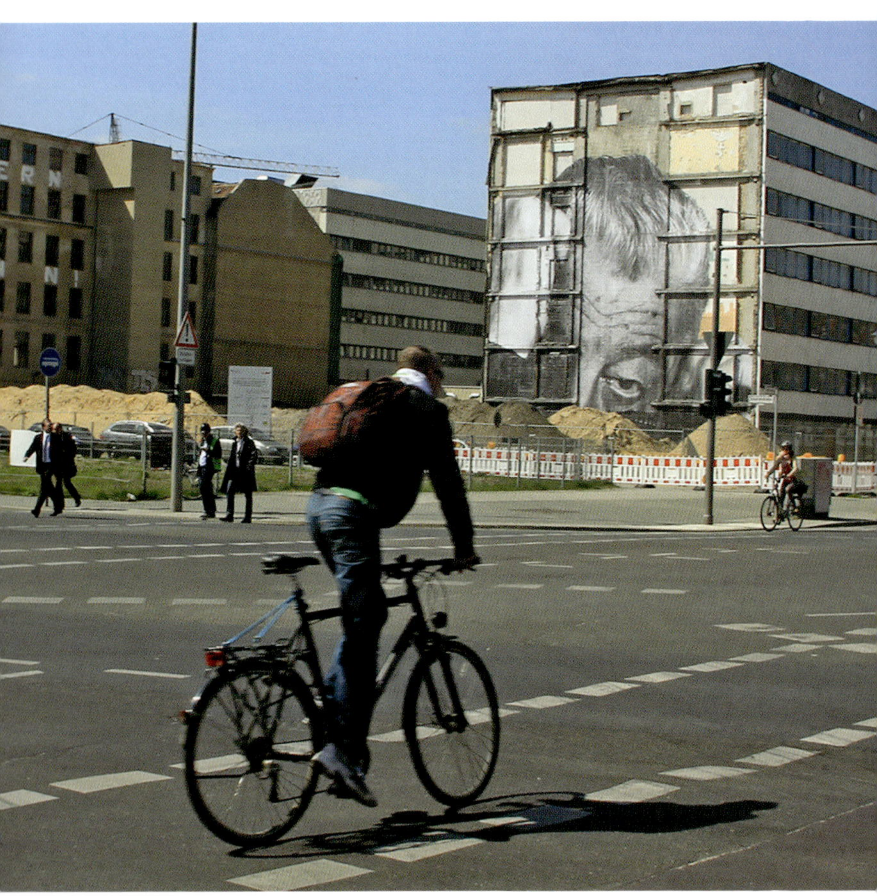

In der Breiten Straße in Berlin-Mitte befand sich das Amt für Formgestaltung, im angrenzenden Eckgebäude saß das Bauministerium. Große Teile des Gebäudes wurden abgerissen, das AIF steht noch. Die große Aufnahme von 2013 zeigt noch Teile des Bauministeriums, heute steht nur noch der Block am Ende, in dem sich das Amt befand. An der Fassade des Bauministeriums, in den sechziger Jahren errichtet, hing das sechs mal fünfzehn Meter große Wandbild Walter Womackas »Der Mensch als Maß aller Dinge«. Es wurde demontiert und befindet sich nun an einem Gebäude in der Friedrichsgracht.

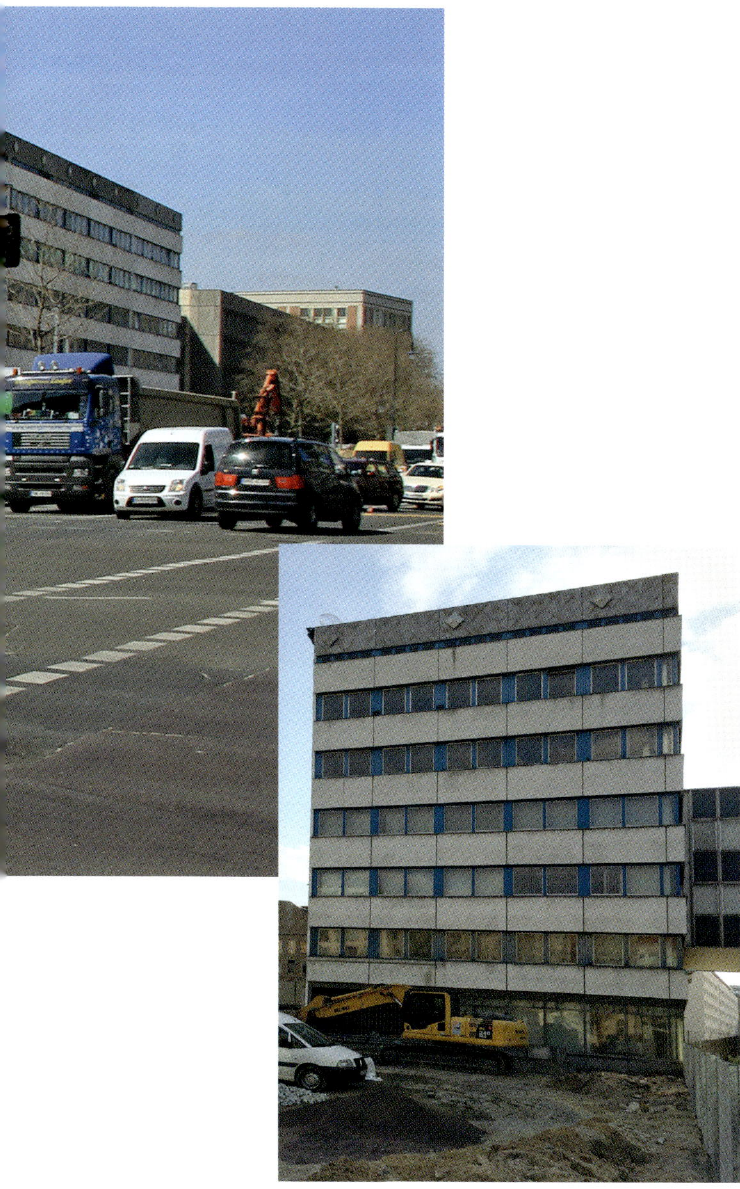

Kapitel 9

Planwirtschaft und Freiberufler

Es lief damals das Gerücht um, und es hält sich noch immer hartnäckig unter Beteiligten und Betroffenen, dass Sie Ihre Funktion genutzt hätten, um freiberuflich tätige Designerinnen und Designer in ihren Wirkungsmöglichkeiten zu beschränken. Sie seien immer seltener an Gestaltungsaufträge für die Industrie gekommen und stattdessen gedrängt worden, sich anstellen zu lassen: von Betrieben und Kombinaten, beim AIF oder vom staatlichen Dresdner Gestaltungsatelier VEB Designprojekt und dessen Außenstellen in Berlin, Gotha und Halle. Einer der schärfsten Kritiker dieser Praxis war und ist der Chemnitzer – damals Karl-Marx-Städter – Formgestalter Karl Clauss Dietel, seit 1963 Freiberufler. Er leitete in der ersten Hälfte der siebziger Jahre die Sektion Formgestaltung/Kunsthandwerk des Verbandes Bildender Künstler der DDR (VBK) und trat 1981, nach sieben Jahren in dieser Funktion, als Vizepräsident des VBK zurück. Wie er erklärte: aus Protest gegen die »Repressalien« des Amtes für industrielle Formgestaltung. Haben Sie das auch so in Erinnerung?

Als ich Karl Clauss Dietel mit seinem Atelier-Partner Lutz Rudolph 1984 für deren gemeinsame Gestalter-Verdienste als Freiberufler den »Designpreis der DDR« verlieh, war davon keine Rede. In jenem Jahr wurde er Professor und 1988 auch VBK-Präsident. Ich hörte später, nach dem Ende der DDR, dass Dietel, der auch der

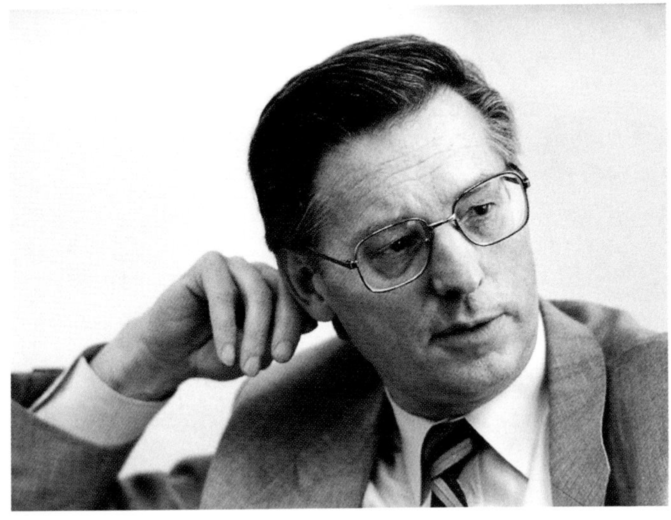

SED-Bezirksleitung in Karl-Marx-Stadt angehört hatte, verbittert sei. Möglicherweise speiste sich dieses Gefühl auch aus der Kenntnis seiner bei der Stasi-Behörde einliegenden Akten, weshalb er sich als »meistgejagter Formgestalter in der DDR« gerierte. Was soll ich dazu noch sagen? 2014 verlieh ihm das Bundeswirtschaftsministerium die erst 2002 eingeführte und nun letztmalig vergebene höchste deutsche Auszeichnung auf diesem Feld, den Bundesdesignpreis, für das Lebenswerk.

Ich habe niemals etwas gegen die Freiberufler gehabt, auch nicht gegen meinen ehemaligen Kommilitonen und Genossen Karl Clauss Dietel. Sie waren mir stets willkommen, besonders wenn sie als Spezialisten konkrete Aufgaben in Gestalterkollektiven in der Industrie mit lösen halfen. In aller Regel sorgten sie dort bei den Festangestellten für frischen Wind mit ihrer Außensicht. Und es gab spezialisierte Gestaltungsateliers von Freiberuflern wie das von Dietel und Rudolph in Karl-Marx-Stadt oder Gerhard Hempels FORM + GRAFIK in Dresden, nicht zu vergessen den formbund® in Neubrandenburg, gegründet 1986 von Reinhard Otto Kranz, Weißensee-Absolvent und Design-Förderpreisträger. Sie alle konnten sich über mangelnde Aufträge nicht beklagen.

Aus Gesprächen mit Vertretern des Verbandes Bildender Künstler wusste ich jedoch auch um die Probleme, die sich aus unserer zentral gelenkten Wirtschaft für freiberufliche Gestalterinnen und Gestalter objektiv ergaben. Ja, es gab Klagen über eine Verschlechterung der Auftragslage – doch das betraf nicht nur sie. Überall wurde in den achtziger Jahren gespart. Aus gesamtwirtschaftlicher Sicht relativierte sich darum dieses – ich sage mal – Jammern auf hohem Niveau. Hinzu kam, was auch in anderen künstlerischen Bereichen feststellbar war und vermutlich noch immer ist, denn dies liegt nun mal in der Natur des Menschen: die Überschätzung des eigenen Leistungspotenzials. Und drittens schließlich meine ich, dass auch Futterneid eine gewisse Rolle spielte. Die Entscheidung *für* die eine oder den anderen war (und ist) zugleich immer auch ein Votum *gegen* andere. Wie gut, dass man dafür immer ein Amt oder ein Ministerium haftbar machen konnte, denn in der Selbstwahrnehmung hatte eine Ablehnung nichts mit einem selbst, nichts mit den eigenen Fähigkeiten zu tun. Verantwortlich war die Behörde, gegen die sich der Unmut richtete.

Aber um noch einmal auf Karl Clauss Dietel und die anderen am Automobil-Design in der DDR beteiligten Gestalter zurückzukommen: Dietel hat jahrelang gemeinsam mit Lutz Rudolph im Auftrag des VEB Sachsenring Zwickau mehrere Nachfolgemodelle für den Trabant entwickelt, die alle nicht realisiert wurden. Dass dies frustrierte, verstand ich. Das AIF konnte daran nichts ändern, diese Entscheidungen traf nicht das Amt.

Meines Wissens waren das Amt für industrielle Formgestaltung und dessen Vorgänger-Institute nie staatliche Einrichtungen zur Arbeitsbeschaffung oder Auftragsvermittlung für Designerinnen und Designer gewesen. Aber hatte das AIF nicht doch zu stark den Fokus auf die Integration der Freien in die Kollektive der Festangestellten gerichtet? Weil die sich auf diese Weise besser kontrollieren ließen?

Nein. Unser primäres Interesse war es – das stimmt – die Designer und damit den Designprozess unmittelbar und kontinuierlicher in die Betriebsabläufe und hier vor allem bereits frühzeitig in die Forschungs- und Entwicklungsprozesse zu integrieren. Es sollten diese kreativen Kapazitäten langfristig gebunden werden. Deshalb orientierte die staatliche Designförderung – sprich das AIF als deren zentraler Institution – auf ein starkes professionelles, praxiserprobtes und verlässliches Potenzial von fest angestellten Gestalterinnen und Gestaltern in der Industrie. Steigende Design- und damit Markterfolge von Kombinaten wie TAKRAF, im Werkzeugmaschinen- oder Schienenfahrzeugbau, von Robotron oder in der Leichtindustrie wie etwa dem Kombinat Baumwolle, waren nur auf diese Weise zu erreichen. Eine zeitlich befristete, lediglich projektorientierte Zusammenarbeit mit freiberuflichen Gestaltern hätte dies nicht vermocht. Am effektivsten und erfolgreichsten funktionierte der Designprozess in volkseigenen Großbetrieben, in denen zentrale Gestaltungseinrichtungen mit einem starken Mitarbeiterstamm existierten. Nicht wenige Designer und Designerinnen – übrigens waren in der DDR-Industrie von Letzteren anteilmäßig weitaus mehr tätig als zum Beispiel in der Bundesrepublik – waren als Ingenieure oder Techniker vorgebildet und bevorzugten nach der Designausbildung eine Anstellung in technischen Industriezweigen, die dann entsprechend ihrer Qualifikation vergütet wurde. Also ordentlich.

TAKRAF war international gefragter Ausrüster für Tagebau-Großtechnik, Krane und Fördergeräte, RFT der Warenzeichenverband der DDR-Rundfunk-, Fernseh- und Fernmeldetechnik, NARVA das Großkombinat für die Lampen- und Leuchtenindustrie. Dort wurde von den Designern Erfolgsgeschichte geschrieben …

Richtig. Dort wurden die – übrigens nicht schlecht bezahlten – Freiberufler manchmal ganz bewusst als »Hechte in den Karpfenteich« eingesetzt, um die Kreativität zu befördern. Aber die Proportion zwischen Freiberuflern und Angestellten musste stimmen: nicht eine Masse an Freischaffenden draußen und in den Betrieben das Fähnlein von sieben Aufrechten. Diese praktische Designphilosophie verfolgen übrigens nach wie vor auch große kapitalistische Konzerne. BMW, Siemens, Mercedes, Bosch oder Carl Zeiss gehen nicht anders an ihre Produkterneuerung und -pflege heran. Starke Werks-Teams bilden das Rückgrat.

Es war doch weltfremd zu glauben, dass die Leiter volkseigener Betriebe – und in dieser Hinsicht glichen sie den heutigen kapitalistischen Managern – vorrangig

Fremdleistungen einkaufen wollten und nur vom Staat daran gehindert wurden, den freiberuflichen Designern die Ateliers einzurennen. Man vertraute auf Bekanntes, Bewährtes und – auch die Ökonomie spielte eine Rolle – Kostenneutralität. Die Festangestellten waren Lohnempfänger, wurden also für ihre Arbeit bezahlt – das Honorar für Freiberufler fiel zusätzlich an, mehrte also die Betriebskosten. Hinzu kam, dass eine Mehrheit unter unseren sozialistischen Unternehmern (was auch für die im Kapitalismus gilt) die Investition ins Design nicht als Chance, sondern eher als Risiko empfand. Das AIF leistete in den Betriebs- und Kombinatsleitungen oft Überzeugungsarbeit. Wir mussten für die Absolventen von Design-Hoch- und Fachschulen nachdrücklich werben, den Wirtschaftskapitänen klarmachen, dass sie keine überdrehten Phantasten und Spinner bekämen, sondern solide ausgebildete, diplomierte Gestalterinnen und Gestalter, denen die ökonomischen Zusammenhänge und Verbrauchergewohnheiten, Ansprüche der Industrie und Bedürfnisse der Nutzer durchaus bewusst seien.

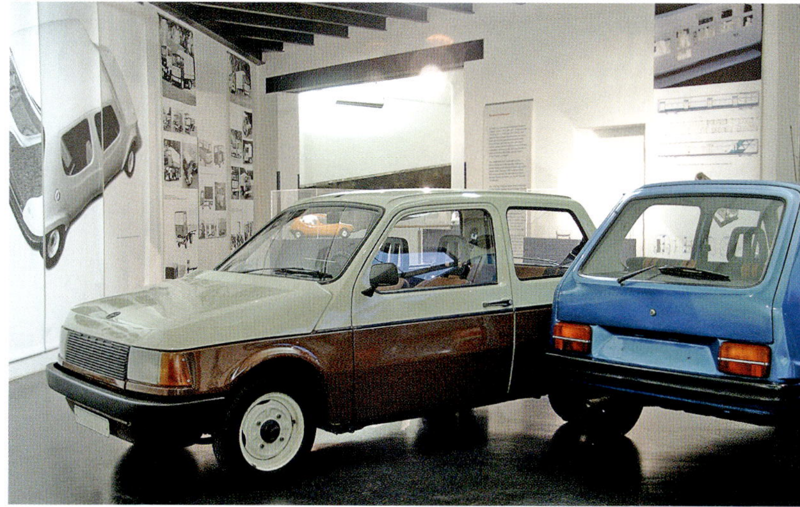

Karl Clauss Dietel, einst Studiennachfolger von Kelm, hat jahrelang gemeinsam mit Lutz Rudolph im Auftrag des VEB Sachsenring Zwickau mehrere Nachfolgemodelle für den Trabant entwickelt, die aber alle nicht realisiert wurden. Hier zwei Werksentwürfe mit der Bezeichnung Trabant SZ 601 W II – links, aus dem Jahr 1982 – und Trabant P 610 aus dem Jahr 1979.
Die Fahrzeuge wurden 2001 auf einer Designausstellung der Sammlung industrielle Gestaltung in Berlin gezeigt, die das gestalterische Gesamtwerk von Dietel und Rudolph würdigte.

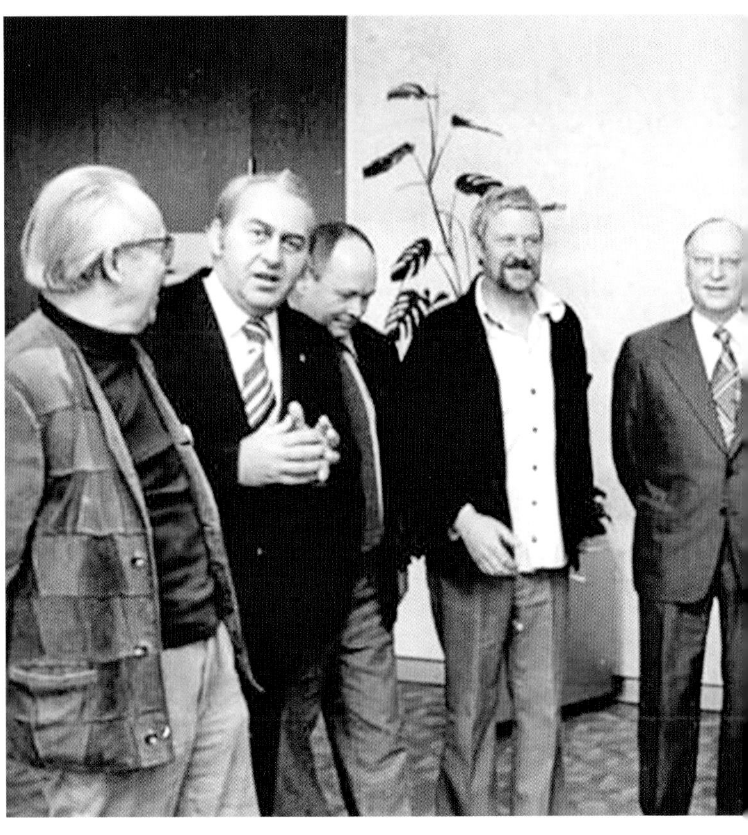

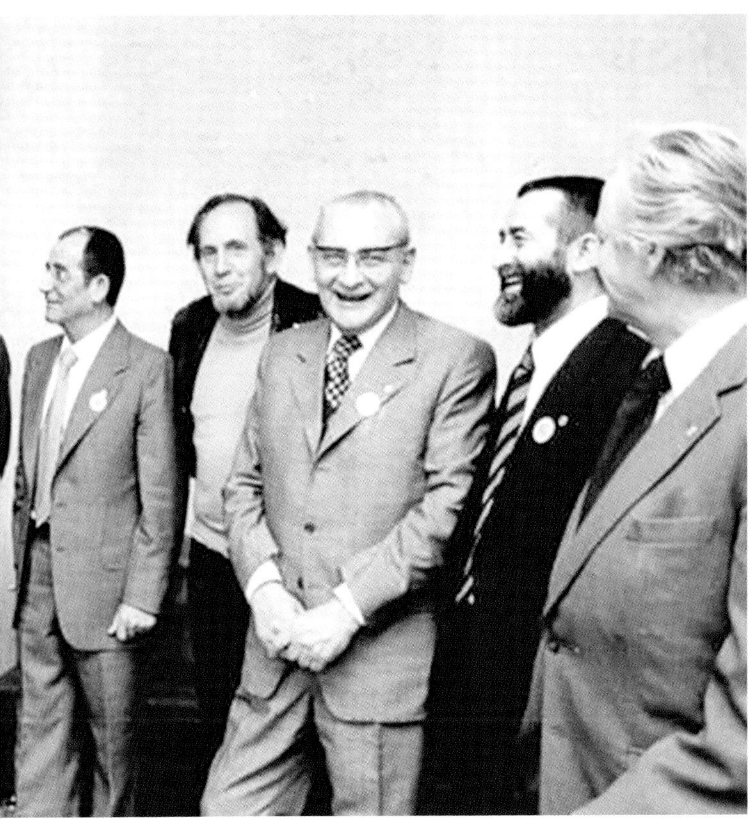

1978, auf dem VIII. Kongress des Verbandes Bildender Künstler – Zweiter von rechts Karl Clauss Dietel. Von links nach rechts: Herbert Sandberg, Grafiker, Konrad Naumann, Mitglied des Politbüros des ZK der SED und 1. Sekretär der Bezirksleitung Berlin, Walter Womacka, Maler, Jo Jastram, Bildhauer, Kurt Hager, Mitglied des Politbüros und Sekretär des ZK der SED, Willi Sitte, Maler, Bernhard Heisig, Maler, Paul Verner, Mitglied des Politbüros und Sekretär des ZK der SED, und außen Klaus Wittkugel, Grafiker.

Lutz Rudolph, 1963. Auch er war als Freiberufler an der Weiterentwicklung des Trabant-Designs beteiligt. Vornehmlich aus Kostengründen entschied Berlin, das in den sechziger Jahren entworfene Modell nicht zu verändern

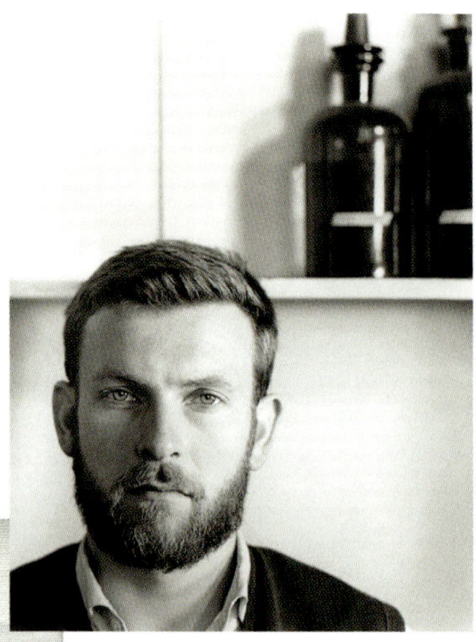

ZULASSUNG

Industrieformgestalter (freiberuflich)

Zulassungs-Nr. F 084/199

Zulassungs-Ausweis für freiberuflich tätige Industrieformgestalter, bestätigt durch die Unterschrift Martin Kelms als Institutsdirektor bzw. danach als Leiter des AIF.

Zulassung

Auf Grund der Anordnung vom 31. März 1971 über die Honorierung im Bereich der Erzeugnisgestaltung „Honorarordnung Erzeugnisgestaltung" (GBL. II S. 330) wird als freiberuflicher Industrieformgestalter zugelassen

E Sch
geb. am 27.5.1939

Die Zulassung berechtigt im Rahmen der Honorarordnung Erzeugnisgestaltung und der nebenstehend festgelegten Bedingungen, Auflagen und Fristen, Aufträge zur Gestaltung industriell gefertigter Erzeugnisse oder Erzeugnissysteme für Honorar auszuführen. Sie gilt für das Gebiet der Deutschen Demokratischen Republik und nur in Verbindung mit dem Personalausweis.

Befristet bis 31.3.1972 (Vorlage eines Gutachtens des VBK der DDR)

Berlin, den 1. September 1971

Vorsitzender der Zulassungskommission

Umweltgestaltung

Material-
sammlung
für
Schüler

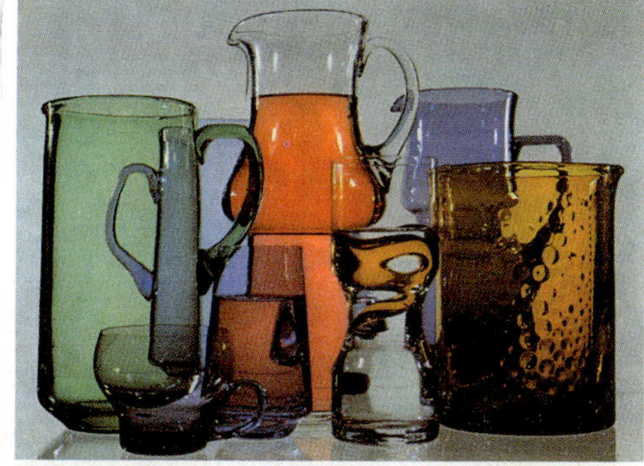

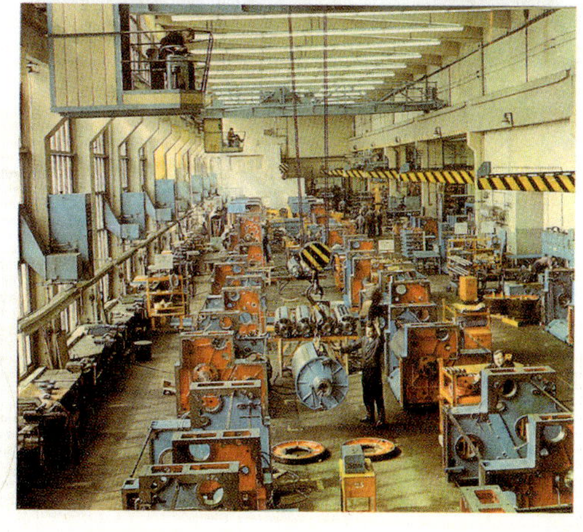

Ab Mitte der 1970er Jahre gehörte zum Unterrichtsstoff in den allgemeinbildenden Schulen der DDR die Vermittlung von Kenntnissen über funktional-ästhetische Merkmale gut gestalteter Produkte sowie von einer zeitgemäßen humanistischen Arbeitswelt – hier eine Broschüre aus dem Verlag Volk und Wissen Berlin für den Kunsterziehungsunterricht in den Mittelstufenklassen.

Kapitel 10

DDR-Design in der Welt

Design als Wirtschafts- und Kulturfaktor wurde in der DDR spätestens seit den siebziger Jahren weitgehend zentral geplant, gelenkt und auch kontrolliert, in der BRD hingegen war (und ist) Designpolitik praktisch Privatangelegenheit von Unternehmen und Institutionen. Das AIF war ein staatliches Amt, während der westdeutsche Rat für Formgebung eine – zwar mit Bundesmitteln mäßig unterstützte – mit keiner amtlichen Autorität ausgestattete Einrichtung darstellt. In der breiten öffentlichen Wahrnehmung spielt diese 1953 aus einem Bundestags-Beschluss hervorgegangene gemeinnützige Stiftung seit jeher nur eine geringe und bis heute weiter schwindende Rolle. 2019 wurde ihre Zweimonats-Zeitschrift für Produkt- und Kommunikationsdesign, Architektur und Interior-Design – das jahrzehntelang herausgegebene, sehr gut redigierte Magazin »design report« – überraschend eingestellt.

Wie wurde die staatliche Designförderung in der DDR eigentlich außerhalb unserer Landesgrenzen beurteilt? Sie und leitende Mitarbeiter des AIF waren viel in der Welt unterwegs.

Wir reisten auch schon früher. So präsentierten wir 1970 auf Einladung der britischen Außenhandelskammer in London – lange vor der Anerkennung der DDR durch das United Kingdom – die Ausstellung »GDR-Design '70«. Das war eine sehr umfassende Schau. Im Lauf der Jahre folgten weitere eigene Design-Ausstellungen und Beteiligungen an internationalen Expositionen, die letzte zeigten wir im Sommer 1988 im Haus der Wirtschaft in Stuttgart. Das Medien-Echo war jedes Mal groß, ebenso die Wahrnehmung der begleitenden Vorträge und Diskussionen. Und stets wurden Verwunderung und Anerkennung artikuliert, dass in der DDR Designförderung in Regierungsmaßnahmen eingebunden war. Das war in seiner konsequenten Art und Weise außergewöhnlich – im Westen, aber auch im Osten.

Ein besonders gutes, ja herzliches Verhältnis entwickelte sich während meiner Mitarbeit im ICSID, der Welt-Organisation designfördernder Institutionen, zum Präsidenten des japanischen Designerverbandes Kenji Ekuan (1929–2015), der wie ich dem Executiv Board angehörte. Er war sehr am DDR-Design und unserer staatlichen Förderung interessiert. Wiederholt besuchte er uns – sein bekanntestes Produkt ist die auch hierzulande bekannte Sojasaucen-Flasche –, und auf Einladung und als Gast von Kenji reiste ich nach Japan. Als unsere Oberen 1975 meine Nominierung zum Präsidenten des ICSID mit der Begründung ablehnten, dies würde mich zu viel Arbeitszeit kosten, wurde Kenji Ekuan Präsident des ICSID. Kenji lebte in Hiroshima, als 1945 die Atombombe die Stadt auslöschte. Er war am 6. August zufällig auf dem Lande, um Milch für die Familie zu holen. Er fand bei seiner Rückkehr nur noch die ins Gestein gebrannten Schatten seiner Schwester und seines Vaters vor. Er hat mir diese Geschichte, die mich außerordentlich berührte, in einer Nacht in seiner Wohnung erzählt. Nach der Wende verloren wir uns leider aus den Augen.

Der International Council of Societies of Industrial Design (ICSID) wurde 2017 in World Design Organization (WDO) umbenannt.

Das Amt für industrielle Formgestaltung der DDR war nicht nur Mitglied im ICSID, sondern stellte dort etwa mit Ekkehard Bartsch auch Führungspersonal. Bartsch, Jahrgang 1934, hatte 1960 sein Diplom in Weißensee gemacht, schuf DDR-Designklassiker wie das Telefon W58 und das Tonbandgerät BG26 und war im AIF einer Ihrer Stellvertreter.

Ja, die DDR und ihr Design waren gut angesehen in diesem großen internationalen Klub. Mancher dort wünschte sich eine ähnliche staatliche Einflussnahme auf das Design wie in der DDR. Ich spürte im Ausland auch die hohe Wertschätzung, weil wir das Bauhaus wieder zum Leben erweckt hatten. Im Herbst 1989 sprach ich auf dem ICSID-Kongress in Nagoya über unsere Designförderung und erhielt dafür *standing ovations*. Der Beifall galt nicht mir, sondern der Politik der DDR auf diesem Gebiet.

Auch trug die Qualität unserer Fach-Veröffentlichungen zu unserem hohen Ansehen bei, insbesondere die vom AIF herausgegebene Zeitschrift *form+zweck*, die 1956 erstmals als *Form und Zweck* erschienen war, hatte daran ihren Anteil. Als Chefredakteur haben auch Sie ja das Echo aus dem Ausland erfahren.

Ein gutes Viertel der Auflage ging damals ins Ausland und in die BRD. In der zweiten Hälfte der achtziger Jahre konnte ich in form+zweck *auch westdeutsche und Westberliner Publikationen und Ausstellungen rezensieren sowie Bücher und Kataloge für die Fachbibliothek des AIF mitbringen. Und es kamen auch immer mehr Autorenbeiträge aus dem Westen, man nahm uns dort ernst, wir waren Designern im Westen offenkundig eine interessante Bühne. Es entwickelten sich gute*

Beziehungen zum Fachbereich Design an der Hochschule der Künste in Westberlin, heute UdK, zum dortigen Internationalen Designzentrum (IDZ) und auch zum Bauhaus-Archiv.

Bei einer meiner ersten Chefredakteurs-Dienstreisen nach Westberlin wurde ich vom Dekan der HdK, Professor Werner Linder, in der Bibliothek seines Fachbereichs Design begrüßt. Als wir an dem Lesetisch standen, auf dem die aktuellen internationalen Design-Fachzeitschriften alphabetisch aufgereiht waren, entdeckte ich auch unsere. »Das ist aber unfair, hier meine form+zweck *neben dem dicken Hochglanzmagazin* form *zu präsentieren«, sagte ich ein wenig indigniert. Linder darauf: »Guter Herr Höhne – die* form *aus Frankfurt am Main geht wohl glatter von Hand zu Hand, aber mit Ihrer anzeigenfreien Zeitschrift* arbeiten *wir.«*

Auch wir verfügten in unserer Fachbibliothek in der Clara-Zetkin-Straße nahe dem Bahnhof Friedrichstraße – nunmehr wieder Dorotheenstraße – über eine stattliche Reihe ausländischer Periodika als Leseexemplare für Gestalterinnen und Gestalter. Oft wurden die ganz einfach und kostenlos aus der BRD, Österreich, Italien und sogar auch aus Südkorea im gegenseitigen redaktionellen Austausch mit *form+zweck* bezogen.

Fachpresse aus der ČSSR, Polen, Ungarn, Bulgarien und aus Moskau die immer etwas seltsam nach Chemie riechende Technitscheskaja Estetika *gab es dort ebenfalls. Aber warum kam nie eine organisierte praktische Zusammenarbeit auf dem Gebiet des Designs im Rahmen des Rates für Gegenseitige Wirtschaftshilfe (RGW) zustande? Erst im Jahr 1985 gab es die erste (und zugleich letzte) gemeinsame Designausstellung sozialistischer Länder, »design 85« genannt. Sie fand in Moskau statt, was insofern verwunderte, weil die Sowjetunion nun nicht unbedingt als Mutter- und Musterland modernen Designs galt.*

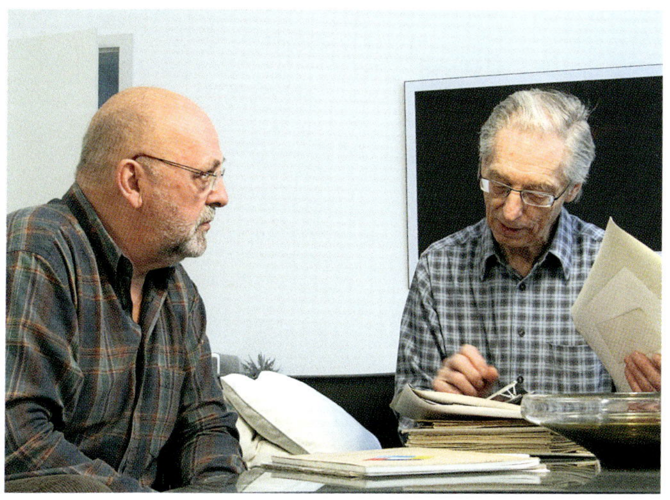

Martin Kelm und Günter Höhne beim Redigieren des Interviews

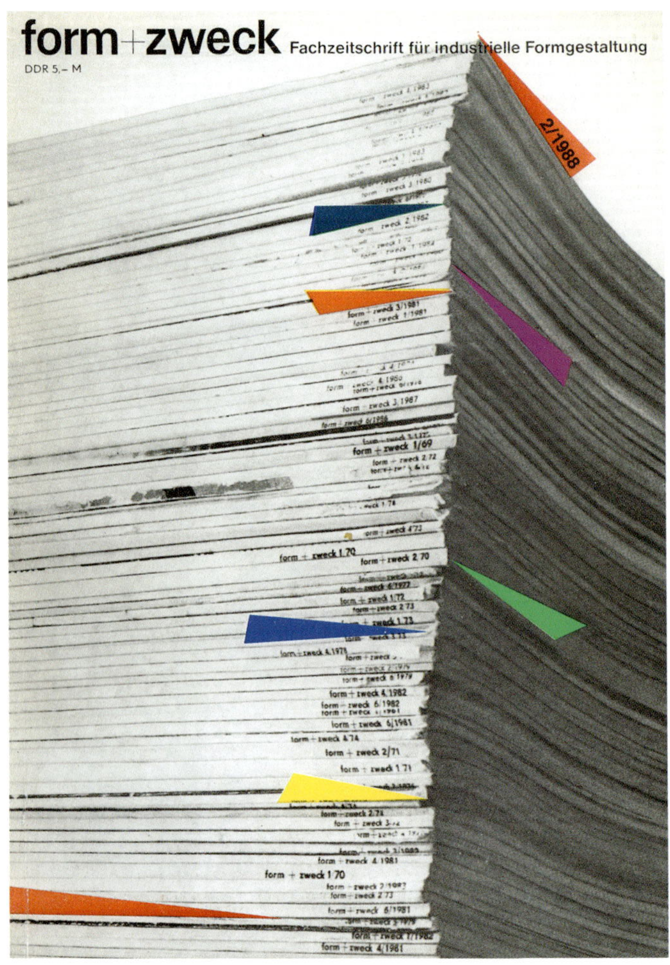

form + zweck, die Fachzeitschrift für industrielle Formgestaltung aus der DDR, erschien seit 1956. In den achtziger Jahren ging ein Viertel der Auflage ins Ausland.

(zu 3.5.2.) Exponaten-Liste

GDR-Design '70 Arbeitsexemplar in London

Kaffeeservice "1001 Nacht"
Form: Ludwig Zepner, Meißen
1959/60
Dekor: Heinz Werner, Meißen
1968
Hersteller: VEB Staatliche Porzellanmanufaktur Meißen

GM 1967

Das Speiseservice "1001 Nacht" ist im Gegensatz zu den industriell hergestellten Seriengeschirren ein Produkt handwerklichen Könnens und für betont exklusiv-ideelle Ansprüche bestimmt.

Kaffee-, Mokka-, Tee- und Speiseservice "Julia"
Gestalter: Ilse Decho, Leipzig
1967
Hersteller: VEB Porzellankombinat Colditz, Werk Freiberg

GM 1968

Kaffee-, Mokka-, Tee- und Speiseservice "Vesta"
Gestalter: Hildegund Sell, Wissenschaftlich-Technisches Zentrum der feinkeramischen Industrie, Meißen
1967
Hersteller: VEB Porzellankombinat Kahla, Werk Reichenbach

GM 69

Kaffeeservice "~~Rubin~~" Diamant"
Gestalter: Astrid Löffler, Hochschule für industrielle Formgestaltung, Halle
1967
Hersteller: VEB Porzellankombinat Colditz, Werk Lettin

Kaffee-, Tee- und Speiseservice "Sonete"
Gestalter: Günter Pucher/Heidi Rosemann/ Erhard Franke, Kahla
1967
Hersteller: VEB Porzellankombinat Kahla

GM 68

Kaffee-, Tee- und Speiseservice "Quintett"
Gestalter: Günter Pucher/Heidi Rosemann/ Erhard Franke, Kahla
1968/69
Hersteller: VEB Porzellankombinat Kahla

1970 fand auf Einladung der britischen Außenhandelskammer in London – lange vor der Anerkennung der DDR durch das United Kingdom – die DDR-Ausstellung »GDR-Design '70« statt. Das ist ein Blatt der damaligen Ausstellungsliste. Umseitig das zu dieser sehr umfassenden Schau vergebene Erinnerungsstück aus Meißner Porzellan.

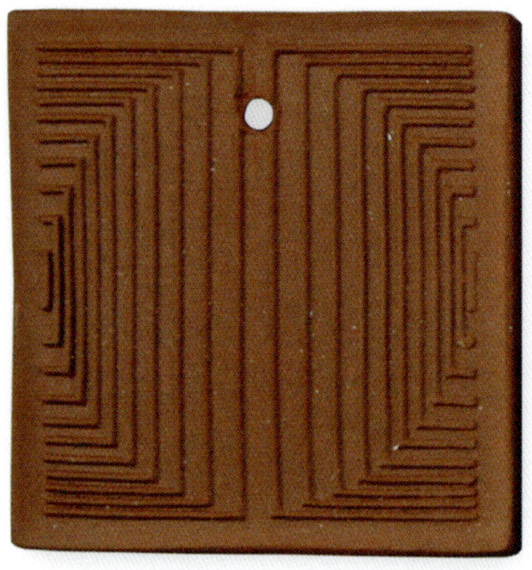

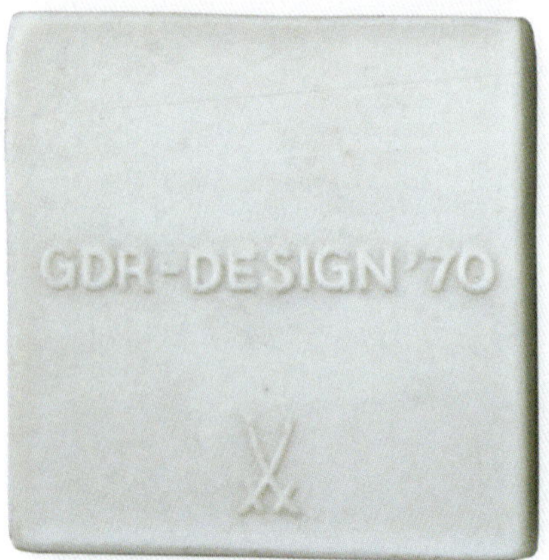

Signet des Zentralinstituts für Formgestaltung Berlin (Vorläufer des AIF) auf der Porzellan-Plakette zur Ausstellung »GDR-Design '70« in London. Das Signet schuf 1963 der Grafiker Axel Bertram.

Martin Kelm:

The Functionalistic Heritage and The Widened Responsibility

Recently, during a discussion on design somebody said in jest: design is when designers design a design for the functionality of a design.

There is hardly another term so contrarily discussed like the term functionalism. Some define it as emotional poverty and technicistic one-sidedness, others call it style. Neither of the two is right. To speak about funtionalism is no question of theory, it is an orientation for the future of our life! Great designers and architects always looked upon the functionality of things as complex and universal. Gropius stated: "Function or purpose means nothing else but service to man, it means humanism in its materially and spiritually intended use." Mies van der Rohe took a similar view: "Form as purpose leads to formalism because this is striving not for an interior, but for an exterior. But only a vital interior causes a vital exterior. Only life intensity shows form intensity. All "how" comes from a "what" ... Real form requires real life ... The life is the decisive point."

A chair is made, bought and used for sitting on it. To fulfill this function is the primary design task. At the same time function of the chair includes proportion, shape effect, aesthetics due to ideal intended use or concrete living requirements. The history knows already thousands of design variants of the chair and the future will bring about further ones - a proof of the comprehensiveness of functionalism. Therefore design is always the expression of the zeitgeist, symbolises for the user his life and presence in a given time and with the times.

Some say that functionalism is dead because nowadays form does not follow technical function in each case (I only mention the example of microelectronic devices). Form as symbol, as semantic dimension reflecting the relationship between form, product and user goes beyond function or nctionalism as defined by the formula "form follows funcn".

Ladies and Gentlemen!

e good functioning of our world and all things surround- us has become more and more a question of further tence of mankind and nature. The world is changing ly. More than 5 thousand million people fill our planet dy. At the same time millions of people die of hunger or tastrophes day in, day out. The real life of people, their and views change continuously. Technics and tech- develop with an enormous speed and produce new ns for man and environment. Today we know: the uences of this technical development threaten alrea- e on our planet. To design the products in our world l as possible - useful for living and for surviving - is

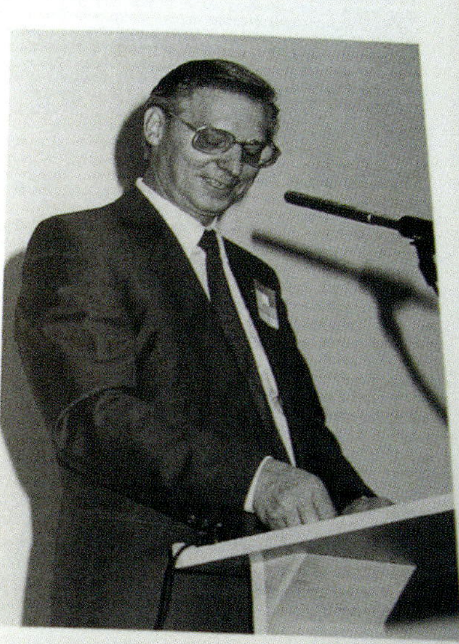

Everybody is aware of the consequences for man and nature of the depletion of the ozone-layer, of air and wate pollution. Life on earth is at stake.

This is a development that we cannot just stare at passively and depressed. Future life on our planet shall be eve better than today, the generations to come shall enjoy hig standards of culture and technology, but also the beautie of nature.

Only man himself is able to minimize the risk that is i herent in the technological development. What we need a new ways of thinking and action. We must ask ourselve what design can contribute to it? Designers and design i

Im Herbst 1989 sprach Kelm auf dem ICSID-Kongress in Nagoya über die Designförderung der DDR und erhielt dafür standing ovations (Ausschnitt aus dem Konferenz-Bericht).

Kapitel 11

Der Große Bruder UdSSR

Warum es bis dahin zu keiner gemeinsamen Ausstellung sozialistischer Länder kam? Weil es dort einfach zu wenig vorzeigbares oder gar vorbildliches Design gab. Ohne Überheblichkeit muss konstatiert werden, dass wir als DDR allen voraus waren. Eine Schau etwa in den siebziger Jahren hätte das unterschiedliche Niveau in der Produktkultur allzu sichtbar werden lassen, der Vergleich wäre mitunter peinlich gewesen, eine Reihe von Erzeugnissen aus der CSSR und aus Ungarn ausgenommen.

Die »design '85« auf dem Gelände der Moskauer Allunions-Ausstellung ging auf eine Initiative meines sowjetischen »Amtsbruders« Jurij Solowjow zurück. Solowjow war der Direktor des 1962 in Moskau gegründeten »Allsowjetischen wissenschaftlichen Instituts für technische Ästhetik« (WNIITE), das Niederlassungen zum Beispiel in Leningrad, Minsk, Tbilissi und Jerewan unterhielt. Das Wort »Design« mied man gewöhnlich in der Sowjetunion, man sprach von »technischer Ästhetik«. Und weil es keine ausgebildeten Designer gab, engagierte Solowjow vorwiegend Ingenieure, Psychologen, Historiker und Grafiker, die, auch das gehört zur historischen Wahrheit, oft Konsumgüter »nachempfanden«, welche Dienstreisende aus dem westlichen Ausland mitgebracht und dem WNIITE zum Studium überlassen hatten. Auf ICSID-Zusammenkünften reüssierte Solowjow als wortreicher Charming-Boy und Ästhet. Er wollte und musste mit der Ausstellung »design 85« Designerfolge sozialistischer Länder, aber besonders in der Sowjetunion zeigen, denn man erwartete im Kreml, dass das WNIITE nun endlich auch mal »lieferte«. So stand nun im Zentrum von »design 85« die digitale RGW-Rechnerverbund-Generation aus der Sowjetunion. Deren Hardware-Komponenten waren allerdings weitgehend DDR-Design.

Ich erinnere mich noch sehr gut an diese Ausstellung, die Besucher drängten sich an den Ständen mit DDR-Industrieerzeugnissen, besonders der Konsumgüterindustrie. Die Exposition hatten die Leiter der Design-Institutionen Bulgariens, der CSSR, der DDR, Kubas, Polens und der UdSSR auf ihrem Treffen im Dezember 1984 in Berlin beschlossen. Die DDR-Nachrichtenagentur ADN zitierte Sie damals, dass man »über die weitere Zusammenarbeit beraten« habe, »insbesondere in der Designförderung und bei der Weiterbildung von Fachkräften. Breiten Raum nahm die Vorbereitung der gemeinsamen Ausstellung der RGW-Länder ›Design 85 – Design für die sozialistische Gesellschaft‹ ein, die, verbunden mit einem dreitägigen Symposium, im Frühjahr 1985 in Moskau stattfindet.«

Über diese Ausstellung selbst fand sich, was bezeichnend war, dann nicht eine einzige Zeile im Neuen Deutschland. *Wir akkreditierten Berichterstatter der Fachpresse konstatierten bei den Polen, Bulgaren und Rumänen allenfalls Ansätze von zeitgemäßer Produktgestaltung, oft aber handelte es sich lediglich um Serien-Entwürfe.*

Wenn einmal ein sowjetisches Exponat auffiel, kam es aus den baltischen Republiken, aus der Ukraine, Armenien oder aus Georgien. Aber auch das waren meist nur Modelle, Unikate also, nicht Serienprodukte. Unter uns machte das Wort die Runde von den sowjetischen Designern als »Weltmeistern der Makette«, also des Entwurfs.

Solowjow machte einen Fehler, als er – zu uns nach Berlin schielend und dem Vorbild des AIF vermeintlich folgend – »sein« WNIITE in Moskau und mit Filialen in einigen Sowjetrepubliken installierte. Ihm standen zwar zweitausend Mitarbeiter zur Verfügung, aber nur wenige qualifizierte Formgestalter. Eine spezialisierte Designer-Hochschulausbildung gab es inzwischen bereits, aber längst nicht auf dem Niveau, das wir in der DDR hatten. Wir haben hier bei uns zuerst das Berufsbild geschaffen und dann die Institution – in der Sowjetunion hat man es umgekehrt gemacht, also von oben dekretiert. Und das erwies sich als falsch. Ähnlich war man in anderen sozialistischen Ländern verfahren. Die Industrie war auf eine Übernahme von Design nicht vorbereitet.

Ich besuchte 1986 in Jerewan die armenische Filiale von WNIITE. Man zeigte mir serienreife Entwürfe für Sanitär-Ausstattungen aus dem schwarzen vulkanischen Mineral Obsidian, das dort im Tagebau gewonnen wurde. Sehr interessant. Man hatte einen potenziellen Hersteller gefunden, allerdings nicht vor Ort, sondern im Nordosten der Sowjetunion. Der unterstand administrativ allerdings der WNIITE-Filiale in Leningrad, die die Entwürfe aus Jerewan nicht wollte. Sie kamen in deren Augen schließlich von der Konkurrenz. Konsequenz: Die ansprechende Sanitär-Kollektion aus Armenien blieb also »Makette«, Entwurf.

In Warschau traf ich zur etwa gleichen Zeit beim Besuch einer Produktausstellung im dortigen Institut für Gestaltung auf schlichte und dabei ergonomisch sehr interessante und »mitwachsende« Schulmöbel aus Kiefernholz, die ich anschließend in form+zweck *begeistert vorstellte. Nur: Es fand sich in Polen kein Produzent.*

Da hatten wir als staatliches Amt für industrielle Formgestaltung aufgrund der Anbindung an den Ministerrat der DDR doch eine gewisse »Macht«: Wir konnten Entwürfe, wenn sie wirtschaftlichen und kulturellen Erfolg versprachen, produktionswirksam werden lassen – durch fachlich fundierte Argumentation in ökonomischen und politischen Entscheidungsgremien, aber auch durch finanzielle Anreize für die Herstellerbetriebe. Wenn unsere Gutachtergruppen Produktmustern die Prädikate »Gestalterische Spitzenleistung« oder »Gute gestalterische Leistung« zusprachen, dann erhielten die Hersteller mit Aufnahme der Serienproduktion staatliche Boni auf die Verkaufserlöse. Und die waren sehr begehrt, gerade in den achtziger Jahren, als es vielen Betrieben ökonomisch nicht mehr gut ging.

Ich wusste übrigens sehr genau, wie die Situation in der Industrie aussah, war jede Woche mindestens einmal in einem Industriebetrieb, besuchte Generaldirektoren und Werkleiter, aber auch die Designerinnen und Designer in ihren Ateliers in Bautzen, Dresden, Jena, Suhl und anderswo. Das war ein Arbeitsprinzip von mir. Wenn Probleme sichtbar oder angesprochen wurden, war ich bemüht, sie vor Ort zu lösen.

Wurde dies auch »oben« wahrgenommen und wertgeschätzt, was sich da auf diesem Feld in der DDR alles so tat?

Durchaus, jedenfalls intern und ohne dass es an die große Glocke gehängt wurde, was mir nur recht war. Zumal einige praktische Folgerungen, die sich aus internationalen Kontakten ergaben, gelegentlich von einer gewissen Brisanz und nicht unbedingt designrelevant waren. Beispiel: Günter Mittag machte 1986 den Vorschlag, ich solle erneut nach Japan fliegen, wo ich schon zweimal an ICSID-Veranstaltungen teilgenommen hatte. Und zwar diesmal als Staatssekretär, um die elektronische Konsumgüterindustrie – Radiotechnik, Videotechnik und so weiter – aufmerksam zu studieren. Der Besuch werde von unseren Fachministern und der Botschaft vorbereitet. Ich war zwei Wochen in Japan unterwegs. Das japanische Ministerium für Internationalen Handel und Industrie (MITI) hatte überall die Türen geöffnet. Bei der Gelegenheit bekam ich mit, dass nicht nur deren Wirtschaftsplanung über fünf und zehn Jahre reichte, sondern weitaus präziser und komplexer war als die unsrige. Sie hatten genau im Visier, ab wann auf welchen Industriegebieten Europa, die USA und andere Volkswirtschaften eingeholt und überholt werden sollten. Zu jener Zeit war zum Beispiel die Fotoindustrie Made in Germany Weltmarktführer, ihre Marken wie Olympus, Leica, Minox oder Arri galten als das Maß aller Dinge. Das MITI plante die Schritte mit den japanischen Unternehmen präzise und perspektivisch, wie die westdeutsche Konkurrenz attackiert und überrundet werden sollte. Und natürlich in welchen Zeiträumen.

Ich wurde von einem Unternehmen zum anderen weitergereicht, jedes Mal wurde ich vom Präsidenten empfangen und über die Produktion informiert, man zeigte mir von der Forschung und Entwicklung über den

Fertigungsprozess bis hin zur Auslieferung einschließlich der Qualitätskontrollen alles. Nicht nur von dieser Offenheit konnte ich viel lernen.

Der Präsident von Sanyo, einem der größten Konzerne zur Herstellung von elektrischen und elektronischen Geräten in Japan, schlug mir ein Joint Venture vor. Die DDR solle in diesem gemeinsamen Unternehmen in der DDR die Majorität mit 51 oder mehr Prozent behalten – vorausgesetzt, dass die japanische Industrie die komplette computergesteuerte Ausrüstung übernehmen dürfe. Nur auf den Platinen der dort hergestellten Produkte müsse Made by Sanyo stehen. Alles andere, eingeschlossen das Design, wäre Sache der DDR. Aber wenn wir dort Unterstützung benötigten, werde man auch dabei helfen. (Japan hatte damals zehnmal mehr und bestausgerüstete Designer als wir.)

Außerdem bemerkenswert und vielleicht noch wichtiger: Bei uns waren zwei Drittel der Beschäftigten in der Produktion tätig und ein Drittel in der Forschung und Entwicklung, darunter vielleicht eine Handvoll Designer – in Japan war dieses Verhältnis in der Regel genau umgekehrt.

Nach meiner Rückkehr wies mich Günter Mittag an, meine Beobachtungen und Schlüsse aufzuschreiben und in der Wirtschaftskommission darüber zu informieren. Geschäftsangebote wie das von Sanyo sollte ich aber auslassen. Auch in den Berichten an Außenhandelsminister Gerhard Beil (1926–2010) und an den Planungschef Gerhard Schürer (1921–2010) sollte diese Offerten unerwähnt bleiben.

Kam dieses Joint Venture zustande?

Leider nein. Uns wäre eine solche Vereinbarung höchst willkommen gewesen, vor allem auf dem Konsumgüter-Sektor hätte uns eine solche Kooperation geholfen.

Günter Mittag beauftragte mich zunächst, gemeinsam mit Gerhard Beil eine Vorlage zu erarbeiten, dann hörte ich eine ganze Weile davon nichts mehr.

Nach einer Moskau-Reise mit Erich Honecker bestellte mich Günter Mittag zu sich. Aus dem Joint Venture werde nichts, sagte er, Gorbatschow sei dagegen. Aus welchem Grunde, sagte er nicht. Aber wie wir heute wissen, fürchtete Moskau die Selbstständigkeit der Bündnispartner – die man ihnen doch angeblich zugestanden hatte. Auch der Erfinder von Perestroika und Glasnost wollte das Heft des Handelns in der Hand behalten. Darin glich er all seinen Vorgängern.

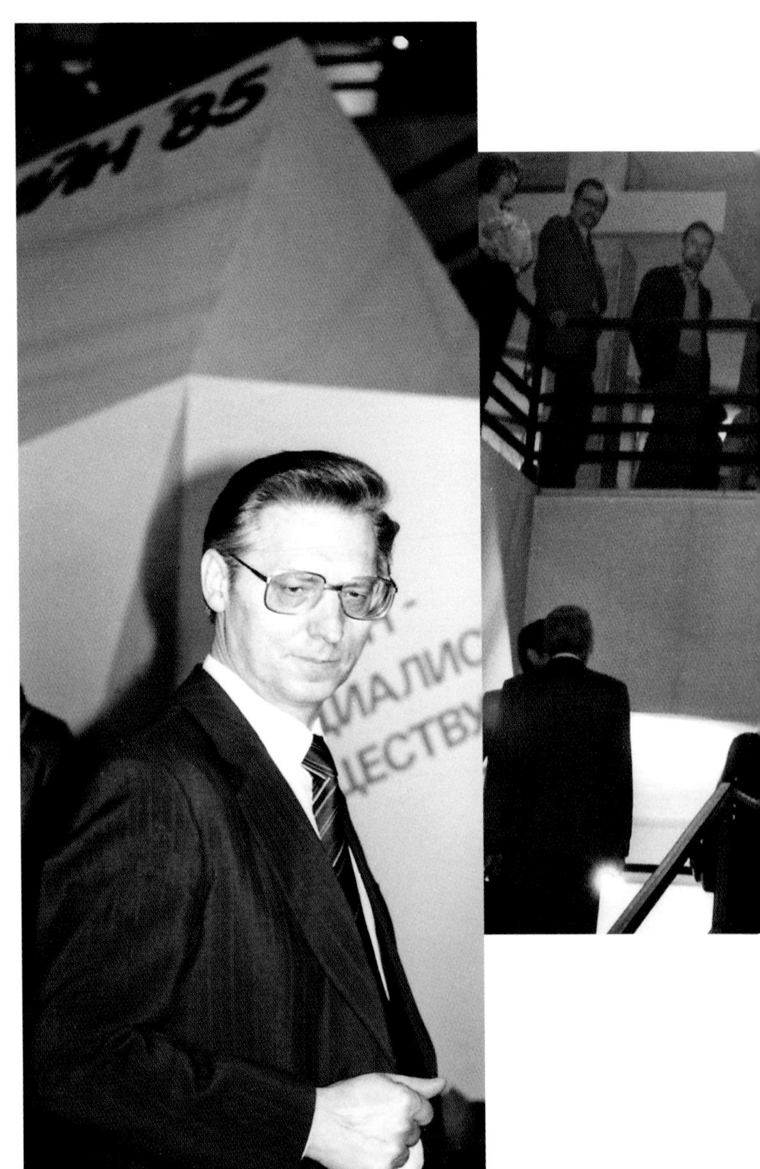

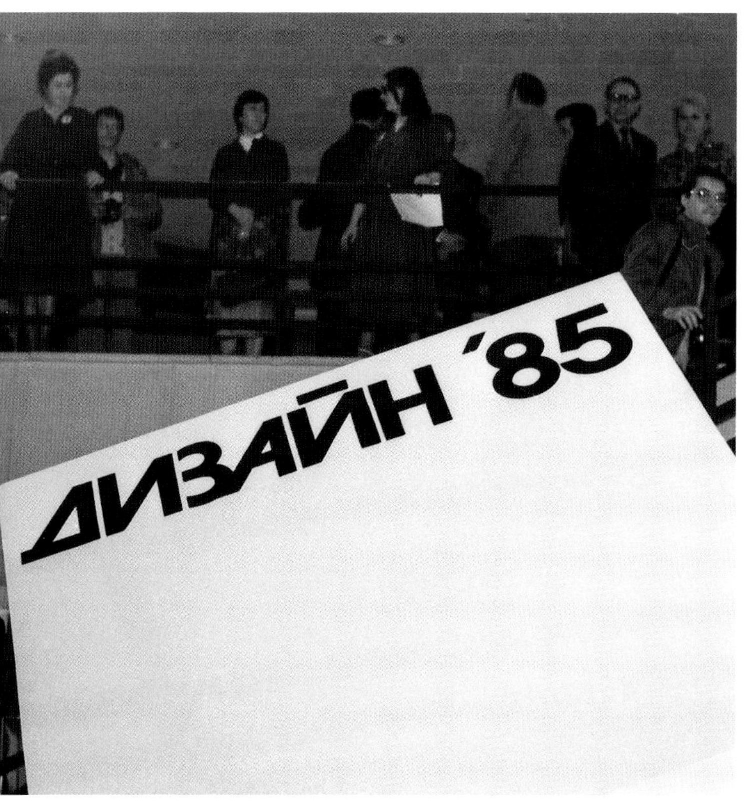

1985 fand in Moskau »design '85« auf dem Gelände der Allunions-Ausstellung statt, die erste Leistungsschau dieser Art im Ostblock. Sie ging auf eine Initiative von Kelms sowjetischem Kollegen Jurij Solowjow zurück, dem Direktor des 1962 gegründeten »Allsowjetischen wissenschaftlichen Instituts für technische Ästhetik« (WNIITE). Den Begriff »Design« vermied man ansonsten in der Sowjetunion.

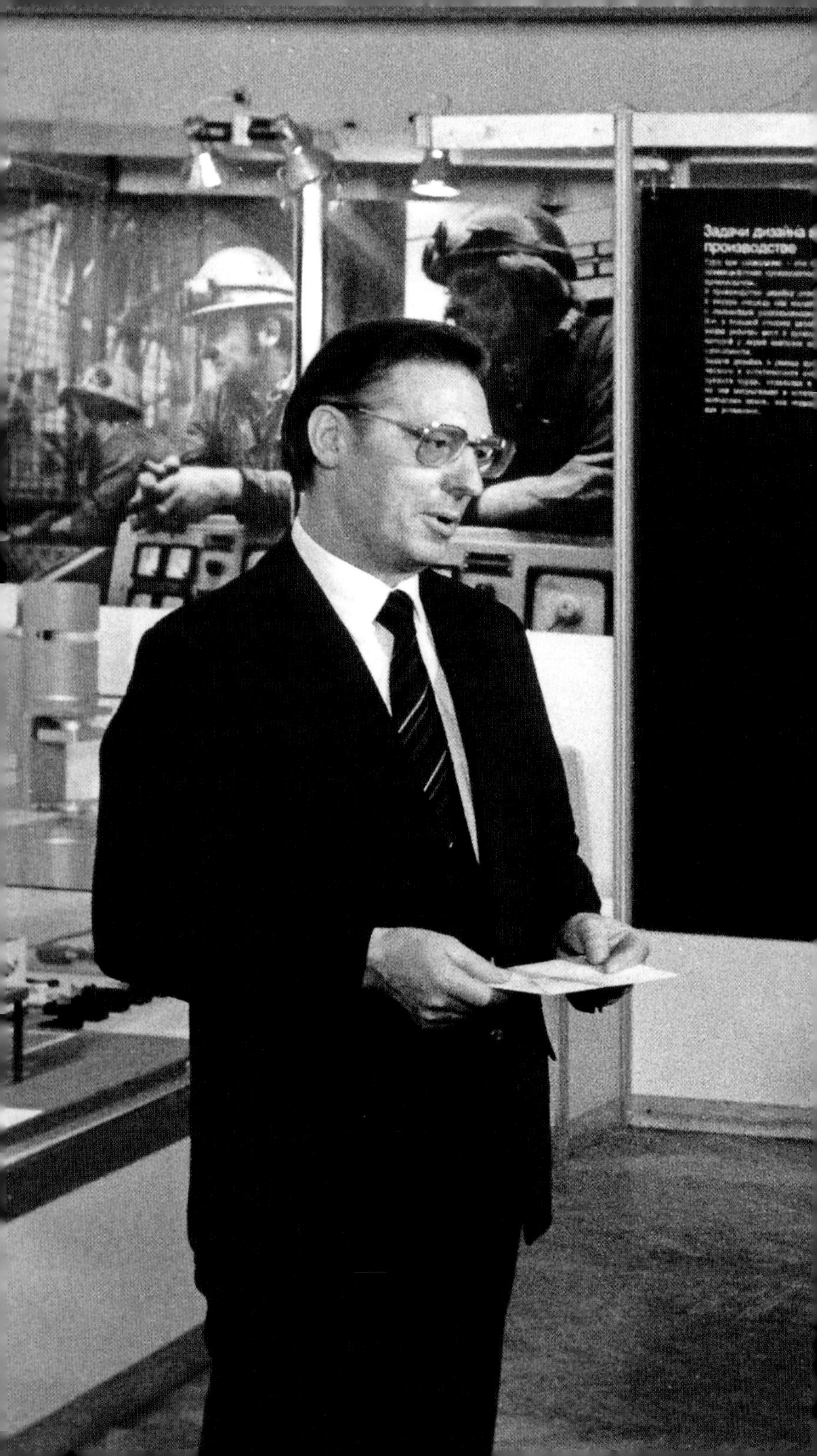
Задачи дизайна
производстве

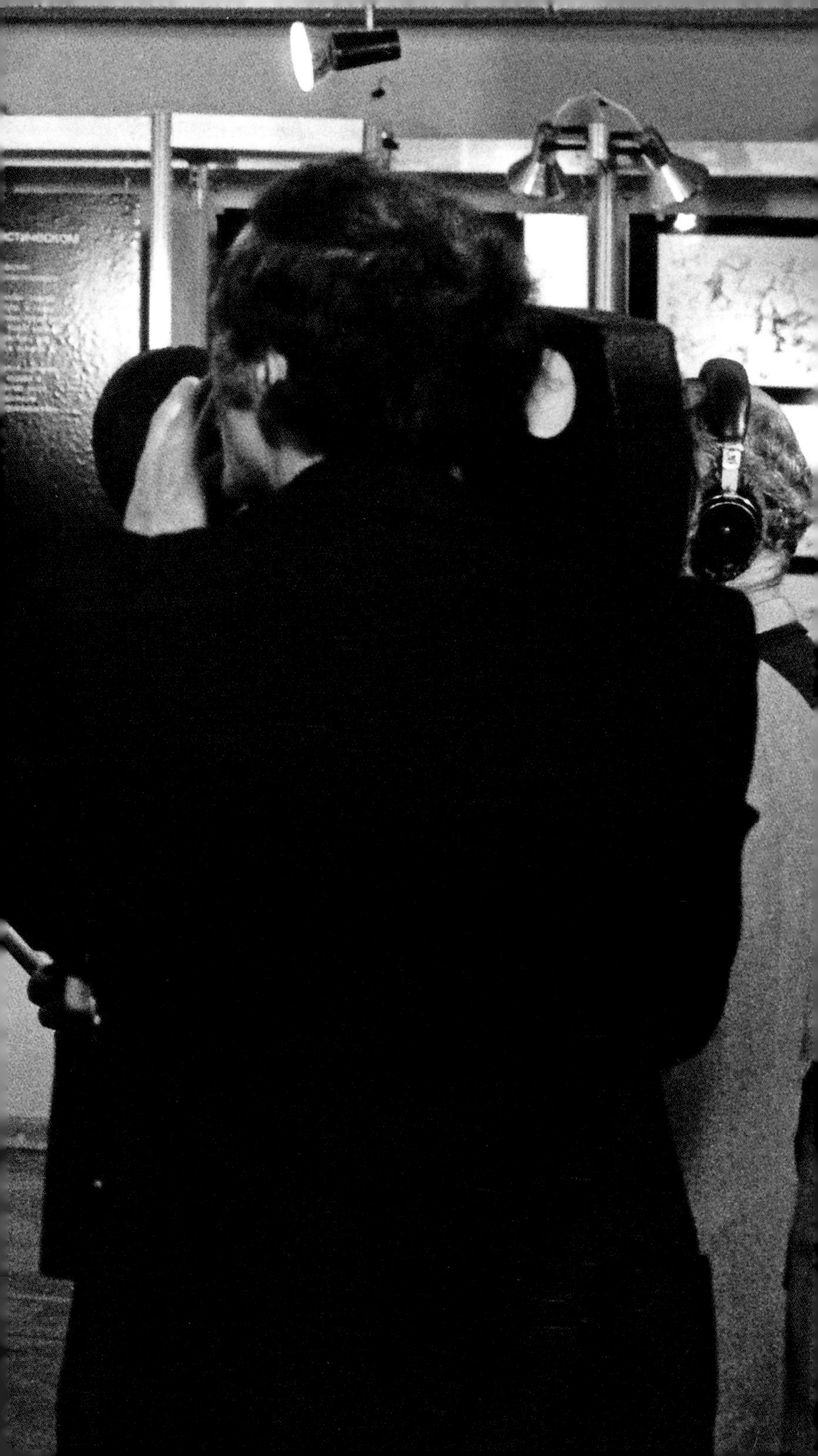

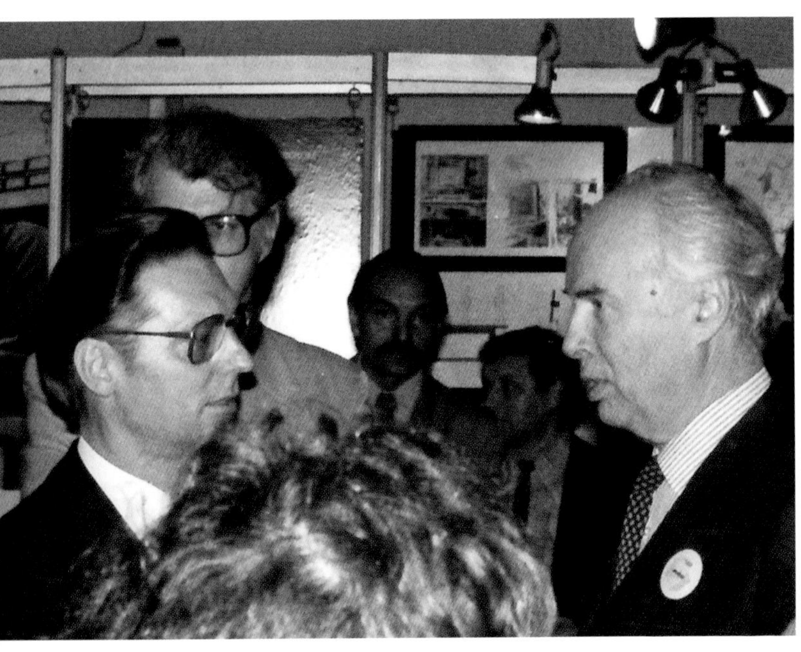

Die Chefs der Einrichtungen in der DDR und der Sowjetunion, Kelm und Solowjow, in der Ausstellung in Moskau.

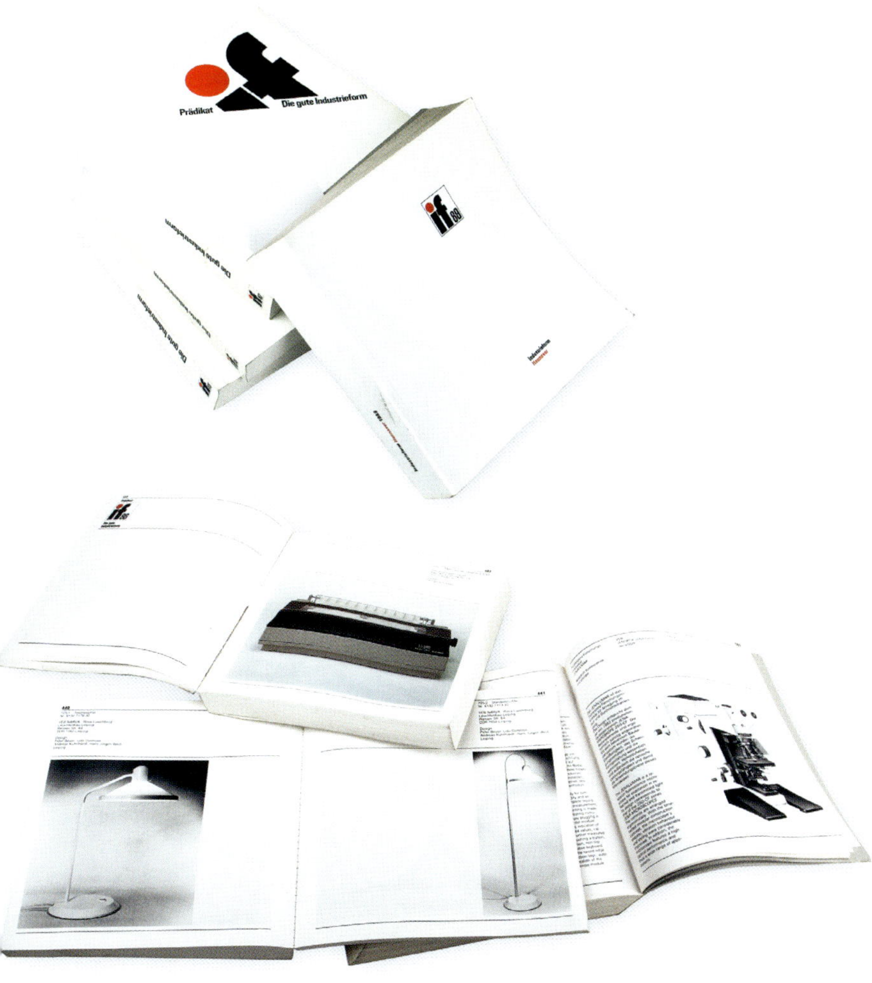

Kataloge der jährlich auf den Hannover-Messen vergebenen internationalen Designauszeichnungen »iF Award«, hier von 1985 bis 1988 mit prämierten DDR-Produkten aus den Kombinaten Robotron, NARVA und Carl Zeiss Jena.

Kapitel 12

Gestaltungschance Schorfheide

Ende 1989 fand in Japan der letzte ISCID-Kongress statt, an dem Sie teilnahmen. Bei Ihrer Rückkehr war bereits Honeckers Nachfolger, Egon Krenz, von all seinen Ämtern zurückgetreten, die DDR befand sich in Auflösung. Nach einem Jahr sollte nicht nur die zweite deutsche Nachkriegs-Republik, sondern auch das Amt für industrielle Formgestaltung Geschichte sein.

Wie nahezu alle Funktionsträger der untergegangenen DDR wurden auch Sie in den westdeutschen Medien und deren inzwischen im Osten übernommenen Redaktionen übel beschimpft und verleumdet. Sie und Ihre Frau Elli Kelm wurden als Günstlinge der Parteiführung denunziert. Diese niederträchtigen Unterstellungen erwiesen sich als haltlos, wie offizielle Untersuchungen ergaben. Man konnte Ihnen und Ihrer Frau nichts am Zeuge flicken. Sie verließen 1993 Berlin und zogen sich in die alte Heimat zurück. Es war auch eine Rückkehr zu Ihrer ursprünglichen Profession.

In der Rückschau und ein wenig provokant: Bedauern Sie es, viel Lebenszeit mit Leitungs- und Verwaltungsaufgaben verbraucht zu haben, statt kreativ zu gestalten?

Das sieht nur von außen so aus. Ich habe auch während dieser Zeit viele praktische Designaufgaben bearbeitet, womit ich die administrative Tätigkeit kompensierte. Die meisten dieser Arbeiten unterlagen der Schweigepflicht, sie wurden auch nicht dokumentiert, weshalb mir heute viele Nachweise fehlen.

Was waren das für geheime Aufgaben?

Meist handelte es sich um architektonische Aufträge, aber auch um die Innenausstattung von Räumen: Schreibtische, Stühle, Sessel, Konferenztische und dergleichen für Büros im Ministerrat, im Staatsrat und im ZK der SED. Die Entwürfe wurden mit den Deutschen Werkstätten Hellerau oder qualifizierten Handwerksbetrieben realisiert.

Ich entwarf auch mehrere Objekte, etwa den Umbau des Jagdschlosses Hubertusstock in der Schorfheide und benachbarte Bauten. Dafür interessierte sich vor einiger Zeit ein angesehener westdeutscher Architekturhistoriker. Er habe sich das ehemals kaiserliche und in der DDR zur repräsentativen Anlage umgestaltete Schloss Hubertusstock einmal genauer angesehen. Er sagte mir, dass ihn die moderne Architektur und die funktional-ästhetische Ausgestaltung der benachbarten Gästehäuser überrascht hätten. Das habe er in dieser Qualität von der DDR nicht erwartet. Und er hatte irgendwie herausbekommen, dass ich dafür gestalterisch verantwortlich gewesen sei. Allerdings wusste er nicht, dass ich darüber hinaus auch den kompletten Umbau des Schlosses – von den Grundmauern bis zum Dach – 1973 besorgt hatte, desgleichen den Entwurf der Funktionsbauten neben den Gästehäusern.

Warum wurde das nie publik?

Erich Honecker erteilte mir den Auftrag, dass ich mich mit Funktion und Gestaltung des Jagdschlosses Hubertusstock befassen möge. Er hätte diesen »Bretter-Bau«

aus Kaiser Wilhelms Zeiten gern erneuert und so umgebaut, dass man hier Staatsgäste würdig empfangen könne, dazu auch räumliche Möglichkeiten, die es erlaubten, zu Zusammenkünften und Gesprächen in einem größeren Rahmen einzuladen, bisher sei das nur für höchstens zehn, zwölf Personen möglich. Für die Unterbringung hochrangiger Gäste sollten in unmittelbarer Nähe des Hauptgebäudes vier Gästehäuser entstehen. Da das Schloss Eigentum der Nationalen Volksarmee war, bekam ich den offiziellen Auftrag vom Minister für Nationale Verteidigung Heinz Hoffmann. Und damit rangierte es unter »Militärobjekt« und unterlag als Vorhaben somit auch der militärischen Geheimhaltung.

Und das wurde von Ihnen sozusagen nebenbei, nach Feierabend und am Wochenende erledigt? Und ohne offizielle Anerkennung?

Danach habe ich nicht gefragt, ich habe nichts verlangt und auch nichts bekommen. Man erwartete einfach, dass ich diese Arbeit im Rahmen meiner Tätigkeit als Leiter des Amtes für industrielle Formgestaltung ausführe. Und ich betrachtete es als reizvolle Herausforderung. Gewiss, danach gab es den Orden »Banner der Arbeit« und die NVA verlieh mir die »Verdienstmedaille in Gold der Nationalen Volksarmee«.

Die NVA war mein Partner für die technische Ausführung, ein General wurde mir zur Seite gestellt. Das war auch gut so, weil in der kurzen Zeit, die uns zur Verfügung stand – knapp acht Wochen –, diese Aufgabe nur mit militärischer Disziplin sowie mit dem Können von Spezialbetrieben und Fachleuten zu realisieren war.

Acht Wochen für den Umbau des Jagdschlosses? Wussten Sie, was Sie erwartete?

Das offenbarte sich mir erst nach der Besichtigung. Die An- und Umbauten waren überwiegend Bretterwände, ausgestopft mit Zeitungspapier, Mengen von Schaben kamen zum Vorschein. Das ganze Objekt war grundsätzlich baufällig, eine Rekonstruktion war unmöglich und hätte auch den Zeitrahmen von zirka acht Wochen gesprengt. Daher entschied ich mit dem Führungsstab der NVA, das Gebäude weitgehend abzureißen und entsprechend der geforderten funktionellen repräsentativen Anforderungen neu zu konzipieren.

Grundsätzlich musste aber das unter Denkmalschutz stehende Hauptgebäude seinen äußeren bayerischen Stil behalten, das betraf insbesondere das Flachdach, den umlaufenden Balkon und die Holzfassade. Grundriss und Raumkonzeption entstanden jedoch völlig neu, einschließlich des Beratungsraumes für bis zu 120 Personen. Repräsentative Appartements für hochrangige Gäste wurden im Obergeschoss angesiedelt. Ich erinnere an den Besuch von Helmut Schmidt, der dort logierte und sich lobend über die gute Gestaltung seiner Aufenthaltsräume äußerte. Im Kellergeschoss des Schlosses sollte eine »Taverne« für die Geselligkeit angelegt werden. Ein anspruchsvoller Eingang, die Empfangshalle sowie Technik- und Funktionsräume rundeten die neue Konzeption ab.

Das Jagdschloss hat seine Geschichte. Um 1848 war es vom Preußenkönig Friedrich IV. für seine aus Bayern stammende Frau errichtet worden, sie wünschte sich ein bayrisches Landhaus. Etwa zwanzig Jahre später diente es für repräsentative Jagdgesellschaften und wurde also Jagdschloss. Jeder Nachnutzer ließ es um- oder anbauen, und das wenig solide. Insbesondere Kaiser Wilhelm II. veränderte vieles. In der Nazizeit stellte Hitler das Haus dem Leiter der Reichskanzlei als Wochenendhaus zur Verfügung, die Jagd in der Schorfheide hatte Hermann Göring von Carinhall aus fest in der Hand. Nach 1945 wurde Haus Hubertusstock volkseigen. Es diente dem Ministerpräsidenten Brandenburgs als Landsitz, nach Auflösung der Länder 1952 wurde es vom Ministerium des Innern als Erholungsheim genutzt, seit 1971 als Gästehaus der Regierung.

Erich Honecker wirkte bei seiner ersten Visite in Hubertusstock nach unserem Umbau etwas irritiert, er hatte mit einer einfachen Rekonstruktion des alten Gebäudes gerechnet. Dass es sich um einen Neubau nahe am Original handelte, wurde ihm erst beim Betreten des Beratungsraum bewusst. Er war sichtlich überrascht und sehr damit einverstanden.

Die vier zweigeschossigen Appartementhäuser für Staatsgäste und das Mehrzweckgebäude mit Schwimmbad, Sauna, Sporträumen und Schießstand entstanden in ähnlich kurzer Zeit?

Ja. Die Gästehäuser konnte ich ganz nach eigenen Ideen entwerfen; ich konzipierte sie als kubische, holzverkleidete Gebäude, ruhend auf etwas eingezogenem hellen Mauerwerk. Jedes Appartement erhielt einen großzügigen umlaufenden Balkon, über den ganzen Tag hinweg konnte der Gast der Sonne nachziehen, dabei verborgen vor Einblicken. Jedes dieser Quartiere bekam innen einen anderen Charakter in Farbe, Material und Mobiliar.

Was für Möbel? Klassiker der internationalen Moderne? Oder auch Interieurs aus DDR-Produktion?

Beides in Kombination, wie ja auch drüben im Hauptgebäude. Zu einem Long Chaire von Corbusier beispielsweise gesellte sich eine Sesselgruppe aus dem Zentralen Entwicklungsbüro für Sitzmöbel in Waldheim, die der dortige Chefdesigner Horst Heyder und ich entworfen hatten. Zu anderen von uns erarbeiteten Möbeln gesellten sich Klassiker von Charles Eames oder Saarinen. Die Möbel aus dem Ausland setzten absichtsvoll wenige Kontrapunkte in der Innengestaltung.

Jedes Appartementhaus bekam eine eigene Küche. Der eigentliche Wohnbereich befand sich im Obergeschoss mit einem Zimmer auch für das Begleitpersonal. – Heute ist das alles längst nicht mehr so erhalten, auch das Hauptgebäude wurde verändert. Nach dem Ende der DDR wechselten wiederholt die Besitzer. Seit 2015 gehören das Haus, die vier dazugehörigen Bungalows und die seit langem leerstehende Schwimmhalle zum benachbarten Ringhotel Schorfheide/Tagungszentrum der Wirtschaft für Berlin und Brandenburg.

Und im selben Jahr entwendeten übrigens Buntmetalldiebe den riesigen bronzenen Hirsch aus Kaiserzeiten vor der Schlossterrasse …

Objekte wie Hubertusstock oder auch die Mitarbeit am Palast der Republik waren gewiss exklusive schöpferische Nebengelegenheiten, die durchaus befriedigt haben, wie ich vermute. Reizte es Sie nicht trotzdem, auch mal wieder richtig gutes »gewöhnliches« Produktdesign zu machen?

Ja. Besonders wenn ich in Betrieben unterwegs war und mit den Designerinnen und Designern über Entwürfe und deren Umsetzung in der Produktion sprach. Beispielsweise hätte ich selbst sehr gern bei Elektro- und Rundfunkgeräten mitgearbeitet, hier war ich ja nicht nur gestalterisch, sondern von früh an auch technisch beheimatet. Radios, Audioprodukte ... Jetzt, im Zeitalter der Digitalisierung, reizte und reizt mich natürlich eine praktische Gestaltung. Aber das schließen nun leider altersbedingt eintretende »Grenzziehungen« aus.

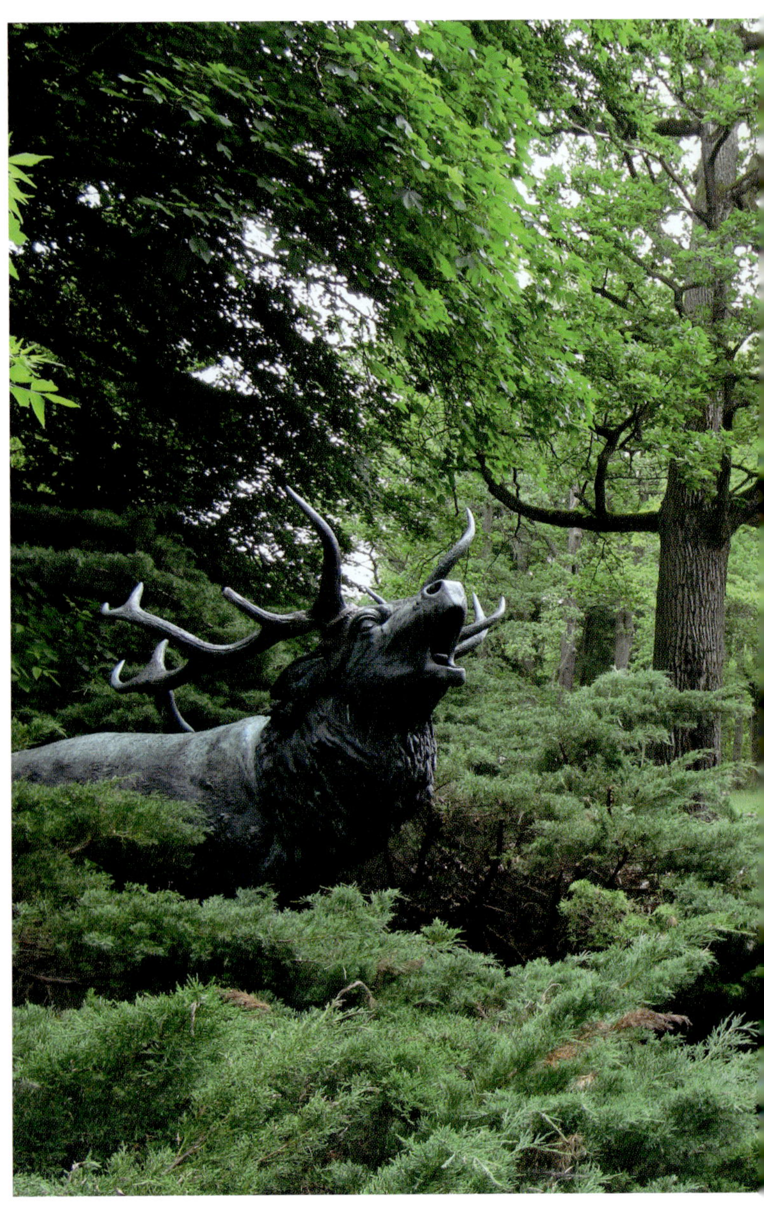

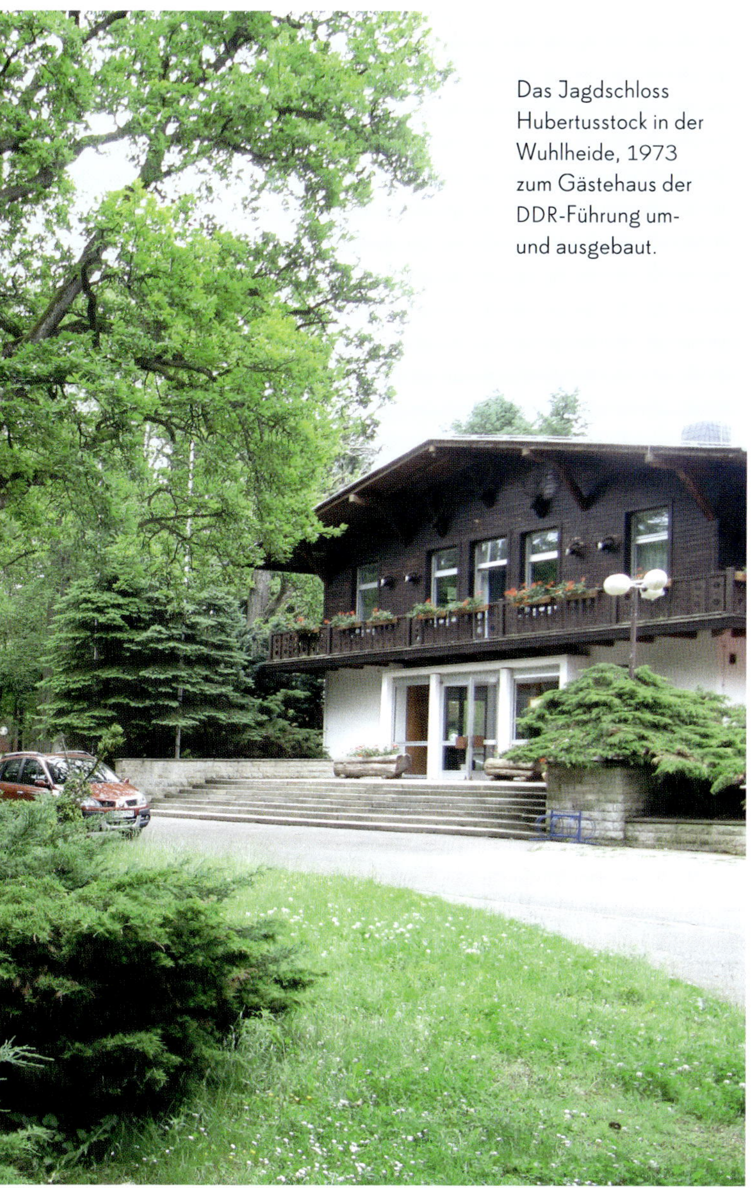

Das Jagdschloss Hubertusstock in der Wuhlheide, 1973 zum Gästehaus der DDR-Führung um- und ausgebaut.

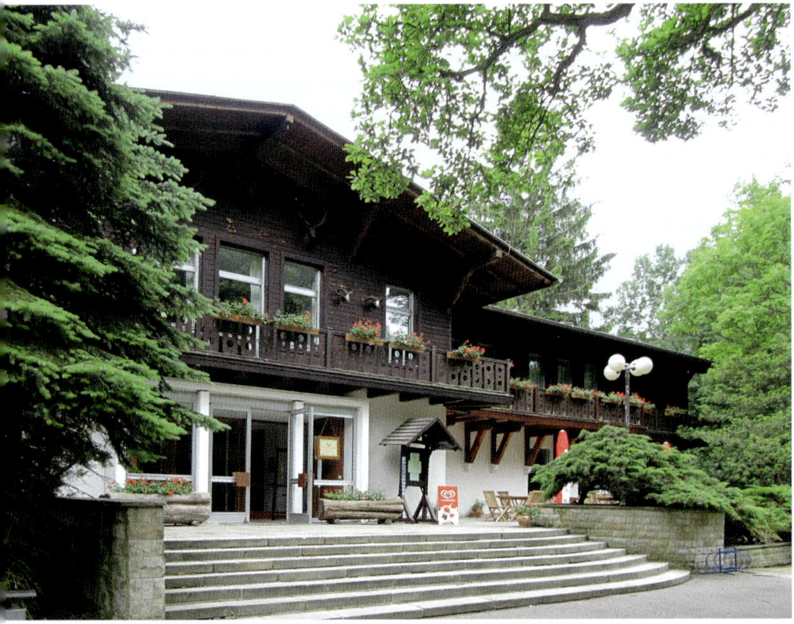

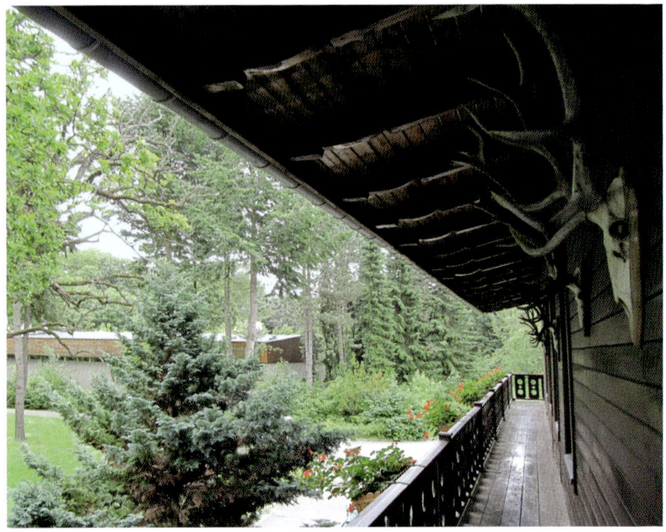

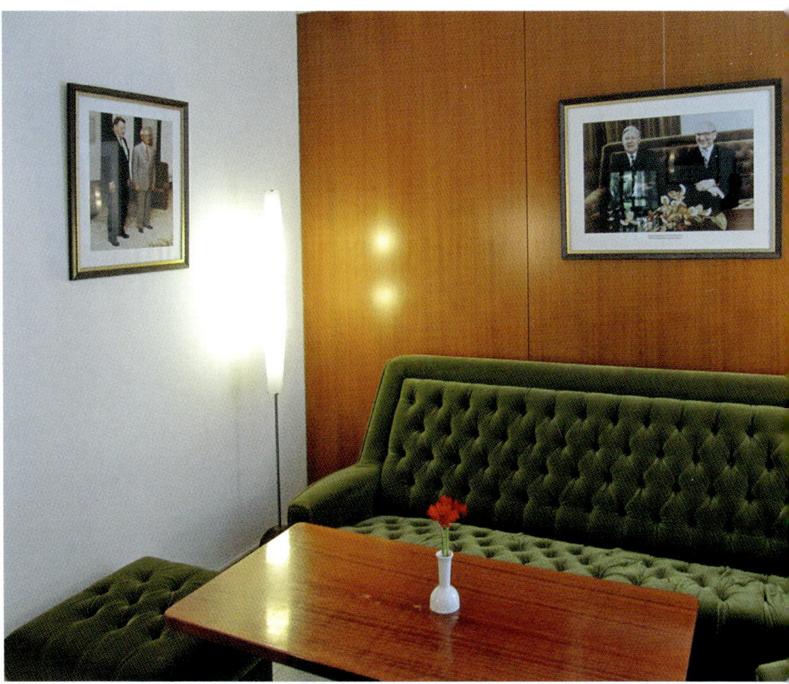

Martin Kelm: »Zu einem Long Chaire von Corbusier beispielsweise gesellte sich eine Sesselgruppe aus dem Zentralen Entwicklungsbüro für Sitzmöbel in Waldheim, die der dortige Chefdesigner Horst Heyder und ich entworfen hatten. Zu anderen von uns erarbeiteten Möbeln gesellten sich Klassiker von Charles Eames oder Saarinen.«

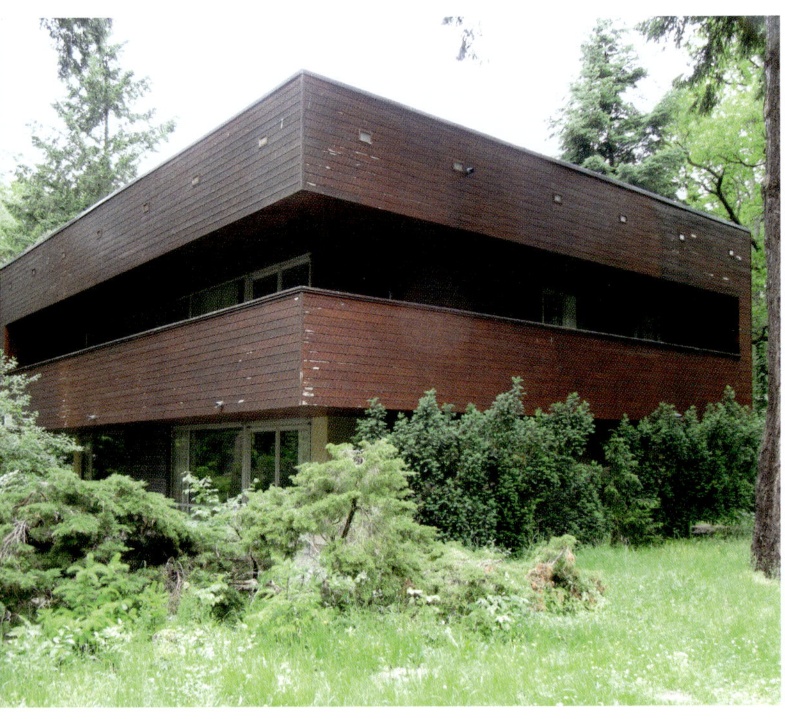

Zum Hauptgebäude kamen vier Gästehäuser, die Kelm nach eigenen Vorstellungen konzipierte: kubische, holzverkleidete Gebäude, ruhend auf etwas eingezogenem hellen Mauerwerk. »Jedes Appartement erhielt einen großzügigen umlaufenden Balkon, über den ganzen Tag hinweg konnte der Gast der Sonne nachziehen, dabei verborgen vor Einblicken. Jedes dieser Quartiere bekam innen einen anderen Charakter in Farbe, Material und Mobiliar.«

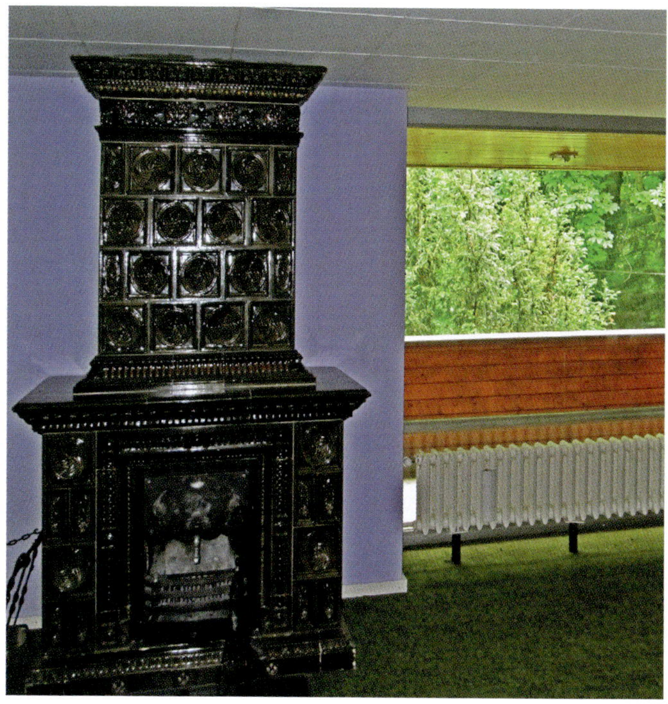

Nach dem Ende der DDR wechselten mehrmals die Besitzer und auch das Aussehen. Seit 2015 gehören das Haus, die vier dazugehörigen Bungalows und die seit langem leerstehende Schwimmhalle zum benachbarten Ringhotel Schorfheide/Tagungszentrum der Wirtschaft für Berlin und Brandenburg.
2015 stahlen Buntmetalldiebe auch den Hirsch aus Bronze.

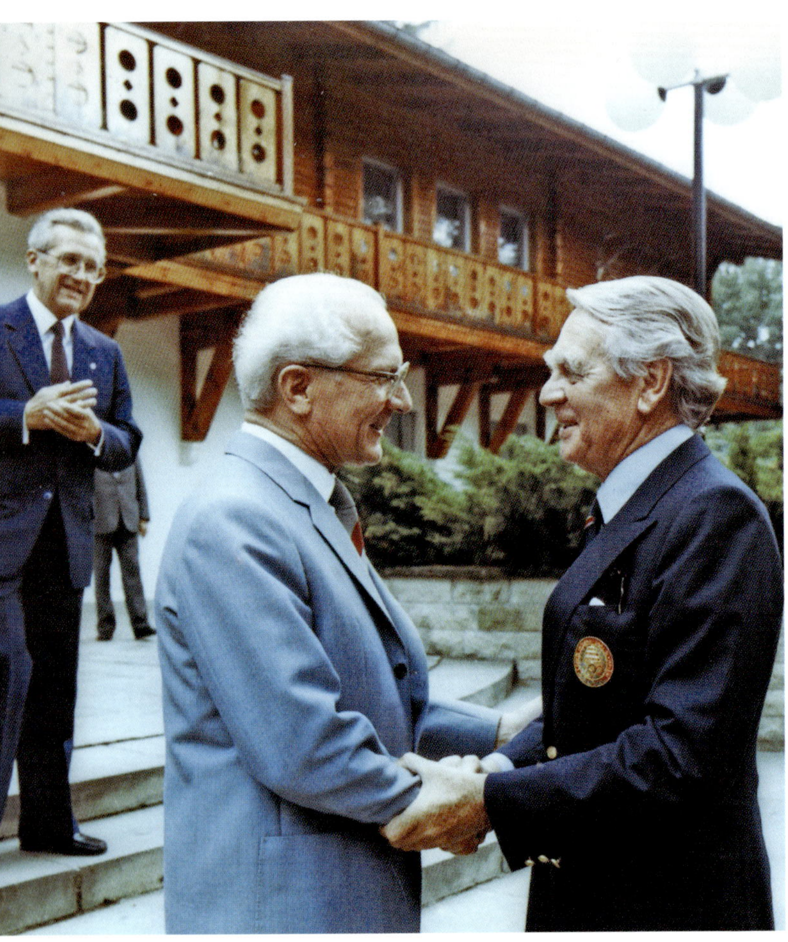

Oft und gern begrüßter Gast war Berthold Beitz, der prominente Wirtschaftsmanager aus der Bundesrepublik und Waidmann. Er kam vornehmlich zum Jagen in die Schorfheide. Aber nicht nur. Nicht zufällig steht Außenhandelsminister Gerhard Beil im Hintergrund.

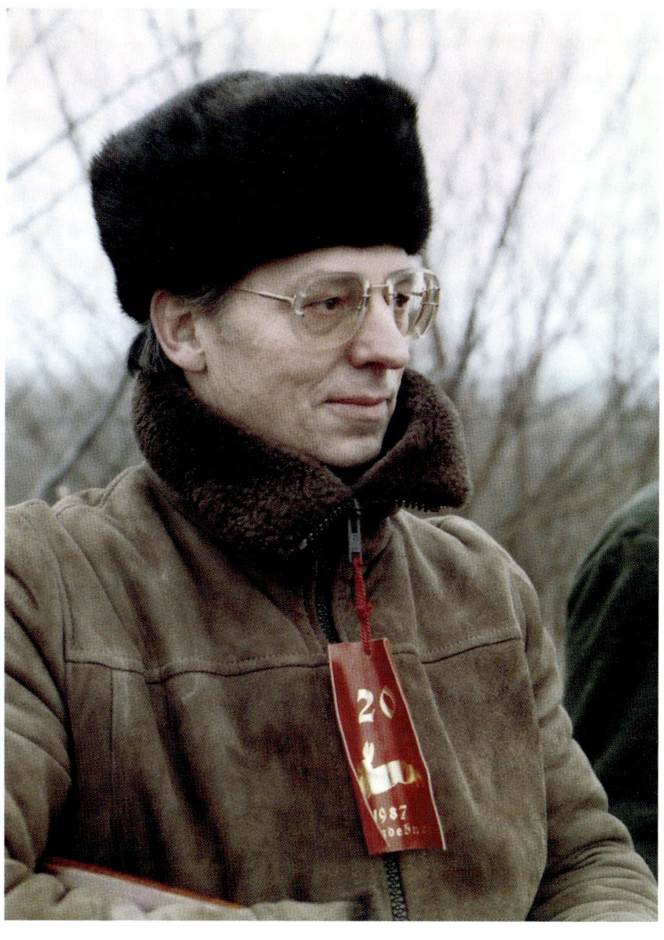

Nicht unbedingt ein Nimrod. Aber an der Staatsjagd 1987 nahm Martin Kelm pflichtschuldig teil.

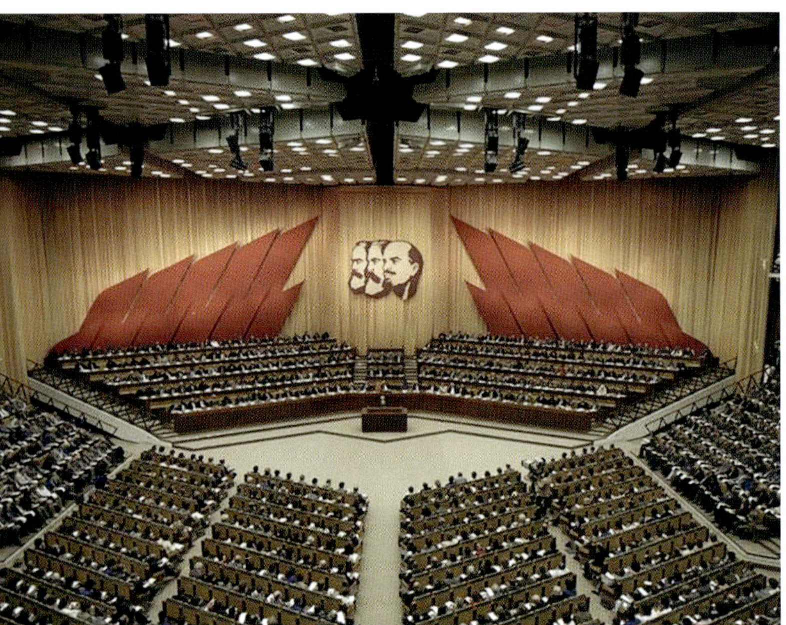

Zum Palast der Republik trug auch der Designer Martin Kelm einiges bei, darunter das Beleuchtungssystem für Innenräume gesellschaftlicher Bauten. Dieses Stück (rechte Seite) – hergestellt vom VEB Leuchtenbau Leipzig, dessen Grundidee von Kelm stammte – wurde vom Designkollektiv unter Leitung von NARVA-Chedesigner Peter Beyer entworfen. Es gehört zu den wenigen Stücken, die sich in der heutigen Wohnung von Martin Kelm befinden.
Ebenso die Stehleuchte des VEB Metalldrücker Halle von 1980 (entworfen von Thomas Kaufmann). Sie stand einst im Empfangsbereich vom AIF in der Breiten Straße. Beide Leuchten waren damals mit »Gutes Design« ausgezeichnet worden.
Der Klubsessel stammt aus dem Vestibül des Jagdschlosses Hubertusstock. Entwurf: Horst Heyder (1924–2000) unter Mitarbeit von Martin Kelm. Wenn man so will: Alles Belegstücke von Kelms kreativer Arbeit.

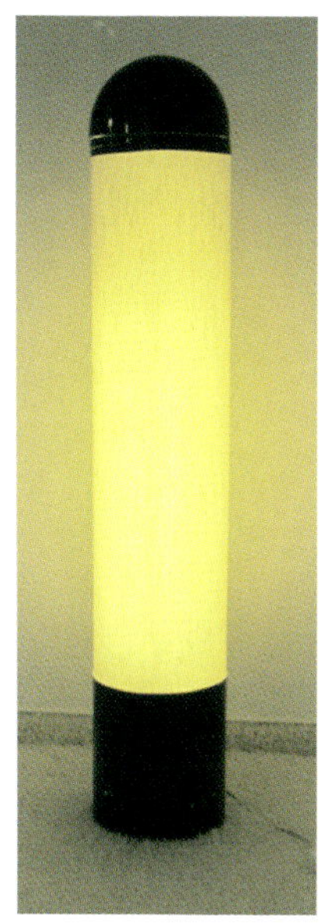

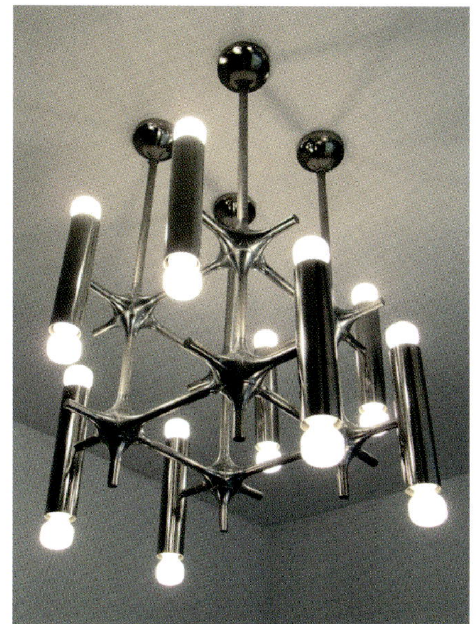

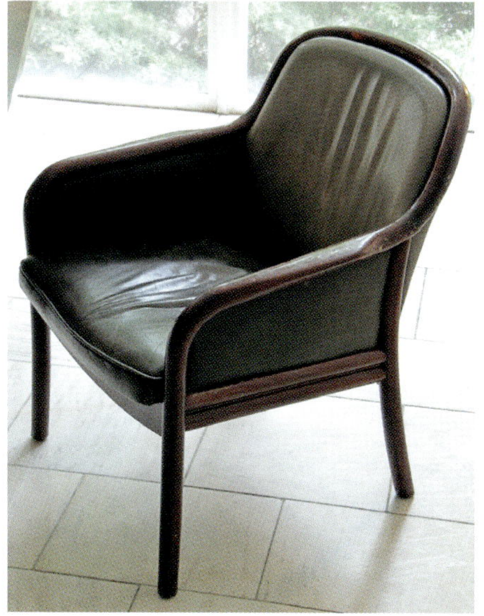

Kapitel 13

Am Ende zu den Anfängen zurück und zur Natur

Sie haben das Dritte Reich erlebt, die DDR von Anfang bis Ende, seit 1990 leben Sie in der Bundesrepublik. Der Gezeitenwechsel war für uns beide mit dem Verlust des Arbeitsplatzes verbunden. Wir gehörten zu den letzten Angestellten des Amtes für industrielle Formgestaltung. Ich hatte im Sommer '89 meine Arbeit als Chefredakteur bei form+zweck *beendet und – auf Ihren Vorschlag hin – gemeinsam mit Ihnen publizistische und Veranstaltungs-Projekte des Themenbereichs Ökologie und Design begonnen. In einer kleinen, ab Anfang 1990 mit der Gründung eines DDR-»Rates für Design« befassten Arbeitsgruppe stritten wir bis zuletzt für eine gesamtdeutsche Designförder-Institution.*

Sie kehrten nach Mecklenburg zurück und engagieren sich seither für den Natur- und Artenschutz. Wie wurden Sie wieder sesshaft?

Ich hatte bis zu unserem Weggang aus Berlin mit meiner Familie in einem dem Staat gehörenden Einfamilienhaus in Berlin-Karow gelebt. Die monatliche Miete dafür lag an der Obergrenze des DDR-Mietenniveaus, wurde aber nach Übernahme der Immobilie durch das Bundesvermögensamtes 1990 so drastisch erhöht, dass wir uns das nicht mehr leisten konnten. Meine ungebrochene Heimat- und Naturliebe bewog mich, nach Mecklenburg zurückzukehren. Wir konnten von einem Besitzer, der wegzuziehen beabsichtigte, ein Grundstück mit einem baufälligen Haus übernehmen.

An dessen Stelle haben Sie neues Heim errichtet?

Viele aus der Nachbarschaft fragten skeptisch: Was, du willst mit 65 Jahren noch ein Haus bauen? Ja, mit Freude, sagte ich. Nachdem ich in den vier Jahren zuvor Vorträge über ökologisches und energetisches Bauen vor Baufachleuten gehalten hatte, konnte ich nun vieles davon in die Baupraxis umsetzen. Nur die großen, grundlegenden Arbeiten habe ich durch Fachleute machen lassen, rund die Hälfte am Bau aber selbst ausgeführt.

Ich erinnere mich an den Sommer 1989, als wir für kommende Monate eine interdisziplinäre Workshop-Reihe zur Thematik Ökologie, Design und Architektur im Bauhausgebäude Dessau organisierten und Sie mit Leidenschaft dafür plädierten, dass Umweltgerechtigkeit und Naturschutz künftig die Schwerpunkte aller Gestaltungskonzepte sein müssten.

Mich dafür einzusetzen war mir schon lange und bleibt auch für meine noch verbleibenden Lebensjahre ein Grundanliegen.

Schön, aber was veranlasste Sie, sich jetzt in Ihrer alten und neuen Heimat noch einmal besonders ins Zeug zu legen, und zwar regional?

Eingangs erzählte ich über den Wallensteingraben, wo ich als Kind meine Liebe zur Natur entdeckte. Der Graben ist ein zwanzig Kilometer langes natürliches Verbindungsgewässer zwischen dem Schweriner See und der Ostseeküste in Wismar. Dabei überwindet er rund 38 Meter Höhengefälle, und sein – auch von leichten Booten durchgängig nicht befahrbarer – Lauf ist gesäumt von artenreichen, oft unzugänglichen Schilf-Ufern und Sumpfgebieten. Als Kind haben mich hier zum Beispiel die unzähligen Arten von Libellen begeistert. Es gab Wasserhühner und Rallen, den seltenen Eisvogel und Fischotter. Es gibt manches davon noch immer, obwohl der Graben und die Seen in den DDR-Jahrzehnten und auch danach noch ziemlich gelitten haben durch Überdüngung mit Gülle aus der Landwirtschaft oder durch Agrarflieger, die auch über den Seen ihre Düngerklappen nicht schlossen.

Nach der »Wende« haben der Wallensteingraben wie die anderen Gewässer wieder an Qualität gewonnen, beispielsweise gibt es jetzt auch ein sichtbares Aufkommen bereits totgesagter Wasserschnecken und Muscheln. Und ausgerechnet jetzt sollte hier ein Kanal entstehen zwischen dem Schweriner See und Wismar mit Staustufen und Schleusen, zwei Meter tief und bis zu acht Metern breit, dass sich zwei Fahrgastschiffe bequem begegnen könnten. Damit der Tourismus in der Region gefördert werde, hieß die Erklärung. Dadurch würde aber das in Jahrhunderten gewachsene Biotop unwiederbringlich zerstört werden.

Um dieses blödsinnige Projekt zu verhindern, bin ich bei den zuständigen Naturschutzämtern bis hin zum Ministerium vorstellig geworden. Das hat auch bewirkt, dass die Presse sich damit befasste. Alle Naturschutzeinrichtungen haben schließlich das Vorhaben abgelehnt und dem Landratsamt und anderen Instanzen, die schon

EU-Fördermittel ins Auge gefasst hatten, auf die Finger geklopft.

Das Vorhaben wurde also aufgrund Ihrer spontanen Aktion abgeblasen?

Ja. Aber so spontan war das nicht. Erstens kannte ich den Wallensteingraben, die Biosphäre, die geografischen und die ökologischen Probleme in diesem Raum. Und zweitens hatte ich schon seit den siebziger Jahren Erfahrungen im Naturschutz gesammelt. In der Schorfheide widmete ich mich damals dem Vogelschutz und habe ein ganzes Waldgebiet in persönliche Pflege genommen. Dort brachte ich etwa anderthalbhundert Nistmöglichkeiten an, um für Artenvielfalt zu sorgen. Darüber habe ich jahrelang Buch geführt und meine Beobachtungen mit dem Chef-Ornithologen Prof. Wolfgang Grummt (1932–2013) des Tierparks Berlin abgestimmt. Diese Tätigkeit zum Schutz der Vögel ist mir bis heute ein Anliegen. Allein für die Winterfütterung verbrauche ich jährlich etliche Zentner Vogelfutter. Im Übrigen bin ich auch Mitglied des »Fonds für bedrohte Papageien« in der Zoologischen Gesellschaft für Arten- und Populationsschutz sowie Mitglied bei »Avaaz«, einem sechzigeinhalb Millionen Menschen umfassenden weltweiten Netzwerk insbesondere auch zum Schutz bedrohter Tiere und Pflanzen. Erst jüngst haben wir mit Avaaz eine internationale Initiative zum Schutz der Bienen und gegen die Produzenten und Verbreiter von Pestiziden gestartet. Das Bienensterben betrifft mit seinen Folgen unser aller Leben. Die Folgen sind weitreichender und verheerender, als mancher es sich vorstellen kann.

Ließ sich denn aber auch schon in der DDR Ihr naturpflegerisches und ökologisches Engagement mit dem Beruf verbinden? Und wie reagierte da das Umfeld?

Für alle war das Lernprozess, ökologisch zu denken war uns weder angeboren noch wurde es in der Schule unterrichtet. Wir machten uns die Erde untertan, wie es schon im Alten Testament heißt. Selbst die Förster, von denen man hätte erwarten können, dass sie wüssten, was der Natur guttut, handelten falsch. Sie fällten zum Beispiel die ältesten Bäume zuerst. Ein Altbaum aber ist wie eine Lebenspyramide für viele Tiere wie auch für pflanzliche Ansiedler oder bestimmte Pilze. Der Specht holt aus dem Stamm Gewürm und Insekten heraus und baut in ihm seine Höhlen für die Brut. Wenn er weiterzieht, besiedeln Meisen, Kleiber und andere Höhlenbrüter sein aufgegebenes Quartier. Der alte Baum lebt umso mehr, je länger er lebt. Ich habe darüber mit Forstleuten oft Auseinandersetzungen gehabt!

Erst recht war ein Umdenken hin zu ökologischem und naturgerechtem Handeln im Design, vom Entwurfs- bis zum Produktionsprogramm, vom bedenkenlosen »Verbrauch« weg und hin zur nachhaltigen Nutzung der Dinge und der Umwelt nicht von heute auf morgen zu erwarten.

Wo haben Sie Schwerpunkte im Amt gesetzt, und was haben Sie dabei erreicht?

Ressourcen-Schonung, verantwortungsvoller Einsatz von Material und Energie, Wieder-, Weiter- und Mehrfach-Verwendbarkeit, Reparierbarkeit, Recycling – das haben wir in der DDR ja nicht erst wie andere Industrieländer in den siebziger Jahren entdeckt. Angesichts unserer begrenzten natürlichen Rohstoffe war die Sparsamkeit im Verbrauch ein zwingendes Gebot. Nicht grundlos hießen bei uns Müll und Ausgedientes Sekundärrohstoffe, die gesammelt und vergütet wurden. Mülltrennung musste nicht gefordert werden, das geschah schon aus privaten ökonomischen Erwägungen. Es gab keine Bierdosen, nur Mehrwegflaschen. Keine Plastiktüten, sondern Einkaufsnetze, das Obst trug man in Papiertüten nach Hause und nicht in Kunststoffschälchen. Man freute sich im Frühjahr auf die ersten Gurken und den grünen Salat aus der Region und verzehrte nicht das ganze Jahr über Tomaten und Weintrauben aus der ganzen Welt.

Die internationalen Ölpreis- und Rohstoffkrisen in den siebziger Jahren schärften auch unsere Sinne. Kein ökologisch sinnwidriges oder gar schädliches Produkt hätte bis zum Ende der DDR von unseren Gutachterinnen und Gutachtern des AIF grünes Licht erhalten, kein staatliches Güteprädikat oder eine Designauszeichnung wurde für so etwas vergeben. Derartige Kriterien waren und sind bis heute in der Produktkultur der Bundesrepublik oft nur Lippenbekenntnisse. Die kapitalistische Konkurrenz sorgt dafür, dass nur betriebswirtschaftlich, aber nicht volkswirtschaftlich gerechnet wird. Gesellschaftliche Verantwortung muss, wenn überhaupt, mit Abgaben und Steuern durchgesetzt werden. Und dann sucht man nach Ausflüchten, gesetzlichen Schlupflöchern und Ausnahmeregelungen.

In den siebziger Jahren traf ich im ICSID-Board auf eine Vielzahl ausländischer Designer, die bereits stark auf ökologische Prozesse fokussiert waren. Besonders Verpackungsdesign und Ökologie war ein heiß diskutiertes Thema. Das traf sofort meine Intentionen, und ich regte an, Initiativen zu fördern und entsprechende Zeichen in der internationalen Designszene zu setzen. Und schon bekam ich den Hut dafür aufgesetzt: »Toller Vorschlag, Herr Kelm, dann sind Sie im Board jetzt der Verantwortliche für Ökologie und Design und bilden im ICSID eine Arbeitsgruppe!« Das führte dann zu einschlägigen Symposien, und auf dem Kongress 1989 in Nagoya haben wir über eine Reihe von praktikablen Erkenntnissen und Ergebnissen auf diesem Gebiet beraten. Schwerpunktthema war auch hier Verpackung und Design, aber auch Technologie und Design, Materialeinsparung und Ökologie im Entwurfsprozess. Auch die Wiederverwendbarkeit, das Recycling und generell die Einsatzreduzierung von Kunststoffen wurden intensiv diskutiert.

Das Thema Verpackung ist bis heute eines der Kardinalprobleme. Die Menschheit wird unverändert von einer Verpackungsflut überschwemmt, Plastikmüll verschmutzt die Meere, vergiftet Flora und Fauna. Nur ein verschwindend geringer Anteil der Verpackungen kann zu 100 Prozent recycelt werden, die Hauptmenge geht in die Verbrennung.

Die Papier- und Kunststoffverschwendung nimmt nicht ab, sondern wächst noch immer, allein was als Werbung tagtäglich in unseren Briefkästen landet, ist unfassbar.

Ich sehe dabei auch die Designerinnen und Designer in der Verantwortung. Nötig wären zum Beispiel anhaltende und nicht nur sporadische theoretische Exkurse über Design und Ethik und die Entwicklung von breiten- und tiefenwirksamen ökologisch fundierten Design-Innovationen, deren ästhetischer und praktischer Verführung sich Wirtschaft und Konsumenten einfach nicht entziehen könnten.

Aus ähnlichen Beobachtungen, Überlegungen und Besorgnissen heraus habe ich mich, auch im Ergebnis unserer Gespräche, dazu entschlossen, eine Art von Appell aufzuschreiben, so etwas wie ein Schlusswort zu unserer Rückschau auf mein Leben.

Hier sollten wir nun auch das Interview über das Vergangene beenden und uns den gegenwärtigen und künftigen Fragen und Überlegungen zuwenden: zum Sein und Bewusstsein des Gestalters für die Zukunft und in Zukunft.

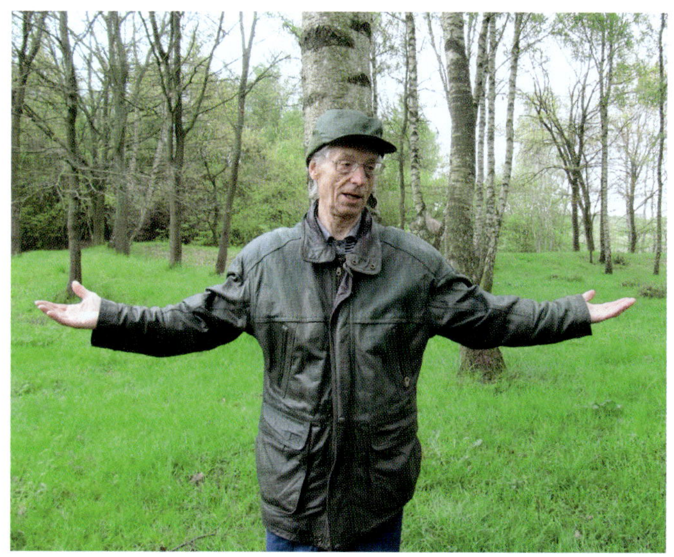

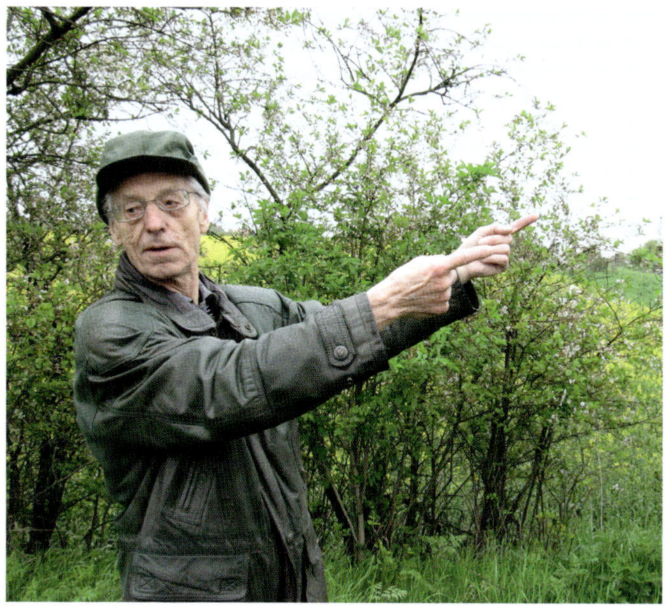

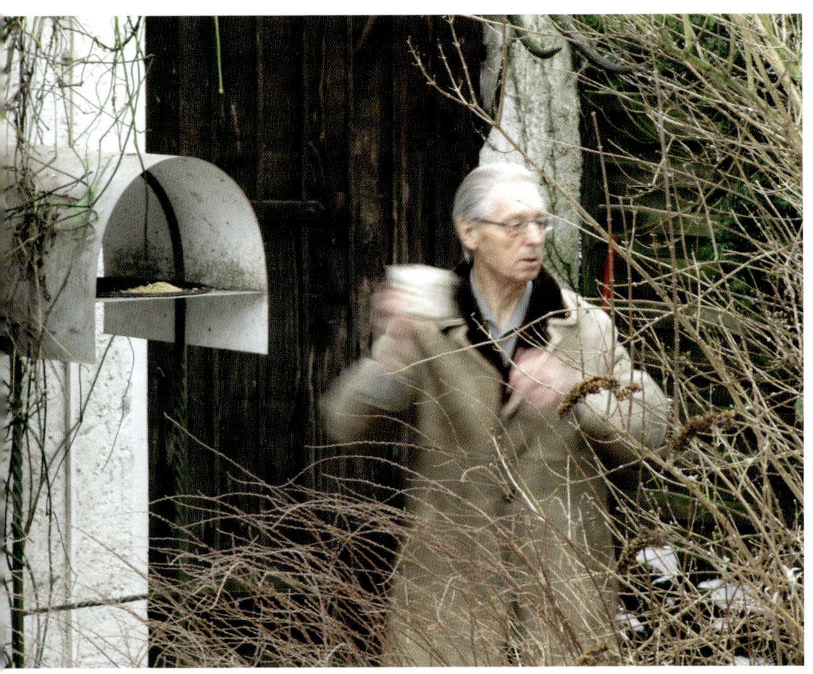

Kelm in seiner alten und neuen Heimat unterwegs: als Naturschützer und -freund. Vor Jahren war er auch als Naturfilmer dabei. Auch wenn die Leidenschaft für Technik nicht verlorenging, wird heute nur noch mit den Augen fotografiert.

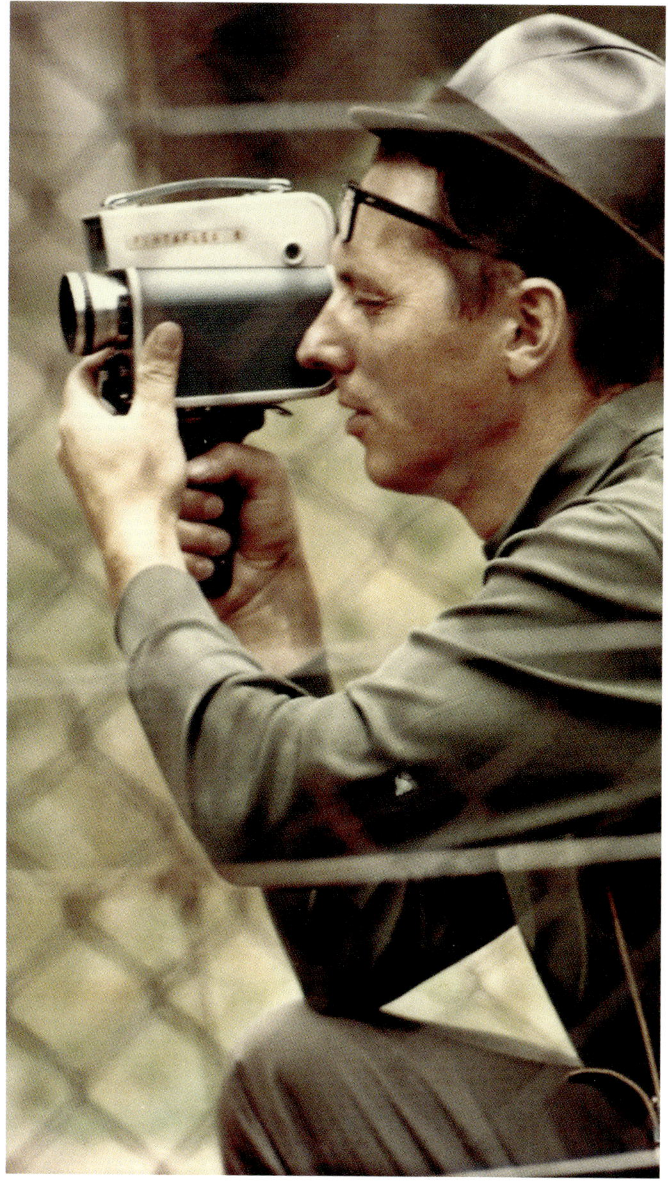

Kapitel 14

Was um alles in der Welt brauchen wir?

Von Martin Kelm

Wenn ich in meinem Alter noch einmal das Wort ergreife, um mich über die Zukunft unseres Heimatplaneten und des Designs zu äußern, so geschieht das nicht aus einem imaginären Schreibdrang, sondern aus einer Sorge um unser, euer weiteres Leben auf der Erde und was Designerinnen und Designer dazu beitragen müssten.

Ich bin davon überzeugt: Die heutigen globalen Probleme verlangen nicht weniger als ein Weltdesign, ein international vernetztes, das sich als universelle Gestaltungsdisziplin den dringendsten Aufgaben und Problemen auf unserer Erde stellt. Gleich mir gibt es viele andere – wie ich selbst Designer –, die sich mit diesem Gedanken befassen. Mein Credo soll zum weiteren Nachdenken und Vorangehen anregen.

Allein in meiner Lebenszeit haben sich dramatische Veränderungen vollzogen, die verantwortungsbewusstem Leben auf unserem Planeten zuwiderlaufen. Klimawandel, Ressourcenverbrauch, Artenvernichtung und Wirtschaftswachstum – alles Probleme mit globaler Auswirkung auf Menschen, Tiere und Umwelt. Angesichts der sich zuspitzenden Lage müssen wir Produkt-, Kommunikations- und Umweltgestalter uns fragen: Was kann oder muss Design tun, welche Wege und Lösungen anbieten? Wegen der Globalität und Komplexität sind Antworten schwer zu finden.

Doch der Reihe nach:

Bevölkerungszuwachs

Als ich 1930 geboren wurde, sollen etwa anderthalb Milliarden Menschen auf der Erde gelebt haben. Seither ist die Weltbevölkerung gewachsen, sie wird in wenigen Jahren die Zehn-Milliarden-Marke überschreiten.

Sie alle wollen ernährt, ihr Lebensunterhalt mit Wohnraum und Gebrauchsgütern befriedigt werden. Aber schon jetzt ist ein Millionenheer von Flüchtenden nicht nur wegen Krieg und Unterdrückung, sondern wegen Erwerbslosigkeit, Nahrungsmangel und materieller Not auf der Flucht in Länder, wo sie sich ein besseres Leben erhoffen. Das Flüchtlingsheer umfasst allein in Europa bereits 2,3 Millionen Menschen, weltweit 65,5 Millionen, bis 2030 sollen es einige 100 Millionen sein.

In Europa hat die Flüchtlingsfrage schon zu politischen Irritationen und Schlimmerem geführt.

Dringend ist, die Situation für bewohnbare Lebensumstände in den Ursprungsländern der Flüchtenden zum Positiven zu verändern. Hierbei ist meines Erachtens nicht zuletzt auch ein komplex wirksames Design gefordert, ein Design weltweiter Vernetzung von Experten, die komplexe Problemlösungen der Versorgung mit Nahrungs- und Gebrauchsgütern, Wohnraum und andere lebensnotwendige Dinge anbieten können beziehungsweise überhaupt erst neuen Lebensformen entsprechend entwerfen oder entwickeln müssen. Und dies rasch und effektiv. Es ist im Interesse der Sache übrigens uninteressant, ob man diese professionellen Potentiale Designer oder Architekten nennt – sie sind im komplexen gestaltenden Sinne gefordert, verbunden mit Wissenschaftlern, Technikern und anderen Disziplinen.

Spiegel online berichtet über »Architektur in Afrika – Besuch im African Design Centre Kigali, Hauptstadt von Ruanda«. Dessen Leiter, Christian Benimana, will mit seinem Design Centre »die Architektur des Kontinents revolutionieren«. Zweifellos eine Mammutaufgabe, denn Afrika wird eine Bevölkerungsexplosion erleben. Bis 2050 soll sich prognostisch die Bevölkerung verdoppeln und auf 2,4 Milliarden anwachsen. 700 000 neue Wohnungen, 310 000 Schulen und 85 000 neue Krankenhäuser würden somit gebraucht. Dass für die Bewältigung dieser Aufgabe auch eine Vernetzung mit internationalen Designpotentialen vonnöten sein wird, sollte vorausgesetzt werden. Christian Benimana spricht von einer Architektur, »die beim Menschen ansetzt, modern und gleichzeitig nachhaltig ist«. Hierzu ist es aus meiner Sicht auch erforderlich, die weitere Zersiedlung von Landschaften zu vermeiden – sie wird benötigt für die Ernährung der wachsenden Bevölkerung. Übrigens ein Thema, das die ganze Welt betrifft.

Klimawandel

Als der Welt-Klimarat (IPCC) seinen dreißigjährigen Gründungstag feierte, bilanzierte der *Deutschlandfunk* am 4. November 2018, wo die Welt beim Klimawandel stehe und wie die Länder dieses globale Desaster angingen. Trotz der über zwanzig bisherigen Klimagipfel hält kein Land die Festlegungen der Obergrenzen des Kohlendioxid-Ausstoßes (CO2) ein. Nach wie vor wird CO2 in großen Mengen in die Atmosphäre geblasen.

Der IPCC sagt: »Längst überfordert die menschliche Gesellschaft unseren Planeten, letztlich wird das jeden Menschen treffen.« Unwetter mit Stürmen und Starkregen, Überschwemmungen, Trocken- und Dürreperioden mit Versteppungen, Polareis-Abschmelzung, Versalzung der Weltmeere mit verheerenden Folgen für Meerestiere und Pflanzen, bis zur Unbewohnbarkeit ganzer Erdregionen werden zunehmen.

Der Standpunkt des Weltklima-Rates ist eindeutig: »Alle Regierungen wissen das, eine Kehrtwende lässt auf sich warten. Die Menschen reagieren erst, wenn die Katastrophe passiert.«

Tatenlos wird diesem Szenario nicht zugesehen. Experten sprechen von technischen Lösungen, den überhöhten CO2-Gehalt wieder aus der Atmosphäre abzusaugen, allerdings erfordert das ungeheure Mittel – ein Vielfaches von dem, was benötigt wird, um die jetzigen Werte, etwa durch Erhaltung oder Anbau von Wäldern, zu stabilisieren.

Es ist schwer vorauszusagen, ob und wie Design beim Klimawandel wirksam werden kann, ein Nachdenken darüber und Lösungsansätze soll und muss es jedoch geben. So haben bei der Entwicklung von Gebäuden und Einrichtungen mit besserem Schutz gegen Hochwasser und Sturm sowie bei der seriellen Fabrikation funktional optimaler Notunterkünfte mit Wasser-, Abwasser- und Stromversorgung gestalterische Überlegungen grundlegende Bedeutung.

Ressourcenverbrauch

Hier nehmen wir einen weiteren Bereich wahr, in dem das Design absolut gefordert ist. Die Ressourcen für eine gleiche »komfortable« Versorgung aller zurzeit lebenden Menschen auf der Welt aufzubringen, schaffen wir nicht. Sie reichen objektiv nicht. Der »Weltressourcenrat der UNO« weist nach, dass durch den ständig steigenden Verbrauch an Ressourcen diese Erde bis 2030 zweifach und bis 2050 dreifach nötig wäre, um den Bedarf zu decken. Will der Mensch auf diesem Planeten (es gibt nur unseren) weiter existieren und produzieren, muss ein völlig neuer Umgang mit dessen Ressourcen erfolgen. An erster Stelle steht gesundes Trinkwasser und saubere Energie. Die Ressource Wasser nennt man heute nicht von ungefähr das neue Gold. Ohne Wasser kein Leben. Verschmutzung und wachsender Verbrauch machen das Wasser weltweit knapper. Auch der Klimawandel wird seine Verfügbarkeit drastisch ändern. »2050 wird die Hälfte der Menschheit mit rationiertem Wasserverbrauch leben müssen«, sagen Experten. Es sollte alles getan werden, dass das Wasser »Bestandteil der menschlichen Grundrechte« bleibt (UNO-Beschluss 2010).

Auch ohne die Grundressource Strom ist heutiges Leben undenkbar. Wissenschaftliche Untersuchungen zum Überleben der Menschheit haben längst bewiesen, dass sie ohne Strom im Chaos versinken würde. Deshalb kann nicht sorgsam genug mit »sauberer« Erzeugung und Verbrauch dieser Ressource umgegangen werden. Mit großem Nachdruck muss die Energieerzeugung aus Wasserstoff forciert werden.

Wie es im Ressourcenverbrauch nicht sein sollte, zeigen folgende Beispiele:

Basisrohstoffe für die Digitalisierung sind vor allem Kupfer und Lithium. Der Bedarf wird in Kürze um 300 bis 400 Prozent gestiegen sein. Schon heute findet eine chaotische Überproduktion neuer Geräte (beispielsweise von Smartphones) statt, voll funktionsfähige neue Produkte werden in großen Mengen durch simples Zerschreddern entsorgt, somit viele darin enthaltene Rohstoffe wie Kupfer und Lithium vernichtet.

Umweltschutzorganisationen kritisieren das Verbraucherverhalten, insbesondere die sich ausbreitende Wegwerf-Selbstverständlichkeit. Dazu zählen viele Gebrauchsprodukte, vor allem aber Plastikerzeugnisse, die u.a. in den Weltmeeren zu einem (unserem!) riesigen Problem geworden sind. Nach Aussagen von Umweltorganisationen wird um 2030 etwa eine Milliarde Tonnen Plastikerzeugnisse produziert, davon wird ein Drittel die Weltmeere belasten.

Die UNO hat sich mit der Meeresverschmutzung (es müsste eigentlich heißen: Verseuchung) befasst. Sie fordert, dass solcher Meeresmüll gar nicht erst entstehen darf und stellt als Aufgabe: »Wir müssen Kunststoffe in ihrem gesamten Lebenszyklus, vom Produktdesign, dem

Produktionsprozess bis hin zum Recycling nachhaltiger und effizienter einsetzen.« (Vergl. G7-Gipfel am 18. September 2018)

Schon lange und weiter anhaltend ist das allgemeine Thema Müll. Gegenwärtig können pro Jahr 200000 Tonnen Abfall nicht mehr entsorgt werden. Zwei Milliarden Tonnen Müll werden jährlich produziert, bis 2030 soll diese Menge auf dreieinhalb Milliarden Tonnen steigen *(Deutschlandfunk am 24. September 2018)*. Wachsende Müllberge sind einerseits Ausdruck der Wegwerf-»Kultur«, andererseits verfehlter Produktgestaltung (mithin Urheber dieser Un-Kultur).

Das »International Ressource Panel« (IRP) kritisiert die Industrie, dass sie zu wenig für die Ressourceneinsparung macht: »Die vorherrschenden Produktionsweisen sind nicht nachhaltig!« Nachhaltigkeit geht nach Aussage des IRP sogar seit dem Jahr 2000 zurück. Das Panel fordert die zügige Erforschung völlig neuer Methoden der Produktvorbereitung und des Recyclings, denn nur damit könne das Problem der Ressourcenverknappung gelöst werden.

Unter Nachhaltigkeit wird verstanden, Entwicklungen so vorzunehmen, dass die heutigen Bedürfnisse der Gesellschaft mit Rücksicht auf die Bedürfnisse künftiger Generationen befriedigt werden. Es darf heute nicht mehr verbraucht werden, als nachwächst oder regeneriert wird.

Nachhaltigkeit ist gegenwärtig noch weitgehend Wunschdenken, so das IRP. Um Nachhaltigkeit voranzutreiben, hat die UNO 17 Ziele vorgegeben (»Sustainable Development Goals«, sdgs), die bis 2030 erreicht werden sollen. Die wichtigsten: Bekämpfung von Armut und

Hunger, Förderung der Gesundheit, der Bildung, Sicherung von sauberem Trinkwasser, Schutz der Weltmeere, bezahlbare Energie für alle bei sauberer Energieerzeugung, Kampf gegen Klimawandel, menschenwürdige Arbeit für alle und verträgliches Wirtschaftswachstum.

Unter Punkt 12 wird gefordert »für nachhaltige Konsum- und Produktionsmuster zu sorgen«.

Um Nachhaltigkeit zu erreichen, fordert die UNO den Wandel von einer »linearen zu einer Kreislaufwirtschaft«. (Vergl. UN-Report: »Neueste Trends der globalen Ressourcennutzung«) Darunter wird verstanden: Kombination von effektiver Infrastruktur, langer Lebensdauer der Produkte, intelligentem Produktdesign und unterschiedlichen Arten der Wieder- und Weiterverwendung von Bauteilen und Rohstoffen. Statt Kauf von Produkten sollte »Nutzen statt Besitzen« Vorrang haben.

Schon aus Gründen herrschenden Ressourcenmangels und anderer ökonomischer Zwänge haben wir in der DDR versucht, prinzipiell Nachhaltigkeit zu verwirklichen – ich denke nur an die Langlebigkeit (und Reparierfähigkeit) von Produkten, die nun heute im vereinten Deutschland mehr und mehr als wünschenswert »wiederentdeckt« werden.

Vor dem Design der Zukunft steht die Aufgabe: Jede Produktentwicklung muss so erfolgen, dass die zur Anwendung kommenden Ressourcen vollkommen zurückgewonnen und für die weitere Produktion zu 100 Prozent wiedereingesetzt werden können! Dazu sollten durch weltweite interdisziplinäre Expertengruppen Beispiele entwickelt werden, die verallgemeinerungsfähig für Volkswirtschaften unterschiedlicher gesellschaftlicher und ökologischer Ausprägungen sind.

Ich selbst habe lange genug im Design gearbeitet, mit dem Thema »Ökologie und Design« über Jahre unter anderem auch im International Council Of Societies Of Industrial Design mich damit befasst und musste erfahren, wie schwierig die Rückgewinnung von Materialien vor allem aus Verbundstoffen oder ähnlichem ist. Wie können Materialien beispielsweise aus Elektronikchips verlustlos rückgewonnen werden? Oder wie soll das bei Verpackungs-Verbundstoffen geschehen? Plastik-Verbundstoffe stellen das schwierigste Problem für das wirksame Recycling bei Plast-Produkten dar.

Die Durchsetzung einer tiefgreifenden Nachhaltigkeit wäre eine echte Design-Revolution. Hier liegt ein weites Feld intensiver Forschungs- und Entwicklungsarbeit vor uns. Das setzt absolute Zusammenarbeit mit allen Akteuren entlang der gesamten Produktentwicklungskette voraus. Viel stärker noch muss Design auf die bessere Haltbarkeit und Lebensdauer eines Produktes Einfluss nehmen, muss eine bessere Reparierbarkeit, die Weiter- und Wiederverwendbarkeit von Teilen und Baugruppen sowie eine optimale Recyclingfähigkeit gewährleisten.

Solche Ziele für das Design müssen gesellschaftlich, politisch gefordert und unterstützt werden. Der »Rat für Nachhaltige Entwicklung« (RNE) fordert unter der Überschrift »Ressourcenschonung und Kreislaufwirtschaft« die »ganzheitliche Betrachtung des Lebenszyklusses eines Produktes, angefangen beim Produktdesign über die Produktion und Nutzung bis hin zur Erfassung der Produkte an deren Lebensende und die Rückführung einzelner Materialien in den Kreislauf«.

Design und Architektur sind gefordert, an den Zielen der UNO insbesondere zur Nachhaltigkeit mitzuwirken, so ein »Osloer Manifest« am 16. Juni 2016. Wo wir gegenwärtig stehen, zeigt eine Analyse des Fraunhofer Instituts: Weltweit und auch in Deutschland ist die Produktion noch weit von einer Kreislaufwirtschaft und der Nachhaltigkeit entfernt. Auch »für das Design ist eine neue Designorientierung von eminenter Bedeutung«.

Artenschutz

Wenn man über Gefahren für das Leben auf diesem Planeten spricht, so muss auch der Trend einer anhaltenden Ausrottung von Tier- und Pflanzenarten unbedingt in Betracht genommen werden.

Seit Jahren arbeite ich in Naturschutzkommissionen mit. Regelmäßig erhalte ich Publikationen über den Artenschutz. Überwiegend sprechen die darin enthaltenen Berichte davon, wie viele und wie rasch Tier- und Pflanzenarten aussterben oder vom Aussterben bedroht sind. Es ist unfassbar: Täglich sollen es bis zu 60 Arten sein!

Verursacher ist fast ausschließlich der Mensch. Warum lässt er nicht davon ab, mehr als zehn Millionen Zugvögel jedes Jahr im Mittelmeerbereich zu töten? In Kühltruhen einiger Hotels wurden schon über 2500 Rotkehlchen, vorgesehen für »Speisegourmets«, gefunden. Wie lange noch rottet der Mensch Nashörner oder Elefanten aus, weil durch Horn und Elfenbein bei einigen überdrehten und reichen Menschen angeblich die sexuelle Potenz gesteigert werden soll? Wegen »wissenschaftlicher Zwecke« werden die letzten Giganten der Weltmeere, die Wale, abgeschlachtet. Bienen- und Insektensterben, Urwaldabholzung und … und … und, die Reihe von Beispielen der Artenvernichtung lässt sich fortsetzen. Menschliche Gier, Denkfaulheit und Egoismus sind eine scheinbar unbesiegbare Triebkraft.

Ich erlebe die Artenvernichtung vor der eigenen Tür. Vor einigen Jahren gab es bei mir noch Goldammern, Grünfinken, Bachstelzen und Feldlerchen, es gab Bienen und Insekten in Hülle und Fülle, den »Trauermantel« und viele andere Schmetterlinge mehr. Heute finde ich diese Tiere nur noch in Büchern. Ich lebte vor einigen Jahren in einem »Trinkwassereinzugsgebiet«, heute kann das Wasser wegen Gülleeintrag nicht mehr getrunken werden. Auf den Feldern wurden jahrelang nur Mais oder Raps – beides Starkzehrer für den Ackerboden – angebaut und mit Pestiziden bestäubt, die Folge: keine Regenwürmer, keine Insekten mehr, die Nahrung für Vögel und andere Tiere fehlt.

Die mannigfaltigen Möglichkeiten der Einflussnahme des Designs auf den Artenschutz sind überhaupt erst noch zu ergründen. Auch hier sollten im Rahmen internationaler Aktivitäten dringend Beispiele erarbeitet werden.

Aber selbst geringes Tun im Einzelnen kann bereits Früchte tragen. Ich habe Nisthilfen für Vögel gebaut, die dazu beitrugen, die Bruterfolge zu verbessern und Nesträubern keine Chance zu geben. Ein nur kleiner Beitrag zum Artenschutz, aber auch einer.

Fazit

Für Designerinnen und Designer von morgen werden die Aufgabenstellungen komplexer sein. Interdisziplinäres Denken und Handeln, vernetztes Arbeiten mit dem Fokus auf Nachhaltigkeit sind oberstes Gebot. Design hat Strategien für Prozesslösungen auch unter Anwendung der künstlichen Intelligenz (KI) zu entwickeln, die sich aus den Grundforderungen zur Erhaltung des Lebens auf unserem Planeten ergeben. Wie häufig wird hingegen heute noch in Klamauk, Kitsch, Styling oder »eben auch mal anders sein wollen« gemacht. Bedenkenlos auf Kosten der Umwelt. Der einstige Grundsatz »Hässlichkeit verkauft sich schlecht« war wohl für die Etablierung des Designs nötig, doch vielfach macht sich darauf fixiertes Design mitverantwortlich für eine irrationale Aufblähung von Waren-Chaos auf dem Markt, für Wegwerfprodukte und Vergeudung von Ressourcen.

Nichts hört man heute mehr vom ICSID, dieser einstmals so attraktiven Design-Weltorganisation. Hatte sie früher die Aufgabe, Design vor allem in der Industrie als kreative progressive Dienstleistung durchsetzen zu helfen und den Designer-Berufsstand zu stärken und zu fördern, so wäre es die Aufgabe einer solchen Organisation heute, wie auch immer sie jetzt heißen mag, das Design für die Lösung der anstehenden Aufgaben im Sinne der Erhaltung des Lebens auf unserem Planeten zu optimieren, eben Weltdesign mit zu organisieren.

Eine weitere Überlegung: Was könnten Verbraucher und Produzenten gewinnen, wenn nicht jedes Unternehmen sich auf dem Markt mit eigenen Bauteilen (von Steckverbindungen, Schrauben bis zu Ladegeräten und

Netzteilen) durchsetzen wollte. Die Vereinheitlichung und universelle Anwendung von Baugruppen und Produktelementen hingegen ist ultimativ für Ressourcenschonung. Standardisierung: sie war einst ein probates Instrument in der DDR und im Rat für Gegenseitige Wirtschaftshilfe (RGW).

Wenn auch mit anderer Zielstellung, so war die Initiative des damaligen Amtes für industrielle Formgestaltung AIF zur Bildung von Gestaltungsteams in der Industrie und deren Einbindung in den frühen Forschungs- und Entwicklungsprozess ein Schritt zur Vernetzung des Designs mit anderen Entwicklungs-, Entwurfs- und Forschungsdisziplinen.

Erste Schritte zur Etablierung eines Weltdesigns sind eine gewichtige Voraussetzung vieler hoch notwendiger Maßnahmen zur Erhaltung und Gesundung eines lebenswerten Planeten Erde.

*

Diesen Text schrieb ich 2019. Wir befinden uns in einer ungeheuer schnelllebigen Zeit. Hat sich in diesen zwei Jahren Wesentliches zum Positiven geändert?

Wie anfällig menschliches Leben ist, spüren wir an der gegenwärtig ablaufenden Corona-Pandemie. Wir wissen zum jetzigen Zeitpunkt nicht, wie die Menschheit diese Bedrohung bewältigen wird. Die Folgen werden mit Sicherheit gravierend sein. Es ist logisch, dass sich derzeit alles um Corona dreht, andere Probleme finden kaum mehr ihre gebührende Beachtung. Macht man sich aber die Mühe und verfolgt tägliche Medienberichte sorgfältig, so wird rasch deutlich, dass uns die

Umweltgefahren weiter überrollen. Dem CO2-Ausstoß hat Corona zwar eine kleine Pause verschafft, aber auf Kosten fragwürdigen Lebens, Auseinander-Lebens der Gesellschaft.

»Es ist erschreckend still geworden«, sagt der Naturaktivist und Schauspieler Hannes Jaenicke zum Fortgang des Vogelsterbens. (ZDF, August 2019)

»75 % der Insekten sind zurückgegangen, viele Arten existieren überhaupt nicht mehr«. (Doku: Das Insektensterben, ZDF-info, 30. April 2020)

»Die Bestände der Wildtiere sind im Schnitt um mehr als die Hälfte zurückgegangen«. (Christoph Heinrich, Vorstand Naturschutz beim WWF, Ostseezeitung, 13. August 2019)

»In den afrikanischen Tierreservaten werden in manchen Zeiten jährlich bis zu 60 Elefanten von Wilderern erlegt, der Bestand der Elefanten geht drastisch zurück«. (Doku: Terra X im ZDF, 3. Mai 2020)

»Wenn das Wasser sich weiter erwärmt, sterben auch die letzten Korallen. Zwei Drittel des weltgrößten einmaligen Barriere-Riffs vor Australien sind durch den Klimawandel bereits abgestorben«. (Berliner Zeitung, 20. August 2019)

»Mehr als 500 Arten von Landwirbeltieren stehen nach einer Analyse von Wissenschaftlern derzeit am Rande des Aussterbens … Unter den akut gefährdeten Arten sind das Sumatra-Nashorn und der Buntbock. 335 stark bedrohte Arten sind Vögel. Die Erde erlebt derzeit ein sich beschleunigendes Massenaussterben! Ursachen sind vor allem menschliche Aktivitäten wie Übernutzung der Ressourcen, die Umweltverschmutzung und der illegale Handel mit Wildtieren.« (NDR-Kultur, 2. Juni 2020)

Eine Horrormeldung nach der anderen. Nein – wir sind bei der Umweltproblematik nicht nennenswert vorangekommen, wie es treffend ein Tierfilmer sagte: »Es ist nicht mehr interessant, schöne Tierfilme zu machen. Wir müssen (alle!) unser Leben radikal verändern, sonst werden wir nicht überleben. Jeden Tag sterben viele Arten von Tieren aus, bis die Reihe an uns Menschen ist.« (3sat, 29. April 2019)

Über ein Bemühen um ein Weltdesign ist mir bis jetzt noch nichts bekannt. Design könnte aber in Verbindung mit anderen Disziplinen zur Triebkraft für die Lösung der Weltprobleme werden. Dazu das Beispiel »Stadt der Zukunft«: Die Urbanisierung schreitet weltweit rasch voran. 1950 gab es nur zwei Metropolen mit mehr als 10 Millionen Einwohnern – Tokio und New York City. 2010 waren bereits 26 dieser Megastädte entstanden. Man schätzt, dass 2050 mehr als 70 Prozent der Erdbevölkerung in Städten leben werden. Auch in den sogenannten Entwicklungsländern nimmt die Urbanisierung vehement zu. Schon heute leben vier von zehn Afrikanern in Städten, Tendenz steigend.

Für Planer, Wissenschaftler, Architekten, Designer und weitere Fachkräfte muss das Thema Zukunft der Städte erstrangige Bedeutung gewinnen. So wie sich die Städte wirtschaftlich, sozial, kulturell, ökologisch und verkehrstechnisch entwickeln, wird wesentlich die Zukunft unseres Planeten bestimmt. In hochurbanisierten Räumen verändert sich heute bereits das Verständnis von Landschaft. Nicht nur draußen vor den Toren der Städte wird Landschaft zunehmend wichtiger Bestandteil des Gewinns an Lebensqualität und gutem Stadtklima, sondern auch mitten in der City. Erste Projekte für die Integration grünen Lebensraums, ein Zusammenspiel von Agrokultur und Architektur, sind als Muster bereits vorhanden, geschaffen zum Beispiel vom Pariser Architektenkollektiv Vincent Callebaut für Frankreich, Singapur und weitere Metropolen auf verschiedenen Kontinenten. Ein Thema anspruchs- und verantwortungsvollen Weltdesigns. Andere urbane Beispiellösungen kleineren Maßstabs demonstrieren, dass auf Flachdächern, Brachen und Restflächen, selbst an Fassaden gesät und geerntet wird.

Die Zeit des »aus dem Boden Stampfens« von großflächigen Städten muss der Vergangenheit angehören. Verantwortungsvolle, zukunftsgerechte Städteplanungen von heute zeichnen sich aus durch An-, Hoch- und Weiterbau und die Nutzung von Altbauten für neue architektonische Lösungen. Die Zukunft vieler Städte liegt in der Erneuerung von innen heraus. Dabei spielen auch innovative Mobilitätskonzepte eine entscheidende Rolle. Die Nutzung vorhandener bewährter Verkehrsmittel im Mix mit zunehmend neuen Fortbewegungs- und Transportalternativen liegt als Planungs- und Gestaltungsziel auf der Hand, wenn wir besser, sicherer, schneller und angenehmer, ohne Lärm und Emissionen, von A nach B gelangen wollen. »Stadt der kurzen Wege« sollte das Ziel sein.

Städte bedecken heute lediglich zwei Prozent der Erdoberfläche, verbrauchen aber 75 Prozent der weltweit genutzten Energie und produzieren dabei mehr als 80 Prozent der klimaschädlichen Treibhausgase. Alternative Verkehrs- und Kommunikationskonzepte sind von ausschlaggebender Bedeutung, um diese Negativquoten zu senken.

Für Architektur und Design stehen sogenannte »explodierende Städte« wie Mexiko City, Tokio oder Shanghai als urbane und soziale Brennpunkte zur Sofortaufgabe. Sie und ihre Slums wachsen ungesteuert. Hier wie anderswo, von Lateinamerika bis zum afrikanischen Kontinent, müssen für die Ärmsten der Armen dringend den sozialen Mindestanforderungen entsprechende Unterkunftslösungen geschaffen werden. Dasselbe gilt für die unsägliche Lager-Realität der Flüchtlinge aus krisengeschüttelten Ländern.

Die Menschheit braucht ein neues Lebensmodell, so forderte es auch der Wissenschafts-Publizist Harald Lesch in seinem Beitrag »Die Menschheit schafft sich ab« (ZDF, 14. August 2020). »Die Konzentration des Reichtums bei wenigen Menschen, die Aber- und Aberbillionen von Geld um sich horten – es nicht wieder in den Kreislauf der Nutzung zurückfließen lassen –, ist eine Sackgasse für die Entwicklung von Mensch und Natur … Nur die richtige Verteilung des Reichtums kann uns retten.« Hier liegt der Kern. Klimawandel, Urwaldabholzung, Artenvernichtung und alle anderen Bedrohungen unseres Lebens und des Planeten Erde können nur mit einem veränderten Lebensmodell gelöst werden. Prof. Lesch weiter: »Mit Naturgesetzen kann man nicht verhandeln, sie laufen objektiv ab, ob wir den Klimawandel bejahen oder leugnen – er findet statt! Wirkliche Veränderungen, die unser Planet und der Mensch brauchen, finden nicht statt.« Was wir benötigen, so Lesch, seien wirksame Aktivitäten und Investitionen, die ein »echtes gedeihliches Weiterleben auf diesem Erdball möglich machen«.

Ein entschlossen sich formierendes aktives Weltdesign ist aufgefordert, vernünftige und praktikable Entwürfe dafür zu machen – und sich dem weiteren Zugrunderichten von Natur und Mensch durch die eigene Mitwirkung überflüssigen oder Verderben bringenden »Kreationen« konsequent entgegenstellen.

Wir müssen umgehend Entscheidungen treffen: Welchen Weg wollen, welchen müssen wir einschlagen. – Viel Zeit verbleibt uns nicht.

Personenregister

Bildnachweis
Robert Allertz: S. 80/81, 147, 166/167
Claudia Höhne: S. 13, 185
Günter Höhne: S. 10, 36/37, 38, 39, 48, 50, 51, 61, 62, 63, 66, 67, 78, 79, 80, 104, 105, 106, 107, 115, 116, 117, 118/119, 120/121, 122/123, 145, 148 (unten), 149 (unten), 162, 163, 165, 167 (unten), 175, 179, 186, 187, 188, 189, 198, 199, 200/201, 202, 203, 212/213, 214, 215, 216, 217, 221, 231, 232,
Archiv Bauhaus Dessau: S. 149 (oben)
Archiv edition ost: S. 49 (oben), 64/65, 76, 77, 164, 176/177, 178, 218, 220
Archiv Hüter: S. 146, 148
Archiv Kelm: S. 39 (unten), 49 (unten), 103, 161, 170, 219, 233

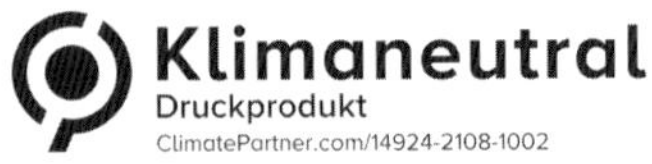

Das Neue Berlin –
eine Marke der Eulenspiegel Verlagsgruppe Buchverlage

ISBN 978-3-360-02801-3

1. Auflage 2021

Umschlaggestaltung: Buchgut, Berlin, unter Verwendung eines Fotos des Armlehnstuhls von Selmanagić aus dem Dorotheum Wien, Auktionskatalog 2. 3. 2021
Printed in EU

www.eulenspiegel.com